長崎県立大学シリーズ

大学と地域 **1**

University & Region
Faculty of Business Administration

経営学部編集委員会編

これからのビジネスと地域

経営学部

はじめに

　長崎県立大学では、2016年に3学部7学科から5学部9学科体制への改組があり、新しく誕生した経営学部は旧経済学部流通・経営学科を前身とし、経営学科と国際経営学科から構成されている。経営学が対象としている経営とは企業を中心とした組織の維持・発展をマネジメントすることである。ただし、長崎県立大学経営学部、特に経営学科では、長崎に関わる組織の活性化を重視し、それも企業だけでなく、行政や学校、病院、農協、漁協、NPO（非営利団体）、さらには個々の農家等々が長崎県の地域特性や地域資源を活用し、発展していけるようなマネジメントのあり方を教育し、それを可能とする人材の育成を目指している。また、国際経営学科では、グローバル社会におけるリーダー的人材の育成を目指し、国際的に活躍するための体系的な経営学の学修、ならびに徹底した英語教育、海外語学研修、海外ビジネス研修が行われている。

　本書は、この長崎県立大学経営学部の経営学科の教員17名、国際経営学科の教員8名に、それぞれの研究領域や教育実践について執筆してもらった。

　序章「ビジネスと地域創造」では、地域創生・地域活性化を目的とした地域マネジメントの体系について説明してある。第Ⅰ部「ビジネスと地域」では、本学の教員が各々専門としている研究領域と地域、あるいは地域社会との関連について、例えばまちづくりや地域小売業のあり方や、企業の社会的責任（CSR）やステークホルダー、組織事故などを考える上での地域の位置づけについて考察されている。第Ⅱ部「ビジネスを取り巻くさまざまな理論」では、経営学の誕生にまつわる議論や会計学、税法、リスクマネジメント論、そして地域企業に関係する法律について取り上げられている。第Ⅲ部「現状から見た長崎県のビジネス」は、長崎の造船企業や佐世保の商店街についての事例研究である。第Ⅳ部「グローバル化の中でのビジネス」では、中小企業の海外進出やグローバル人材の育成、国際物流、国際金融と地域

経済、そしてタイの経済などについて取り上げられている。第Ｖ部「グローバル人材育成のための大学教育」では、本学の国際経営学科で取り組まれている海外ビジネス研修を中心に大学教育について述べられている。

　本書を通じて、経営学に、そして長崎県立大学の経営学部に少しでも関心をもってもらえれば幸甚である。

　　2019年3月

長崎県立大学経営学部
編集委員会

これからのビジネスと地域

はじめに

　　　　　　　　　長崎県立大学経営学部 編集委員会 ・・・ 1

序章
　ビジネスと地域　―地域マネジメントの探求―
　　　　　　　　　三戸　浩 ・・・・・・・・・・・・・ 7

第Ⅰ部 ビジネスと地域

　現代の地域創生をめぐる思索　―心豊かなまちづくりのあり方を考える―
　　　　　　　　　村上　則夫 ・・・・・・・・・・・・ 18

　地域小売業の現状と今後のあり方
　　　　　　　　　神保　充弘 ・・・・・・・・・・・・ 28

　CSRにおける地域
　　　　　　　　　津久井　稲緒 ・・・・・・・・・・・ 40

　企業活動とステークホルダーの関わり
　　　　　　　　　中村　貴治 ・・・・・・・・・・・・ 53

　組織事故と地域社会
　　　　　　　　　四本　雅人・田中　政光 ・・・・・・ 62

　マーケティングと大学
　　　　　　　　　大田　謙一郎 ・・・・・・・・・・・ 73

第Ⅱ部 ビジネスを取り巻くさまざまな理論

　経営学の誕生
　　　　　　　　　齋藤　光正 ・・・・・・・・・・・・ 82

ビジネスと帳簿記録

　　　　　　　　　竹田　範義・・・・・・・・・・・・・・　93

税法を学ぶことの意義

　　　　　　　　　髙橋　秀至・・・・・・・・・・・・・・　103

地域企業を取り巻く法律

　　　　　　　　　板垣　太郎・・・・・・・・・・・・・・　112

地域のビジネスにおけるリスクマネジメントと保険

　　　　　　　　　鴻上　喜芳・・・・・・・・・・・・・・　121

第Ⅲ部　現状から見た長崎県のビジネス

長崎県造船企業の経営と競争力

　　　　　　　　　宮地　晃輔・・・・・・・・・・・・・・　132

佐世保における商店街アクティベーションの概況

　　　　　　　　　馬場　晋一・・・・・・・・・・・・・・　144

第Ⅳ部　グローバル化の中でのビジネス

中小企業の海外進出の現在（いま）を読み解く
　―九州中小企業経営者へのインタビュー調査を通して―

　　　　　　　　　江崎　康弘・・・・・・・・・・・・・・　156

物流の理論と実際

　　　　　　　　　山本　裕・・・・・・・・・・・・・・　166

国際金融市場と地域経済

　　　　　　　　　石田　和彦・・・・・・・・・・・・・・　175

東アジア進出の地域中小企業のグローバル人材育成

　　　　　　　　　齋藤　毅・・・・・・・・・・・・・・　187

タイ経済における現状と課題
　―債務の証券化とアンバランスなインフラ投資―
　　　　　　　　　　　　　矢野　生子・・・・・・・・・・・・・・　198

第Ⅴ部 グローバル人材育成のための大学教育

グローバル人材とは
　　　　　　　　　　　　　新川　本・・・・・・・・・・・・・・　212

海外ビジネス研修の経緯と現状・課題
　　　　　　　　　　　　　岩重　聡美・・・・・・・・・・・・・・　220

戦前上海の海外ビジネスマン養成校　―東亜同文書院―
　　　　　　　　　　　　　谷澤　毅・・・・・・・・・・・・・・　230

未就職卒業者とキャリア教育
　　　　　　　　　　　　　代田　義勝・・・・・・・・・・・・・・　240

コンラッド・アジア・英語
　　　　　　　　　　　　　岩清水　由美子・・・・・・・・・・・　250

あとがき
　シリーズ「大学と地域」刊行にあたって
　　　　　　　　　　　　　プロジェクトチーム・・・・・・・・・・・　259

執筆者の紹介・・・・・・・・・・・・・・・・・・・・・・・・・・　261

ビジネスと地域　―地域マネジメントの探求―

経営学科　三戸　浩

経営(management)とはなんだろうか。その定義は時代とともに変化してきているが、現在では「組織の環境適応を図り、維持・発展させる職能」と定義しておいてよいのではないだろうか。かつては「利潤追求」や「経営資源(人・モノ・金・情報)の調達と結合による商品生産」などと言われていた。経営学は、20世紀初頭、大企業の誕生に対応して成立した(経済学が市場経済化に対応するように)。19世紀までの個人企業(小規模企業)が市場の盛衰に従っていたのに対し、20世紀に続々と登場してきた大企業は、多数の人を雇用し、社会に必要な財・サービスを提供し、現代社会の中心的・決定的な存在となり、倒産は「許されないこと」となり、企業の維持・発展のためには、マーケティングとイノベーションにより市場を拡大させ、また市場を創り出すようになった。

だが、20世紀末から21世紀にかけて、次の様な変化が生じ、社会的課題(すなわち経営課題)となってきている。

● 「地球(環境)の有限性(資源・エネルギー問題、環境問題)」という(外的)環境の制約。

● 先進諸国では「人口減少」「欲求の減衰」という内的環境の変化により、「資本主義の終焉」が語られ始められた。

● 企業の社会的責任(Corporate Social Responsibility：CSR)が重要視され、共有価値の創造(Creating Shared Value：CSV)に端的に見られるように、社会的課題を事業化・商品化するようになった。

● グローバリゼーション(情報化と並んで)が企業・社会・国家が適応すべき環境変化となっている。

●一方で、地域(local)の再生・創生が課題となっている。

すなわち、「国際化、情報化に適応すること」がここ20年の日本企業の課題として要請されてきたが、資源・環境問題が重要課題となり、これまでのような経済の進歩・拡大に頭打ちが見られ、グローバル化と同時にローカル(地域の活性化)が問題となってきている。マネジメント・経営学においても、グローバル市場で競争する大企業だけではなく、地域活性化にも目が向けられ始めてきたのである。

1.「地域創生」「地域活性化」とは

まず、よく耳にする「地域創生」や「地域活性化」とはどういう内容を指しているのかの確認をしてみよう。

地域創生とは、「人口減少」と「高齢化」を背景にして、「日本の各地域がエリアの特徴を活かしながら、自律的で持続的な社会を作ること」と言われている。2014年9月、第2次安倍政権の政策の1つとしてスタートしたが[1]、地域創生のためには、以下の3つが欠かせないという。

●地方へ人が転入・移住する流れ

●地域での就業機会や安定した雇用

●若い世代が結婚や出産など、安心してできる生活

そのために、地域創生は、以下のジャンルに分けて実施されている。

①仕事作り

②人材の育成

③移住や交流の促進

④まちづくり

⑤農林水産業

⑥観光

「地域活性化」とは、顧客にとっての地域の価値を長期的に向上させることによって、地域へのお金の流入を増加させること、及び、そのために行われる施策であり、「地方創生」とは、広義では、各地域がそれぞれの特徴を活かした自律的で

持続的な社会を創生すること、及びそれを目的とする施策という意味で使われ、狭義では、人口を減らさない、あるいは人口を増やしていくということを目的にした施策というような意味で使われている。

　政府は、「地方大学・産業創生」のために、「地域における大学の振興及び若者の雇用機会の創出による若者の修学及び就業の促進に関する法律（平成30年法律第37号）」など法律4本を制定し、現在、地域学部のある大学は、国立23、公立17、私立74、計114大学にも上っている[2]。

　これまで「地域」という言葉を使ってきた。地域と言う言葉は最近よく使われるようになったが、かつては「地域」ではなく「地方」という言葉が使用されてきた。では、「地域」と「地方」はどう違うのか。そして「ローカル」と「グローバル」の関係について簡単に触れておこう。

　19世紀から20世紀にかけて、世界は国際化・グローバル化＝成長・拡大の一歩をたどってきたが、現在は逆に「地域創生」などが重要課題とされてきている。

　これまで多く使われていた「地方」という言葉は、「中央（首都）」に対するものであり、田舎であり、都会に比べて遅れている、という意味・イメージを持っていた。地方・田舎に比べて中央・都会の方が世界に開かれ、進歩しているというものであった。その「地方」という言葉があったにも関わらず、新たに「地域」という言葉を使うようになったのはなぜだろうか。

　最初に述べたように、経済の拡大・成長が鈍化し、環境・エネルギー問題が重要になることなどにより、これまでのように地方は遅れていると捉えるのではなく、「地方・地域」こそ社会・国家を支える基盤である、という認識に変わってきたからではないだろうか。これまで、社会の拡大・成長とは「市場の拡大・成長」であり、社会の進歩とは「（経済的）豊かさ」と不可分だった。だが、80年代あたりから「モノの豊かさから心の豊かさへ」と言われだしてきた。経済的に成功することの魅力が薄れ、家族・友人など親しい人たちとの関係を豊かに持ちたい、と言う声も大きくなってきている。「モノ・金＝市場」から「人々との交流の場＝地域・家庭」への重視が、「地方」というこれまでどちらかと言うと負のイメージを持つ言葉に代えて「地域」という言葉を使う

ようになってきたのではないだろうか。

　以上のように捉えてみたとき、「グローバル=市場」と「ローカル=生活圏」と見ることができよう。生活圏をどう定義するかは難しいが、人々が、良く知っている人々と交流し、また日常的な買い物をする範囲とし、誰もが通った小中学校そして高校の「学区域」が相当するであろう。

　では、地域創生・地域活性化のためには、どのようなビジネスが必要であり、どのようなマネジメントが求められるだろうか。簡単に言えば、地域で、若者たちが一定以上の生活レベルが送れるだけの収入を得ることができ、そして働きたいと思う魅力ある仕事・職場を提供することであろう。そのためには、市場競争力を持つ商品の開発・製造・販売能力を持たねばならず、またその職場に働き甲斐がある、モチベーションが掻き立てられる経営管理をおこなうことが必要だろう。

2.「市場」と「企業・組織」と「ステークホルダー」

　ビジネス（事業・企業）の活動主体は歴史的に見て変化してきた。そして研究・考察の対象も変化してきた。

- ●個人企業（19世紀の古典的企業）のマネジメント（経済学）の対象は「市場」
- ●大企業の時代（20世紀）のマネジメント（学）の対象は「組織」
- ●地域・社会的企業（Public Corporation）の時代（21世紀）のマネジメント（学）の対象は「ステークホルダー」（「組織」に加えて）

　地域のマネジメントは、これまでの企業（大規模組織）のマネジメントとは大きく異なる。19世紀の所有者ための利潤追求から20世紀の企業・組織自体の維持・発展へと大きく変化した。

　「地域の時代」のマネジメントは、企業（事業）目的＝社会的課題をコミュニケーションを通じて見出して、解決することを課題とするようになったと言えよう。経営者は従業員満足（Employee Satisfaction：ES）と顧客満足（Customer Satisfaction：CS）を達成させねばならないが、地域企業における従業員と顧客は、共に地域住民なのである。近年、「ステークホルダー（stakeholder）」という言葉がよく使われるようになった。価格を

下げるために賃金を下げたり、お客へのサービス向上のために労働強化となったりするように（宅配便が典型的な例）、従業員のstake（権利・利害・関心）と顧客のstakeは一致しないことが多々ある。しかし、住民という観点からすれば、従業員も顧客も同一のstakeを共有するステークホルダーであり、両者を同時に満足させねばならない。その好例が、長野県にある「寒天パパ」で知られる伊那食品であり、また福岡県を中心として店舗展開するスーパーのハローデイであろう。地元住民の定年後の再雇用や正社員／非正社員の区別を感じさせない人事管理や手厚い福利厚生などが、従業員の満足度を大きく高め、業績も好調である。

3. 地域活性化のためのビジネス

　世界で最も有名と言えるであろう経営学者ドラッカー（Drucker, P.F.）は「顧客の創造」の重要性を説いている。顧客の創造は何も企業だけのものではない。地域の存続のためには地域資源（人・モノ・金・情報）を組み合わせて、新商品を作り出し（イノベーション）、顧客になってもらうようにマーケティング活動をする必要がある。

　その地域の「地域資源」をどのように商品化するか。1次産品をただそのまま市場に送り出す、というこれまでのやり方の限界は明らかになっている。作る・獲るだけでなく、どう加工するか（2次産業）、どう売るか（3次産業）、併せて6次産業化（1次＋2次＋3次＝6次）をいかにして行うかが求められている。

　雇用の場を確保するための企業誘致というやり方もとうに限界が来ている。市場のグローバル化とともに、安い人件費を求めて、企業は（国内の）地方に工場を持つことから東アジアや東南アジアに進出するようになっている。宮崎県の東国原前知事は企業誘致ではなく、宮崎県の特産品である「太陽の恵み」と名付けられたマンゴーや「地頭鶏（じとっこ）」という宮崎地鶏などのPRに努め、これらを全国ブランドに押し上げた。この例からもわかるように、何も（大）企業がなくてもいいのである。地域の農産品や水産品を地元企業が加工販売したり（例えば長崎県なら「たらみ」や「高島トマト」など）、生産者自らが加工販売したりすることにより、地域資源を活かしたビジネスとして地域を活性化させることができるだろう。また、優れた観光地をもっているな

ら、他の地域の人たちが食べたいと思わせる料理やスイーツを提供することとセットで観光客の獲得やリピーター化を図ることを目指せばいいのである。

イノベーションについて少し説明しておこう。その重要性を最初に指摘したシュンペーター（Schumpeter, J.A.）は「経済活動の中で生産手段や資源、労働力などをそれまでとは異なる仕方で新結合」することと定義しており、以下の5つのパターンを挙げている。

新商品（プロダクション・イノベーション）だけでなく、

新しい生産技術・方法の導入…プロセス・イノベーション

新しい販路・新市場の開拓…マーケット・イノベーション

新資源（原材料）の獲得…サプライチェーン・イノベーション

新しい制度・組織改革…オーガニゼーション・イノベーション

地元の食材で新商品を開発するだけでなく、中国・台湾・東南アジアの市場開拓をしたりするのがマーケット・イノベーションであり、日本産の食品の安全性や美味しさが評価され、牛肉や果物、日本酒などが海外で評価されるようになっている。マーケット・イノベーションの手法をもう少し挙げてみよう。高島トマトはその糖度の高さから高い評価を得ながらも売上が振るわなかったが、崎永海運が引き受けて、市場を経由させず、インターネットで個人から直接注文を受け付けはじめたことにより、毎年短期間で「売り切れゴメン」の好結果を生みだしている。また、全国レベルの商品コンテストに出場することは、新市場開拓の有力な手段となる。富士宮焼きそば・横手焼きそばなどのようにB級グルメで全国的に有名になったり、「全国各地のご当地どんぶりが選手権」（2010年〜）が開催され、各地の名物どんぶりが全国にPRされるようになったりしている[3]。これらの地域興しイベントは数多く開かれるようになっている。例え、優勝できなくても数千〜数万人の来場者にアピールができるわけであり、全国区の新聞やテレビに広告を出すのと同様の結果が得られることになるだろう。これが顧客の創造のマーケティング活動である。そのチャンスを活かそうとしている地域はまだまだ少ないといえよう（大阪で「ラーメン＆ギョーザ＆鯖EXPO」が開かれているが、

ハーブ鯖という美味しいブランドを持つ長崎はここにも参加していないようである）。

プロセス・イノベーションとオーガニゼーション・イノベーションの好例がジャパネットたかたであろう。ジャパネットたかたはテレビ通販の威力に注目して自社でテレビスタジオを所有している。そして、テレビ通販とネット通販を組み合わせ、ネット・ショッピングに不慣れな高齢者でもテレビ通販番組を見て、そこからジャパネットたかたのウェブサイトに行ってショッピングができるようにしているのである。

地域活性化のためのビジネスを行うにあたって、もう一つ重要なことは「事業戦略」である。その代表例として、「製品差別化戦略」を説明しよう。この戦略は「自社製品（自分の地域の商品）を他社製品（他地域の商品）と違うのだと顧客に知覚させ、自分の商品を選択・購入させるもの」である。この差別化がうまくいけば、いわゆる「ブランド化」の成功となり、価格競争を軽減することも可能となる。美味しさや美しさなどの品質が優れた食品は、その優秀性を認知してもらうことが重要であり、例えば、チャンポン、皿うどん、佐世保バーガーなどはブランド化に成功している例であり、西海市の柑橘類、松浦の鯖、平戸のヒラメ、そのぎ茶などは、その差別化をまだ十分に「ブランド化」に結び付けられていない例であろう[4]。また、九十九島、出島、グラバー邸、おくんちなどは、他地域では見ることができない観光資源として、ブランド化に成功している例といえよう。

4.「地域創生、地域活性化」の主体は誰か —結びにかえて—

「地域創生、地域活性化」の主体は誰だろうか。それは、企業だけではない、地域住民もだ。もちろん、生産・加工・販売活動をする手段としては「企業」という制度が有効である。個人活動より組織で活動した方が効率的であり、生産性も高い。20世紀は大企業の時代となり、「企業・組織の維持発展のための機能」＝マネジメントが大きく発展した。それを使わない手はない。また、地方自治体・役所は地方・地域が衰退・消滅したら、自らも衰退・消滅せざるを得ないから地域創生・活性化を促進しようとするであろうが、行政のビジネスの「下手さ」が20世紀の終盤に明らかとなり、国鉄・電電公社・専売公社など三公社・五現業をはじめとして、公企業・公営企

業は次々に民営化され、現在に至っている（現在は水道事業の「民営化」が注目されている）。自治体・役所は旗振り役や支援者にはなり得ても、主体にはなれない。その地域に住む住民自らが主体となり、企業（金融機関など）と行政を活用して、自分たちの生まれた故郷を守り育てるしかないのではないだろうか。そのために重要と思われることを最後に挙げておこう。

- NPO（非営利組織体）…NPOは、市場と行政の限界を補完するものとして注目されてきた。当初は、活動資金を寄付や助成金で賄っていたが、近年、活動資金を事業活動により得て、自立性を獲得した事業NPOが生まれてきている。少子化・人口減少により収入が減る一方、高齢化で支援を必要とする住民が増え、また、公共サービスも減らさざるを得なくなっている中で事業NPOの立ち上げ・活躍は必要であろう。

- 地域商社事業…地域には、まだまだ知られていない農産品や工芸品など、魅力ある産品やサービスが数多く眠っており、こうした地域の優れた産品やサービスの販路を新たに開拓することで、従来以上の収益を引き出し、そこで得られた知見や収益を生産者に還元していく地域商社が登場してきている。

- 地域リーダー…地域住民が自ら地域創生を試みるにあたって、住民の力を集め、揃えるリーダーシップが必要である。地域活性化に成功しているところには、たいてい地域リーダーと呼べる人物が存在している[5]。地域リーダーとなる人材がいない場合は、他所から招聘し、そのもとで次の地域リーダーを育成していくことが必要となろう。

注

1 内閣官房・内閣府 総合サイト「みんなで育てる地域のチカラ・地方創生」
http://www.kantei.go.jp/jp/singi/sousei/policy_index.html　2019年1月31日最終アクセス。2014年9月3日、第2次安倍改造内閣発足と同日の閣議決定によって「まち・ひと・しごと創生本部」が設置された。「まち・ひと・しごと創生本部」は、地方の活性化を目指す方法論として「まち・ひと・しごと創生総合戦略」を策定。そこでは、「地域創生」を「各地域がそれぞれの特徴を活かした自律的で持続的な社会を創生すること」と定義づけ、「地域経済分析システム：RESAS（リーサス）」の提供という「情報支援の矢」や、地方創生関係交付金や企業版ふるさと納税などの「財政支援の矢」、そして、

地域活性化伝道師、地方創生コンシェルジュ、地方創生カレッジ事業、プロフェッショナル人材、地方創生インターンシップ、地方創生人材支援制度などの「人材支援の矢」、併せて地方創生版「3本の矢」を出した。その中には、テレビなどでもよく目にする、国家戦略特区などの「特区」や、中心市街地活性化、環境モデル都市などの「まちづくり」、地域の知られていない農産品や工芸品などの販路を開拓する「地域商社事業」の支援活動、そして地域の「観光地経営」の視点に立った観光地域づくりの舵取り役「日本版DMO」など、実に多面的、多様な施策が打ち出されている。

2 「ナレッジステーション>学問分野系統別全国大学一覧>地域研究」
https://www.gakkou.net/daigaku/src/?srcmode=gkm&gkm=01008，2019年1月31日最終アクセス。

3 過去9回でグランプリを取ったのは全て北海道・東北・北陸であったが、必ずしも、西日本の丼のレベルが低いかどうかはわからない。そもそも参加数が少なかった。2017年の九州から予選会を勝ち抜いたのは、大分県2、鹿児島県1(全11点)、2018年は熊本県1であるが、そもそも東日本に比べ、ご当地丼の数が少ないのが現状だ。長崎県では西海市が「西海丼」を始めているが、PRなどが弱いのが残念。参考HPとしては、次の通り。
「2018年の「全国ご当地どんぶり選手権」が開幕、出場どんぶりを一挙紹介！」https://minicine.jp/2/0235.html
「全国ご当地どんぶり選手権 in ツーリズムEXPOジャパン 2018 結果発表」http://www.t-expo.jp/public/guide/gourmet.html
「日本全国ご当地丼一覧」
https://origamijapan.net/origami/2018/10/16/gotouchi-donburi/

4 長崎県の食品ブランドは、決して少なくない。例えば、豚肉では、雲仙しまばら豚、長崎じげもん豚、紅葉豚、あかね豚、他。鶏肉では、長崎ばってん鶏、つしま地鶏、幸味どり、他などがあるが、福岡県の華味鶏、熊本県の天草大王、みやざき地頭鶏、さつま地鶏などが全国レベルでブランド化に成功しているのに対して、まだまだ無名である。魚介類にしても、挙げた他にも、ごんあじ、野母んあじ、西海・瀬付き恵(めぐみ)アジや、長崎健康ハマチ、長崎天然伊勢海老、長崎ハーブ鯖、九十九岩ガキ、九十九とらふぐなどがあるが、ブランド化はまだまだである。茂木びわは、随分以前から長崎名産として知られていたが、知名度が上がっていないのが残念である。
現在、長崎県は平成「長崎俵物」と「長崎四季畑」という2つのブランドを立ち上げている。「平成長崎俵物」とは、HPの説明では以下の通り。「長崎俵物(たわらもの)の歴史は古く、十七世紀末の元禄時代にさかのぼります。その頃の長崎港は国内外の物流拠点として栄え、"俵"に詰めて出荷された海産物は「長崎俵物」と称され、好評を博しました。とくに干したアワビやナマコ、フカヒレは「俵物三品」として珍重されました。これにちなんで復活されたのが、平成「長崎俵物」。厳格な品質基準を充たしたもののみに与えられた、現代の長崎を代表する逸品です。」
(https://www.pref.nagasaki.jp/tisan/tawara/tawaratoha/tawaratoha.html)
「長崎四季畑」のHPには、以下の様に説明されている。「長崎県内では、各地域において特色ある農産物が生産され、これらの農産物を原材料として数多くの優れた農産加工品が製造されています。長崎県では、このような優れた農産加工品を県内外の方々に広く認識していただくとともに、販

売支援や生産振興を行っていくため、長崎県ブランド農産加工品認証制度を創設いたしました。その長崎ブランドの名称が『長崎四季畑』です。」(https://www.pref.nagasaki.jp/tisan/shiki/)

5 波佐見が現在の様に有名になり、関東圏の百貨店でも「波佐見焼」として置かれるまでになったのも、地域リーダーあってのことであった。

参考文献

Drucker, P. F.（1973）*Management: Tasks, Responsibilities, Practices,* Harper & Row.（上田惇生編訳『マネジメント[エッセンシャル版]―基本と原則』ダイヤモンド社, 2001.）

Schumpeter, J. A.（1912）*Theorie der wirtscho.ftlichen Entwicklung,* Leipzig Duncker & Humblet.（塩野谷祐一・中山伊知郎・東畑精一訳『経済発展の理論（上）（下）』岩波文庫, 1977）

長崎県立大学学長プロジェクト編(2016)『波佐見焼ブランドへの道程』石風社.

三戸浩・池内秀己・勝部伸夫(2018)『企業論 第4版』有斐閣アルマ.

第Ⅰ部
ビジネスと地域

現代の地域創生をめぐる思索
—心豊かなまちづくりのあり方を考える—

経営学科　村上　則夫

1.「地域創生」とは

いま、生きて存在している私たち一人ひとりの人間は、他の何物にも代えることのできない、特別な存在、たとえようもなく高価な存在である。

人間が〈生きる〉とは、取りも直さず生き続けることである。この世に尊厳を持って「在り」続けることである。それは、生きている確かな実感のもとに存在することである。誰もがさまざまな苦難や困難を経験し、人間本来の汗を激しく流し、体験や経験を積み重ねながら、時には勇敢にみずからの夢に挑戦（チャレンジ）し、幸福を追い求める存在でもある。

主題にある「地域創生」という表現は、さまざまな内容や意味にとらえられる用語であるが、ここでは、昔ながらの事柄や過去の出来事ばかりを懐かしんだ単なる「先祖がえり」、あるいは、「ものまね」（模倣）ではなく、すべての地域住民の幸福のために、既存の「型」（形態）や「枠組み」にとらわれず、大胆な創造的発想での未来志向的な"まち"を創りあげていく、といった意味あいで用いている。むろん、その地域創生の主役は地域住民一人ひとりであり、そこに脇役や傍聴者となる者は一人としていないのである。

このような意味でも、今日では、誰もがみずからの身体を置く地域社会の現実から目をそらすことなく、さまざまな地域課題を解決しつつ、地域住民一人ひとりの〈いのち〉と〈絆〉を大切にした魅力的で、活き活きとした心豊かなまちづくりにつ

いて思索することが必要であり重要であるといえるのである。

2.まちづくりへの取り組みの必要性

　現代における地域社会は、その内容に強弱はあるにせよ、いろいろな地域課題を抱え、今日のまちづくりへの意識を高める大きな要因ともなっている。

　以下の項目は、おもに地方都市におけるまちづくりの必要性や意義を考える上で重要と思われる地方都市に共通する地域課題について、簡潔に5つほどにまとめたものである。

①凶悪犯罪や事件・事故の多発

　地方都市においては、これまでにない犯罪者の低年齢化や犯罪の凶悪化が進んでいる。また、高齢者や年少者などを狙った被害が深刻化するとともに、高齢者の交通事故など、いわゆる、地方都市の大都市化が浸透して、従来の地域社会における地域共同体としての機能が崩れ、防災や防犯機能が低下して住民の日常生活がおびやかされ、地域住民の〈いのち〉の危険度が高まっている。とりわけ、日常的に、高齢者や女性・子供が危険にさらされ、その結果、地域社会が安全で安心に暮らせる場所ではなくなりつつあるといえるのである。

②急速な少子・高齢化の進展

　我が国は、先進国のなかでも、急速に少子・高齢化が進んでいる。

　少子・高齢化は、社会保障費用の増大、年金問題及び若年世代の税負担の増大など多くの社会的問題を引き起こすが、一般的な傾向として地方都市の大半は少子・高齢化や人口減少の方向をたどっている。とりわけ、本来の人口が少ない地方都市の場合は、いろいろな地域課題があるなかでも、少子・高齢化や人口減少は特に憂慮すべき課題といってよいだろう。

③甚大な被害をもたらす自然災害などの発生

　今日では、局地的な自然災害だけではなく、阪神・淡路大震災、東日本大震災、さらに近年発生した熊本地震などにみられるように、多くの人命と財産が失われる自然が発生し、今後も巨大地震などの発生が予測され、火山活動などもおき

ている。このような震災・災害などは、地域社会全体に甚大な被害をもたらし、地域住民の日常生活の基盤を激しく揺るがしかねないのである。

④多様な価値観に伴うライフスタイルの変化

　地域社会への都市的な生活様式の浸透は、地域住民に多様な価値観をもたらし、地域住民のライフスタイルを次第に変化させている。それは、町内会・自治会などの自治組織への加入率の低下やコミュニティ活動にも影響を与え、住民相互の連帯感、すなわち、住民相互の〈絆〉も低下させ、従来、地域社会において近隣住民相互で行われていた"助け合いの精神"にも影響を与えている。

　その結果、人間としての〈生きる力〉が減退したり、幸福観を喪失するといった事態を招きかねないといった問題も起きている。またさらには、住民相互の深い〈絆〉を失うことになり、これまで自然に機能していたコミュニティによる子育て家庭への支援・援助などが難しくなるといった問題も発生している。加えて、都市的な生活様式の浸透と急速な都市化の進行によって、地域社会における環境破壊や汚染なども増大傾向にあるといってよいだろう。

⑤大都市圏との生活・経済の格差

　地方都市では、相対的に関東、近畿及び東海の三大都市圏と比較して、生活・経済環境の格差が生じており、地方都市の多くは大企業が少なく中小零細企業の数が圧倒的に多いという実情がある。長時間労働に比較して賃金水準も高いとはいえず、さらには、業種・業態によっては就労者の高齢化もしだいに進んでおり、有効な新産業の創出や誘致、あるいは、労働力の確保・育成・強化について、実現可能な手段を講じる必要性が喫緊の課題となっている。

　以上、多くの地方都市が共通に抱えている地域課題について、簡潔に5つほどにまとめてみたが、今日では、私たちが生きている地域社会が、明日、どのような姿になっているのか、その姿を明確にキャンパスに描ききれないほど、地域社会の変化は激しく流動的であり、未来予測が難しくなっているのである。

　それは、たとえば、東日本大震災や熊本地震を実際に経験した者だけではな

く、震災・災害後の状況を伝えるさまざまな映像を見ただけでも、私たち人間の一秒、一分後がどうなっているのか、まったく予測が立たないのである。やや極端な表現をすれば、ごく平凡な日常生活がいつ崩壊するのか、誰にも予測しがたい状況にあるといってよい。

　このような現実を考えた時、今日における地域社会の「地域創生」とは、まさしく新しい地域社会を「誕生」させることでもある。

3.まちづくりの方向性を巡る思索

(1)〈いのち〉と〈絆〉を大切にしたまちづくりとは

　ここでは、現在、筆者みずからが考えている地域住民の〈いのち〉と〈絆〉を大切にした魅力的で、活き活きとした、心豊かなまちづくりのあり方について簡潔に展開してみたい。むろん、いまだ思案中であり、確固たる内容ではないが、さしあたり、次のような4つの項目に分けてまとめてみた。

　まず第一に、地域住民が高い誇り（＝シビックプライド）と郷土愛（＝地域愛）を感じることができる、魅力あるまちづくりを行うことが必要である。

　地域住民の誰もが、みずからが住んでいる地域社会を、いわゆる"自慢"したいものである。そこで、他の地域社会にはない魅力的な特色のある有形・無形の地域資源・地域資産などを守り育て有効に活かして、積極的に地域社会内外に発信することが重要である。さらにまた、これまでにない個性豊かで特色のあるもの（こと）を新しく創作・創出することも必要である。これらを通して、地域住民みずからが、〈わがまち〉への高い誇り（＝シビックプライド）や郷土愛（＝地域愛）を感じることのできるまちづくりを行うことが求められる。

　第二に、地域住民相互の深い信頼関係と持続的な〈絆〉を強め、誰もが〈愛し愛される〉まちづくりを行うことが必要である。

　人間性や価値観が尊重され、心からの深い信頼感のある「人と人との〈絆〉」は、結局はそこに生きている地域住民の大切な〈いのち〉を守ることに直結する。幼児・児童から高齢者までの世代間、性別を超えた信頼関係のなかで、誰にも代

えることのできない、大切な〈いのち〉を伝えることができ、幸せを実感しながら暮らせるまちづくりが求められる。

　さらにまた、専門家の意見を持ち出すまでもなく、私たち人間は愛されていると感じたときに、〈生きる力〉が高まる。生きることへの積極的な意欲や希望が発現されるのである。人生のなかで、思いがけない困難や苦難に遭遇し、生きることに失望したときでも、愛されているなら、心が折れずに、その苦難や困難を乗り越え克服し、一歩ずつでも前進することができ、逆に、「あなたは必要のない人間」と言われれば、生きる気力を失ってしまう。人生には、それぞれ、与えられた意味や生きる使命がある。地域住民一人ひとりが、〈愛し愛される〉なかで、自分の人生の意味や使命を探り、人生の意味や使命を知り、与えられた可能性をいかんなく発揮できるまちづくりが望ましいと考える。

　第三に、地域住民の誰もが安全で安心して暮らすことができ、社会的な「弱者」に〈寄り添う〉まちづくりを行うことが必要である。

　これまでにも述べたように、近年では予想をはるかに超えた大きな震災・災害が発生し、多くの大切な人命が失われている。また、犯罪者の低年齢化や犯罪の凶悪化、高齢者などをねらった消費者被害の深刻化、さらには、高齢者の交通事故など、地域において平穏な日常生活を過ごすことが難しい時代となっている。かくして、幼児・児童から高齢者まで、すべての地域住民を守るための防災・防犯体制を確立するとともに、医療・健康・福祉などの機関やその関連施設面での不便もなく、生活の利便性が高く、安全で安心して過ごすことのできるまちづくりが望まれよう。

　また、少子・高齢化が急速に進みつつあるなかで、社会的な「弱者」に寄り添うまちづくりを考えることが不可避である。ここで、「弱者」とは、"買い物弱者"や"災害弱者"などを指す。〈寄り添う〉とは、〈励ますこと〉とは違い、そこから逃げ出さないで弱者とともに重荷を引き受け担い、弱者とともに歩むという意味をもっている。一人暮らしの高齢者の孤独や孤立はぜひ避けるべきであり、豊かな心が触れ合うまちづくりを実現すべきである。

そして、第四に、就労が確保され、若い人たちの結婚・子育てがしやすく、活力に富んだまちづくりを行うことが必要である。

　若い世代の男女が経済的にも安定した、やりがいのある仕事に就くことができるように雇用環境を改善して、地域経済を活性化させ、日常生活の基盤をしっかり築く体制づくりを行わなければ、人口減少や人口移動を改善することはむずかしい。可能なかぎり、将来への希望をかなえ、育児もしやすい、幸せと豊かさを実感できる生活環境全般を整え、家族が長く地域社会に定着・定住した、にぎやかで活力に富むまちづくりが求められる。

(2) まちづくりの具体的な方向性

　では、実際的に、地域住民一人ひとりの大切な〈いのち〉と〈絆〉を大切にした魅力的で、活き活きとした、心豊かなまちづくりをどのようにして実現していくべきであろうか。

　ここでは、地方都市における心豊かなまちづくりの具体的な方向性について、以下のとおり、筆者が思索している内容をまとめて提案してみたい。

　まず第一に、「地域間交流・広域連携ネットワーク化」を築き、しだいに衰退の危機にある地域社会を消滅させることなく、むしろ、地域社会を発展させるための「生き残り戦略」を検討することが必要であると考えている。

　我が国全体の少子・高齢化が進み、人口減少や人口移動が起きている今日では、従来のような地域と地域との競争、いわゆる「地域間競争」による発展、あるいはまた、一つの独立した地域社会単独での発展や個別の地方自治体単位での努力や工夫によるまちづくりには限界がみえている。

　今後は、それぞれの地域社会が周辺地域との積極的な交流・連携を促進し、人材、資源、資金及び情報などに関する広域的で密接な連携を築いて、「地域間交流・広域連携ネットワーク化」を実現し、周辺地域全体が協働・協力・相互支援を図ることが重要であると考えている。

　なお、我が国においては、かなり以前から地域活性化や地域社会が抱えてい

る地域課題への対応として、急速に進展しているICT（情報通信技術）を利活用した取り組みを実施・推進している。我が国総務省では、十数年ほど前からICTを利活用した成功事例を集積し、広く共有することを目的に「ICT地域活性化ポータルサイト」を開設しているが、そのいくつかの成功事例のなかに、導入・整備したICTが実際的な地域間交流・広域連携ネットワーク化を形成するうえで大きな役割を果たしている事例をみることができる。

効果的・効率的なICTの利活用は、地域社会が抱えている地域課題などの解決のための有益な方法であるとともに、複数の市町村域にまたがって、地域間交流・広域連携を促進し住民相互の情報交換・情報交流を活発化させる手段としても有効であることから、今日、ICTの利活用については、中央各省庁のみならず、多くの地方自治体にとっても重要な政策課題の一つとなっている。

第二に、従来の行政主導のまちづくりから、市民と行政との「協働」によるまちづくり、すなわち、「市民協働によるまちづくり」へと転換し、市民協働によるまちづくりを積極的に推進する必要があると考えている。

近年、「協働」という用語が、我が国におけるまちづくりにおいても、極めて必要で、欠かすことのできない主要な概念、あるいは重要な考え方として位置づけられつつあることは、もはや議論の余地がないといってよいだろう。

実際的には、「市民協働」についての概念、あるいは市民協働のあり方については、各地方自治体によって若干の違いはあるにせよ、「市民参加」や「住民参加」、あるいは「参画」という用語以上に、今日では、地域社会の主役である市民のためのまちづくりという視点から考えた場合に、「市民協働」の概念やあり方が大きな意味を持っているといえる。

近年のように、地域社会が抱えている諸課題が複雑化・多様化し、しかも流動化しており、従来のように「市民」のみ、あるいはまた、「行政」のみでは容易に解決困難な地域課題も多くなっている。このような背景から、柔軟で迅速に課題への対応には、市民と行政とお互いが手を取りあい、協働して取り組むことが求められる。実際には、これまでどおり、市民が自主的・主体的・自発的に担う領域も

あれば、逆に、行政が主体的に果たすべき領域も存在する。しかし、急速な地域社会の変化や地域住民の多種多様なニーズなどに合わせて柔軟に協働で取り組むべき領域も数多くあり、今日、ますますその領域は拡大傾向にある。むろん、そのさいには、市民の担うべき領域と行政の果たすべき領域を固定的に規定する必要はなく、時には組織や機関の壁を超えての連携や複数の分野や領域をまたぐような柔軟性のある協働的取り組みが必要である。

　これからのまちづくりは、すべての市民と行政が同じ目線(＝対等・平等の関係)で、常にお互いの自主性と主体性を尊重しつつ、お互いの特性や能力を活かしつつ、補完しあい、協力・連携しあいながら、心豊かなまちづくりに取り組むことが重要であるといえよう。

　なお、筆者は、これまで、「まちづくり」や「地域づくり」の今日的なあり方として、その担い手はあくまでも地域社会の主体である住民であり、"〈住民全員起点〉の総合力による積極的、創造的な推進"が望ましいとする考え方を指摘してきた。筆者は、以前から用いられていた〈住民起点〉という用語にヒントを得て、全員が起点になるという意味を込めて、〈住民全員起点〉の総合力という言葉を造語し、これまで著作や論文などでも用いている(図表1参照)。

図表1　〈住民全員起点〉の総合力

地域住民

自治体
(行政)

企 業・
各種の機関

「住民」とは、地域社会の構成アクターである地域住民、自治体（行政）および企業・各種の機関の三者をさし、この三者は互いに連携・協働的関係にある

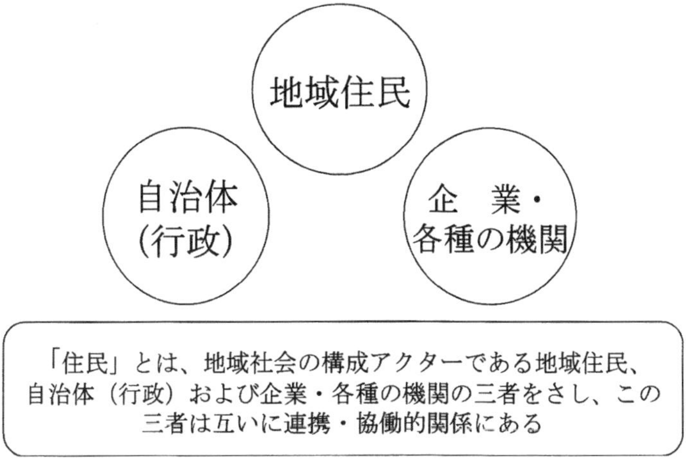

(出所)村上則夫(2009:72)。

そして、第三に、イメージ力や発想力をいかんなく発揮したまちづくり、未来発展志向の個性豊かなまちづくりを展開することが必要であると考える。

　まちづくりは、持続的・継続的な創造的活動である。"まち"は、いつも息づいている。その脈々とした生命力を基礎として、地域住民みずからが、固定的な既存の型（形態）や枠組みにとらわれず、主体的に思考し発見し提案して、斬新で新規性に富んだアイディアや内容を推し進め、さらに地域社会の未来に向かって長く強く発展させていくという、心豊かなまちづくりを目指したあり方や考え方が重要であると考えている。

　むろん、地域社会の力が低下し、喪失しつつある今日の地域社会を再生するという考え方を完全に否定するものではなく、状況によっては必要なあり方や考え方であることには変わりない。しかしながら、すでに例示したように、未曾有の規模で日本を襲った幾つかの巨大な震災・災害の発生を考えただけでも、これからのまちづくりが、昔ながらの事柄や過去の出来事ばかりを懐かしんだ、単なる「先祖返り」に終始するのでは、私たちの"まち"の将来について大きな不安を残すこととなりかねない。

　昔ながらの"まち"の先祖返りでは十分ではなく、地域社会が抱えている地域課題を解決しつつ、地域住民がみずからの創意と工夫により、新しい個性的な"まち"を〈デザイン〉していくことが必要である。つまり、創造的な発想で新しい個性的な"まち"の姿を描き続けるというあり方や考え方、未来志向の個性豊かなまちづくりのあり方や考え方が求められるのである。

　なお、ここに述べたような、まちづくりへのあり方や考え方については、筆者のみならず、今日、地域社会の発展や個性的なまちづくりを研究対象として取り扱う研究者、並びに、現場で実際にまちづくりにたずさわっている多くの地域住民の思いとも、おおむね一致するものと考えている。

4.これからの私たちの "まち" の姿

　残念なことに、ややもすると私たち人間の大切な〈いのち〉と〈絆〉が軽視され、

将来への確かな方向性を見失いつつあるといっても過言ではないいま、私たちはどこへ向かうべきなのだろうか。

　今後、どんなにネット上の仮想空間が広がったとしても、あるいはまた、大地が揺らいでライフラインが止まり、道路が遮断されたとしても、そこに住む地域住民が相互に交流し、お互いに励まし合いながら活き活きと暮らし、一人ひとりの生きた証しを残す「場」が、わが"まち"＝地域社会であってほしい。人間の尊厳がしっかり守られ、愛し愛され、自分の人生の意味に気づき、そして、多くの人たちと幸福を分かち合い、体全体で幸せを感じ取ることができる社会、つまり、"この世に生まれてよかった"と心から思える社会こそが、わが"まち"＝地域社会であってほしいのである。

　すべての人間は、〈生きること〉を決してあきらめてはならない。

　現実は極めて厳しいとはいえ、筆者は、どのような時代にあっても、どこの地方都市であっても、ともにいま現実に生きる地域住民一人ひとりが、日常生活においてはむろんのこと、震災・災害など緊急の事態が発生してもなお、人間相互の関係が分断したり解体することのないよう、しっかりとお互いを支えあい寄り添いあって、「人が人らしく」幸せを実感しながら暮らせる心豊かなまちづくりに取り組むべきであることを強く語っていきたいと考えている。

参考文献

村上則夫(1995)『システムと情報』松籟社.

村上則夫(1997)『高度情報社会と人間』松籟社.

村上則夫(2005)『地域社会システムと情報メディア〔三訂版〕』税務経理協会.

村上則夫(2009)『社会情報入門─生きる力としての情報を考える─』税務経理協会.

村上則夫(2014)「地方自治体におけるGISの利活用に関する一考察」長崎県立大学経済学部学術研究会編『長崎県立大学経済学部論集』, 第47巻第4号, 長崎県立大学経済学部学術研究会, pp.79-99.

村上則夫(2015)「市民協働の現状と課題に関する一考察」実践経営学会関西支部会編『関西実践経営』(実践経営学会関西支部会誌), 第49号, 実践経営学会関西支部会,pp.13-24.

村上則夫(2016)「地域社会の再創造のあり方をめぐる思索─心豊かなまちづくりの考え方とその方向性─」実践経営学会関西支部会編『関西実践経営』(実践経営学会関西支部会誌), 第51号, 実践経営学会関西支部会, pp.23-34.

地域小売業の現状と今後のあり方

経営学科　神保　充弘

　地域社会の疲弊・衰退が叫ばれて久しい。限界集落、買い物難民、消滅可能性都市などに関する問題は、いずれも、新聞や雑誌、テレビ番組などでたびたび取り上げられ、近年の地域社会が直面する厳しい状況を典型的に象徴しているといえよう。

　これらの問題の背後に存在している、日本の地域社会が抱える課題が人口減少の進展である。日本の総人口は、2005（平成17）年、戦後初めて減少したものの、それまで一貫して増加を遂げてきた。2007（平成19）年〜2010（平成22）年にかけては1億2,800万人前後とほぼ横ばいで推移していたが、2011（平成23）年に21万

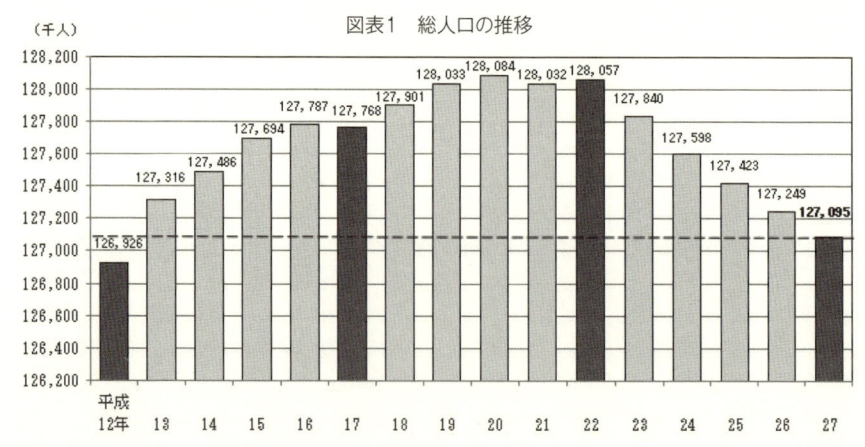

図表1　総人口の推移

（注）平成12、17、22、27年は国勢調査人口。それ以外の年は、10月1日現在推計人口。（平成23年〜26年は補間補正値（暫定値））。（出所）栗田奈央子（2016）。

7,000人の減少を記録すると、その後は継続して人口が減少するようになった(図表1参照)。

　ここで注目すべきはこうした人口減少は少子高齢化という人口構造の変化を伴う形で進展しているという点である。図表2は総人口を年齢区分別にみた人口の割合の推移を示したものである。みられるように、65歳以上人口は一貫して増加し、2015(平成27)年には26.6％と総人口に占める割合は初めて4分の1を超えることになった。また、75歳以上人口の総人口に占める割合も年を追うごとに増加し、2015(平成27)年には12.8％と、15歳未満人口の12.6％を上回っている(栗田, 2016)。

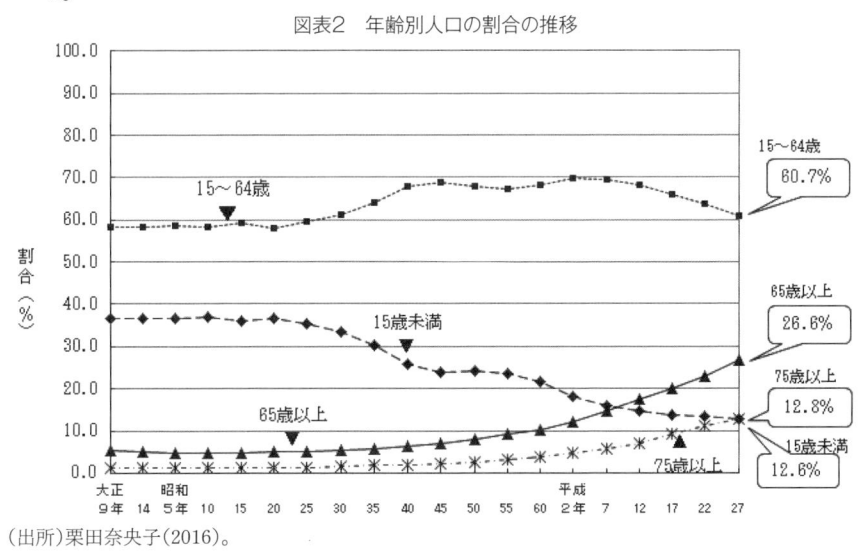

図表2　年齢別人口の割合の推移

(出所)栗田奈央子(2016)。

　少子高齢化は全都道府県で着実に進展している。図表3は総人口に占める65歳以上人口の割合を都道府県別に示したものである。2015(平成27)年は2010(平成22)年と比べ、全都道府県で65歳以上人口の割合が上昇し、25％を超える都道府県は23県から41道府県へと増加している。また、2015(平成27)年には、全都道府県で65歳以上人口の割合が15歳未満人口の割合を上回った(伊達, 2016)。こうした傾向は今後長期にわたって進行していくと予想されている。

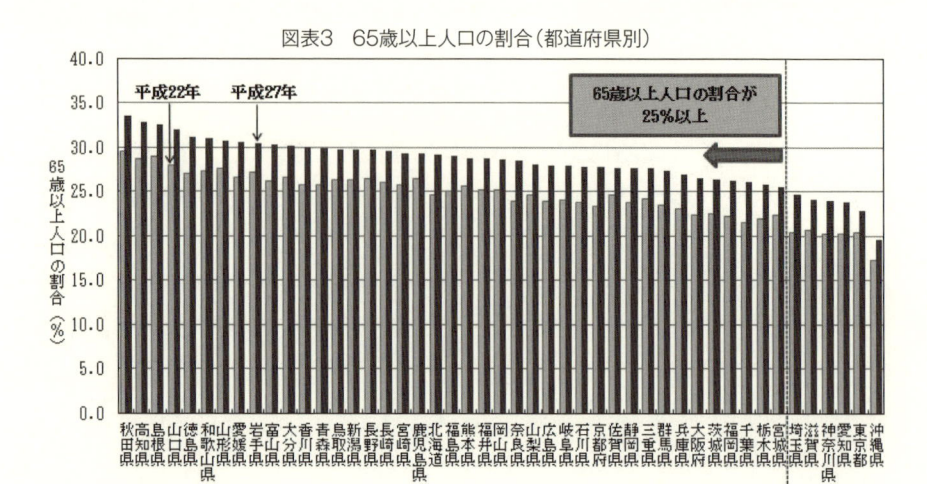
図表3　65歳以上人口の割合（都道府県別）

（出所）伊達隆之（2016）。

　本章では、こうした少子高齢化のもとでの人口減少の進展とのかかわりをふまえつつ、地域小売業の現状を検討するとともに、持続可能性の観点から今後のあり方について考察してみたい。

1. 地域小売業の現状

　ここではまず、日本における小売業の事業所数の動向について確認した上

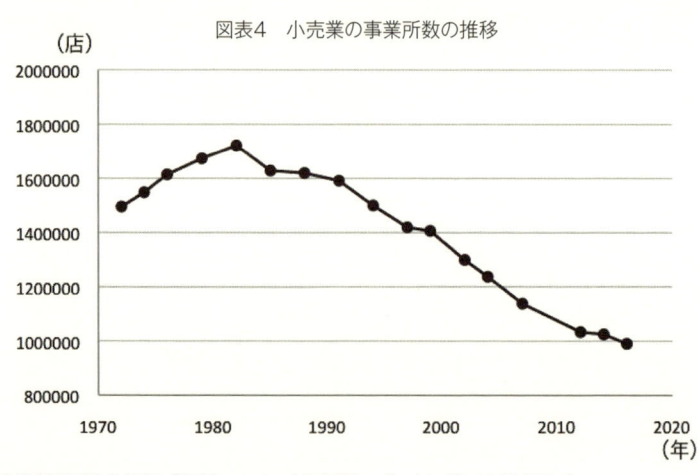
図表4　小売業の事業所数の推移

（出所）『商業統計表』各年版、『経済センサス』各年版のデータに基づき筆者作成。

で、地域小売業の現状についてみていくことにしよう。

　図表4は日本の小売業の事業所数がこれまでいかに推移してきたのかを示したものである。戦後、日本の小売業の事業所数は右肩上がりの増加を続け、1982年には172万店に達した。しかし、この年を境として、その後は一貫した減少局面に突入し、2016年には99万店と100万店を割り込むことになった。ピーク時の1982年から34年間で、73万店もの小売店が消滅した計算になり、驚異的なペースで小売業の数が減少してきたことがわかる。

　図表5は従業者規模別の小売業の事業所数を示したものである。1997年と2007年のデータを比較すると、従業者規模が10人以上の小売業は実数、比率ともに増加しているのに対して、従業者規模が4人以下の小売業は実数、比率の双方で減少している。とくに、従業者規模が2人以下の小売業は20万5千店以上の減少となっている。これらのデータから明らかなように、近年における小売業の事業所数の減少は、小規模零細な小売業の大幅な減少によってもたらされたといえる。

図表5　小売業の事業所数（従業者規模別）　　　　　（単位:店、%）

従業者規模	1997年		2007年	
	実数	比率	実数	比率
2人以下	708,999	49.9	503,844	44.3
3〜 4人	350,306	24.7	252,687	22.2
5〜 9人	212,446	15.0	201,818	17.7
10〜 19人	93,463	6.6	114,397	10.1
20〜 29人	27,514	1.9	32,352	2.8
30〜 49人	15,802	1.1	17,229	1.5
50〜 99人	7,919	0.6	10,827	1.0
100人以上	3,247	0.2	4,705	0.4
計	1,419,696	100.0	1,137,859	100.0

（出所）『商業統計』各年版のデータに基づき筆者作成。

　元来、小売業は地域に密着した産業であり、地域社会ともちつもたれつの関係

を維持しながら発展してきた。これらの地域小売業は、多くの場合、さまざまな業種、業態の店が道路に沿って軒を連ねるなど、商店街を形成している。

　現在、日本にどれだけの商店街が存在するかについては商店街をどのように定義するかによって異なる。経済産業省の『商業統計』によれば、「小売店、飲食店及びサービス業を営む事業所が近接して30店舗以上あるもの」を商店街と定義しており、この定義に照らした場合、2014年の商店街数は12,681であった。1994年の商店街数は14,271であったから、20年間に1,600近く減少したことになる。

　つぎに、中小企業庁が3年ごとに全国の商店街を対象として実施している『商店街実態調査』(2015年度)の結果に基づいて商店街の現状をみてみよう。図表6は商店街の最近の景況感を示したものである。「繁栄している」、「繁栄の兆しがある」があわせて5.3％に過ぎないのに対して、「衰退している」は35.3％、「衰退の恐れがある」は31.6％にのぼっている。

図表6　商店街の最近の景況

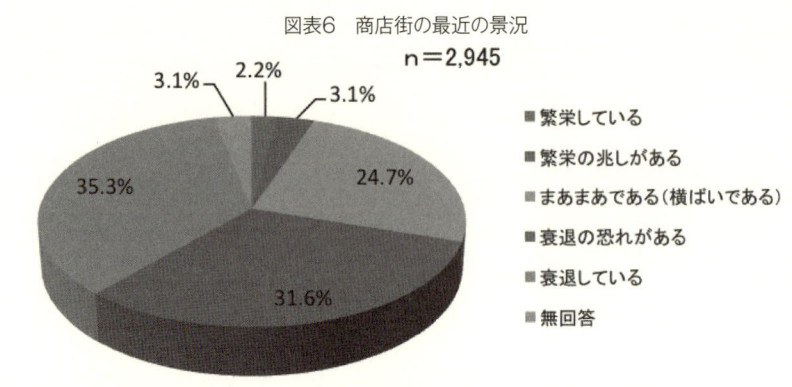

（出所）中小企業庁(2016)のデータに基づき筆者作成。

　こうした商店街の景況感を裏づけるのが商店街の空き店舗の状況である。図表7は1商店街あたりの空き店舗数および空き店舗率の推移を示したものである。みられるように、2015年度の1商店街あたりの空き店舗数は5.3店であった。また、2015年度の空き店舗率は2012年度調査に比べて1.45％減少したものの、2009年度調査から引き続き10％を超えた。また、今後の空き店舗の見通しにつ

いても、全体の4割以上の商店街が「増加する」と答えている（中小企業庁,2016)。一般に、商店街における空き店舗率が10％を超えると急激に衰退感が増すとされており、多くの商店街が衰退・空洞化の危機的な状況に置かれていることがうかがえる。

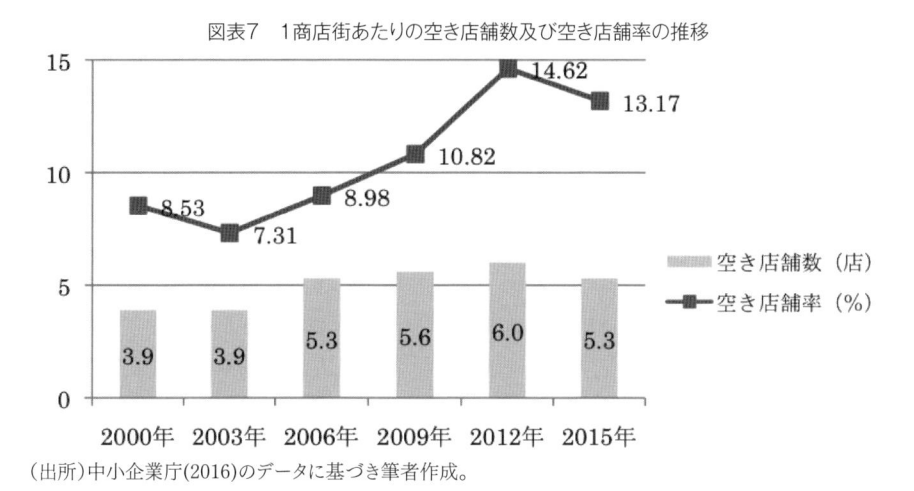

図表7　1商店街あたりの空き店舗数及び空き店舗率の推移

（出所）中小企業庁(2016)のデータに基づき筆者作成。

　とくに、近年では、「まちの顔」ともいうべき中心市街地に立地する商店街においても、こうした問題が深刻化しており、地域社会にとって看過できない問題となっている。

2.地域小売業の衰退要因

　第1節では、地域小売業の現状を客観的なデータに基づいて検討した。地域小売業の多くは商店街を形成しているものの、近年は衰退感がますます強まりつつあることを指摘した。こうした状況は全国的に見受けられる現象ではあるが、とりわけ問題が深刻なのは地方都市においてである。そこで以下では、そのようなエリアを念頭に置きながら、商店街の衰退をもたらした主要な要因についてみていくことにしよう。

（1）モータリゼーションの進展

　東京、大阪、名古屋をはじめとする大都市部においては、鉄道やバスなどの公共交通機関が発達し、人々の毎日の生活を支えている。これに対して、地方部では、公共交通機関の利便性が低く、買い物や通勤などの日常生活に自動車が欠かせない。日本の場合、自動車が生活必需品として社会に広く普及したのは1960年代半ば以降であった。自動車メーカーによる大量生産体制の構築、一般大衆にも購入可能な価格の大衆車の出現、国民所得の向上などにより、自動車の普及速度が加速し、本格的なモータリゼーション時代を迎えることになった。1970年代に入ると、日本の国民にとって自動車所有はもはや特別なことではなくなった（石川, 2008）。また、モータリゼーションの進展は必然的に道路網の整備を要求した。旧来の都市部だけではなく、都市中心部と郊外を結ぶ道路や、都市間を結ぶ道路などが次々と整備されていくことになった。

（2）郊外住宅地開発と人口の郊外化

　日本の地方都市では、1960年代までは駅前や繁華街など従来からの市街地に多くの人々が暮らしていたが、1970年代以降、郊外における住宅開発が積極的に進められ、それまで都市中心部に暮らしていた人々が快適な居住環境を求めて郊外へと移り住むようになった。公共交通機関が十分に整備されていない地方都市の郊外で生活するには自動車の利用が前提であったが、モータリゼーションの進展と道路網の整備がそれを可能にした。郊外人口の増加に伴い、道路のほか、電気、ガス、水道などの社会インフラの整備も進められた。かつては都市中心部が「働く場所」であるとともに「住む場所」であったが、1970年代以降になると、都市中心部は「働く場所」、郊外は「住む場所」となり、多くの地方都市で中心市街地の定住人口が減少するドーナツ化現象がみられるようになった（番場, 2013）。また、都市郊外の開発は必ずしも計画的に行われたものではなかったため、住宅や各種施設が虫食い状に郊外へと拡大するスプロール化が進行した。

（3）公共施設等の郊外移転

　人口の郊外化に続いて、それまで都市中心部にあって重要な都市機能を担ってきた諸施設の郊外化が進んだ。1970年代から80年代にかけて、郊外化とモータリゼーションに応じるという名目で、市役所、図書館、博物館、市民病院、卸売市場などの公共施設が郊外に移転・建設されていった。大学などの学校が続々と郊外に移転していったのもちょうどこの頃であった。そして、1990年代になると、商業・サービス機能の郊外化もみられるようになり、都市機能の空洞化が進展した（番場, 2013）。こうした諸施設の郊外移転はそこに勤務する人のみならず、そこを訪れる人をも郊外へ向かわせることになり、中心市街地における交流人口の減少をもたらすことになった。

（4）郊外への大規模商業施設の進出

　人口の郊外化や公共施設等の郊外移転により、都市中心部の小売業の経営環境は悪化しつつあったが、彼らにより大きなインパクトを与えたのが郊外への大規模商業施設の進出であった。1990年代に入ると、それまで大型店の出店を規制してきた大規模小売店舗法の規制緩和が行われ、総合スーパーやショッピングセンター、ディスカウントストアなど大規模商業施設の出店が相次いだ。これらは従来、大型店が立地先として選んだ駅前や中心市街地ではなく、郊外の幹線道路沿いやインターチェンジ付近に立地し、消費者の自動車での来店を想定して大規模な駐車場を備えていた。中心市街地の疲弊ないし地域小売業の衰退・空洞化がにわかに社会的問題として注目されるようになったのはこうした郊外への大規模商業施設の出店ラッシュが起こった1990年代であった。

（5）商店街内部の問題

　ここまでは商店街を取り巻く外部要因を中心にみてきたが、近年における商店街の衰退は商店街内部の要因によってももたらされることになった。商店街組織の問題あるいは商店街としての一体性の問題がそれである。これは、商店街の中

の有力な小売店がさらなる成長を目指して郊外に進出してきた大規模商業施設にテナントとして出店する、独自の行動原理に基づいて行動する全国チェーンの店が商店街に数多く参入する、オフィスや遊興施設など非物販店が商店街に進出する、などの結果、商店街全体として対応策を講じることができず、統一や統制がとれなくなる、というものである(石原・石井, 1992)。このことはやがて小売店の商店街活動に対するモチベーションの低下を生み、彼らを利己主義的な行動に駆り立てることになった。

(6)個々の小売店の経営に関する問題

　商店街の衰退は商店街を構成している個々の小売店の経営に内在するいくつかの要因によってももたらされた。店舗と住居の分離による小売店経営者と街との関係の希薄化の問題、後継者難問題、そして小売店経営者の高齢化問題などである。かつて中心市街地の商店街に店舗を構えていた小売店では、家族が店舗の奥や2階に住み、家族全員が何らかの形で小売店経営に関わっていたが、1970年代以降、小売店経営者の家族は郊外に暮らすようになり、小売店の経営者自身も郊外の住宅から昼間だけ中心市街地にある店舗に通ってくるといった状況がみられるようになった。そこでは家族が小売店経営に関与することはほとんどなくなった。この結果、小売店経営者およびその家族と商店街を中心とした街との関係は次第に希薄化していった(石井, 1996)。また、「住む場所」と「働く場所」の分離は、小売店経営者の家族と商売を切り離し、深刻な後継者難問題を生むことになった。さらに、後継者がいない状況のもとで、小売店経営者の高齢化が進展することとなった。一般に、「小売店経営は自分の代まで」と考える高齢の経営者は、設備投資や消費者ニーズへの対応を積極的に行うことはなく、個店の魅力は低下することになった。

　いまここにみてきた諸要因は、それぞれが単独で機能することで商店街の衰退をもたらしたというよりも、ある要因が別の要因を促進したり、複数の要因が同時

並行的に進行する中でそれぞれの要因が相互に作用し合うなどした結果としてもたらされることになったものとみるべきであろう。

3. 地域小売業の今後のあり方

ここまで、地域小売業の現状と衰退要因について検討してきた。そこではまず、日本の小売業の事業所数は1982年の172万店をピークとしてその後、一貫して減少し、2016年には99万店と100万店を割り込んだこと、それは小規模零細な小売業の大幅な減少によってもたらされたこと、地域小売業によって形成される商店街の衰退・空洞化が進み、「まちの顔」ともいうべき中心市街地における商店街でさえ深刻な問題となっていること、などを確認した。

その上で、とりわけこの問題が深刻化している地方都市を念頭に置きながら、地域小売業の衰退をもたらした要因として、(1)モータリゼーションの進展、(2)郊外住宅地開発と人口の郊外化、(3)公共施設等の郊外移転、(4)郊外への大規模商業施設の進出、(5)商店街内部の問題、(6)個々の小売店の経営に関する問題の6つを挙げ、各々について検討してきた。

ここで注意しなければならないのは、1990年代における郊外への大規模商業施設の大量出店を契機として深刻化の度合いを強めた中心市街地における商店街の衰退問題と中心市街地の空洞化問題の関係である。つまり、商店街とそれを取り巻く中心市街地は、一方が繁栄すれば、他方も繁栄するという相互依存的な関係にあるのであり、中心市街地の空洞化問題を放置した状態のままでは商店街の再生はありえない。

このような状況のもとで、中心市街地における商店街を再生させるためには2つの対応策が必要になってくるように思われる。ひとつは小売業を中心としたまちづくりを進めることによって「まちの魅力」を向上させることであり、いまひとつは商店街を形成している「個店の魅力」を向上させることである。

まず、「まちの魅力」の向上についてである。人口の郊外化や公共施設等の郊外移転により、中心市街地が空洞化し、都市中心部における定住人口と交流人

口が減少したことをふまえ、小売業を中心とするまちづくりの目的は「住みたいまち」、「訪れたいまち」をいかにつくるかに置かれることになる。

これにはさまざまな視点からのアプローチが考えられるが、少子高齢化のもとでの人口減少の進展とのかかわりからみた場合、「高齢者」や「子育て世代」にスポットを当てたまちづくりが考えられる。前者については、健軍商店街振興組合（熊本市）の取り組みが挙げられる。同振興組合は、2009年、地元の医師会や看護師会、社会福祉協議会などと「医商連携型まちづくり委員会」を立ち上げ、拠点施設「街なか図書館よって館ね」を開設し、健康や医療に関する本を貸し出すとともに、医師会に所属する看護師が血圧や体脂肪の測定を行うなどしている（新島・渡辺, 2018）。また、後者については、青森新町商店街振興組合（青森市）の取り組みが挙げられる。同振興組合は、2015年、NPO法人「子育て応援隊ココネットあおもり」および地元に暮らす子育て世代の主婦サークル「子育ち支援グループモモ」と連携して、子育て情報誌「HUG（ハグ）」を発行した。この情報誌には、多機能トイレやおむつ替えの場所、禁煙対応の有無など、主婦の目線からみて魅力的な情報を掲載している（新島・渡辺, 2018）。

つぎに、「個店の魅力」の向上についてである。中心市街地における商店街再生のためには、いま、ここにみてきた「まちの魅力」を向上させる取り組みだけではなく、「個店の魅力」を向上させるための取り組みが欠かせない。

一店逸品運動はそのための有力な手段であるといえる。一店逸品運動とは「商店街や共同店舗での会合を通じて、参加店それぞれの逸品の開発や発掘を行い、『逸品フェア』というお披露目を、定期的に開催していく一連の運動」（太田, 2002）であり、おすすめ商品＝逸品をもつことによって、個店の個性や魅力を明確に打ち出していこうというものである。

一店逸品運動のメリットは『逸品フェア』を通じて実際に顧客とふれあい、さまざまな会話をする中から潜在的なニーズを見出せることにある。そこで拾い上げられたニーズはその後、店舗で提供される品揃えやサービスなどに反映される。

こうした取り組みが行われる背景には、商店街全体が活性化するためには、何

よりもまず、商店街を形成する個店が個性的で輝いていることが必要であるという考え方が存在している。

参考文献

石井淳蔵(1996)『商人家族と市場社会―もうひとつの消費社会論』有斐閣.

石川和男(2008)「わが国のモータリゼーション発展期における自動車産業の環境と自動車メーカーによるマーケティング対応―複数マーケティング・チャネル制進展の背景―」『専修商学論集』第88号, pp.33-54.

石原武政・石井淳蔵(1992)『街づくりのマーケティング』日本経済新聞社.

太田己津彦(2002)『一店逸品運動』同友館.

栗田奈央子(2016)「平成27年国勢調査(人口等基本集計)結果の公表―「初の人口減少」確定に当たって―」『統計Today』No.115, http://www.stat.go.jp/info/today/115.html, 2018年7月8日最終アクセス.

伊達隆之(2016)「平成27年国勢調査―抽出速報集計結果からみる高齢化社会―」『統計Today』No.111, http://www.stat.go.jp/info/today/111.html, 2018年7月8日最終アクセス.

中小企業庁(2016)『平成27年度商店街実態報告書 概要版』, http://www.chusho.meti.go.jp/shogyo/shogyo/2016/160322shoutengaiA.pdf, 2018年7月15日最終アクセス.

新島裕基・渡辺達朗(2018)「高齢者・子育て世代にやさしいまちづくり」石原武政・渡辺達朗編著『小売業起点のまちづくり』碩学舎, pp.157-173.

番場博之(2013)「地域の再生とまちづくり」佐々木保幸・番場博之『地域の再生と流通・まちづくり』白桃書房, pp.25-44.

『経済センサス』.

『商業統計』.

CSR における地域

経営学科　津久井　稲緒

　経営学において企業と地域との関係を広範に扱ってきた領域に、「企業の社会的責任論(Corporate Social Responsibility, 以下CSR)」がある。CSRでは「社会貢献」や「企業市民」、「サスティナビリティ」などのキーワードと共に、企業に地域に対する責任を果たすことを求めてきた。近年では、企業の競争戦略上の理由からも、地域への関与が必要とされている。

　本章では、CSRの概要とCSRにおいて地域との関係がどのように扱われてきたか、その変遷を辿り、これからの地域と企業との関係を検討する。

1.CSRの概要

　CSRは第二次産業革命期とそれに続く時期に、企業の経済活動と社会との相互関係性において、雇用問題・公害問題など、現実的・切実的な問題を契機として発現してきた理論である。経営学において最初に取り上げられたのはシェルドン(Sheldon Oliver.,1924)の『経営管理の哲学』で、そこから実に一世紀にわたり、全世界の人々の生活の営みや命に関わる問題、地球・自然環境問題等を扱ってきた。

　20世紀、企業はその規模を急速に巨大化させた。企業の年間売上高は、いまや一国のGDPを超える規模にまでなっており、一企業の行動は、多くの人々に、多くの社会に影響を与えている(図表1)。CSRという考え方が世に問われ始めた黎

図表1　各国GDPと企業売上高の上位100（2017年）

順位	国名または企業名	（単位：10億 US ドル）			順位	国名または企業名	（単位：10億 US ドル）		
1	アメリカ	18,624			51	フィンランド	239		
2	中国	11,232			52	ベネズエラ	236		
3	日本	4,937			53	バングラデシュ	228		
4	ドイツ	3,479			54	バークシャー・ハサウェイ	224	投資	アメリカ
5	イギリス	2,629			55	アップル	216	コンピュータ	アメリカ
6	フランス	2,466			56	ポルトガル	205		
7	インド	2,264			57	エクソン・モービル	205	石油	アメリカ
8	イタリア	1,851			58	ベトナム	201		
9	ブラジル	1,799			59	マッケソン	199	ヘルスケア	アメリカ
10	カナダ	1,530			60	チェコ	195		
11	韓国	1,411			61	ペルー	195		
12	ロシア	1,283			62	ギリシャ	195		
13	オーストラリア	1,262			63	ルーマニア	188		
14	スペイン	1,233			64	BP	187	石油	イギリス
15	メキシコ	1,047			65	ユナイテッドヘルス・グループ	185	ヘルスケア	アメリカ
16	インドネシア	932			66	ニュージーランド	182		
17	トルコ	863			67	CVS ヘルス	178	薬局・ヘルスケア	アメリカ
18	オランダ	778			68	サムスン電子	174	電機	韓国
19	スイス	669			69	グレンコア	174	商品取引	スイス
20	サウジアラビア	646			70	イラク	172		
21	アルゼンチン	545			71	ダイムラー	169	自動車	ドイツ
22	台湾	530			72	ゼネラルモーターズ（GM）	166	自動車	アメリカ
23	スウェーデン	511			73	AT&T	164	通信	アメリカ
24	ウォルマート	486	小売	アメリカ	74	アルジェリア	159		
25	ポーランド	469			75	カタール	156		
26	ベルギー	467			76	エクソールグループ	155	投資	オランダ
27	タイ	407			77	フォード・モーター	152	自動車	アメリカ
28	ナイジェリア	405			78	中国工商銀行	148	銀行	中国
29	イラン	404			79	アメリソース・バーゲン	147	医薬品卸売	アメリカ
30	オーストリア	387			80	中国建築工程	145	建設	中国
31	ノルウェー	371			81	アクサ	144	保険・金融	フランス
32	アラブ首長国連邦	349			82	アマゾン・ドット・コム	136	小売	アメリカ
33	エジプト	332			83	鴻海精密工業	135	電子機器製造	台湾
34	香港	321			84	中国建設銀行	135	銀行	中国
35	イスラエル	318			85	カザフスタン	134		
36	国家電網（ステートグリッド）	315	電力配送	中国	86	本田技研工業	129	自動車	日本
37	デンマーク	307			87	トタル	128	石油	フランス
38	フィリピン	305			88	ゼネラル・エレクトリック（GE）	127	電機・機械	アメリカ
39	アイルランド	304			89	ベライゾン	126	通信	アメリカ
40	シンガポール	297			90	ハンガリー	124		
41	マレーシア	297			91	日本郵政	123	郵便・金融	日本
42	南アフリカ	295			92	アリアンツ	122	保険	ドイツ
43	コロンビア	282			93	カーディナルヘルス	122	ヘルスケア	アメリカ
44	パキスタン	279			94	コストコ	119	小売	アメリカ
45	中国石油化工集団（シノペック）	268	石油	中国	95	ウォルグリーンズ・ブーツ・アライアンス	117	薬局・ヘルスケア	アメリカ
46	中国石油天然気集団	263	石油	中国	96	中国農業銀行	117	銀行	中国
47	トヨタ自動車	255	自動車	日本	97	中国平安保険	117	保険	中国
48	チリ	247			98	クローガー	115	小売	アメリカ
49	フォルクスワーゲン	240	自動車	ドイツ	99	上海汽車工業	114	自動車	中国
50	ロイヤル・ダッチ・シェル	240	石油	オランダ	100	中国銀行	114	銀行	中国

（出所）GDPはIMF - World Economic Outlook Databases（2017）、売上高はFortune Global 500
　　（2017）を元に、筆者作成。

明期には、CSR肯定・否定論争が展開されたが、今日、CSRは肯定・所与とされ、現代企業には広範な社会的課題を役割責任として引き受けることが求められている。

一般に「責任」という言葉は、①人が引き受けてなすべき任務、②政治・道徳・法律などの観点から非難されるべき責メ・科トガ（広辞苑 第六版）というように、「役割責任」と「結果責任」という2つの意味を持って使われている。CSRを論じるときにも、この2つの責任概念から把握することができる。

ドラッカー（Drucker,P.F.,1974）によれば、企業の社会的責任は、社会的課題（social problems）と社会的衝撃（social impacts）の二分野で起こる。社会的課題とは、社会自体の問題であり、社会自身の機能不全から起こる。一方、社会的衝撃とは、組織の目的に付随して起こるもので、これらの多くは避けられないものであり、これらは副産物である。

このことは、役割責任と結果責任の観点から、次のように説明できる（図表2）。

企業には、社会的課題の解決を事業上の機会に転換し、新たな「役割責任」を引き受けることが求められている。例えば、低炭素化と経済効率の向上に貢献するという理由から電力会社が推進してきた原子力発電は、地球環境・経済成長という社会的課題に対する新たな役割責任を引き受けたといえる。これに付随して電力会社は、原子力発電所の安全運転、電源の多様化に伴う効率的な配分等、さらに多くの役割責任の引き受けも求められる。

近年、社会的課題の解決を事業上の機会に転換し、新たな「役割責任」を引き受けることは、「戦略的CSR」や「CSV（Creating Shared Value：共有価値の創造）」と呼ばれ、学界やビジネス界で称賛されている。例えば、従来は自動車会社にとって自然環境問題への取り組みはコスト増要因であり、ビジネスとしては成立し得なかった。環境負荷の低いハイブリッドカーや電気自動車の開発は高コストで、顧客は高価格の車を買うなら派手なスポーツカーを好んでいた。しかし、社会的関心の高まりや政府によるエコカー補助金制度などの後押しもあって、こうした車の開発は「割に合う」ようになった。他社に先駆けて社会的課題の解決を事業上の

機会に転換することは、競争戦略として積極的に取り組むべき役割責任である。

　また、社会的衝撃に対して、企業には「結果責任」が問われる。そしてさらに、同様の衝撃を二度と起こさない防止策などの「役割責任」を引き受けることが求められる。2011（平成23）年3月の東日本大震災で、福島第一原子力発電所事故という社会的衝撃を惹き起こした東京電力に被害補償・債務弁済等の結果責任が突きつけられるのはもちろん、この原子力発電所事故以降、東京電力以外の国内電力会社にも地震や津波対策のレベルを引き上げることが要求され、これを各電力会社が引き受けたのは、役割責任である。

図表2　役割責任と結果責任

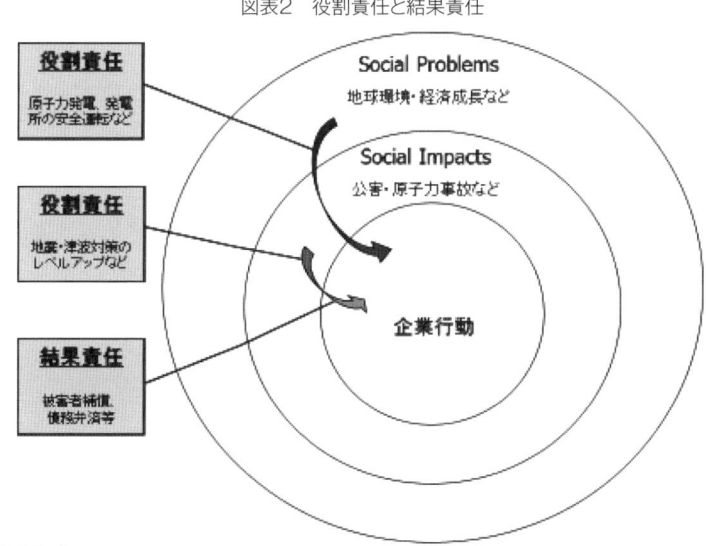

　図表2は、社会的課題・社会的衝撃と、企業が引き受けた役割責任・結果責任の関係を表している。円の中心は企業行動で、これが元となり社会的衝撃は惹き起こされる。さらに外側にある円は社会的課題である。企業行動と社会的衝撃・社会的課題の円との距離は、企業行動からもたらされる影響の大小を表している。公害は社会的衝撃で、地球環境問題は社会的課題というのが一般的な理解であるが、地球環境問題という社会的課題を、企業行動の影響を大きく見積もり

考えることもできれば、国政や市民意識の影響に起因するものとして議論することもできる。例えば、東京電力の原子力発電所事故で国の責任が問われているように、現実には、社会的衝撃は企業行動からのみ惹き起こされるのではなく、様々な社会要因と複雑に絡み合いながら起こる。原子力発電所事故という社会的衝撃を図中に捉える際、社会的課題に近い外縁に置くか、企業行動に近い内縁に置いて考えるかにより、賠償責任や支援策等の内容も大きく変わってこよう。しかし、原子力発電が国策により推進されてきたとはいえ、そのことが、東京電力の社会的責任を減じるものではないということを、述べておく[1]。

　図中の矢印は、企業が役割責任・結果責任を引き受けたことを表している。社会的衝撃や社会的課題を企業が認識したとしても、それらを企業が自らの責任とするか否かの裁量余地が、濃淡の差はあれど企業には残されている。地球環境問題に積極的に取り組む企業もあれば、強力なステークホルダーからの要求があった場合にのみ応ずる企業もある。企業の社会的責任という場合には、「自発性」が重要な要素となるのである。

2.CSRにおける地域社会と企業との関係

　CSRにおける地域社会と企業との関係は、企業のステークホルダー・モデルという図式で把握されることが一般的である（図表3）。

　このように、地域社会はステークホルダー図を描く際、一括りにされ取り扱われることが多いが、実際は多様なレベルからなり、そこで扱われる課題も広範であり、各地域社会レベルにおいて議論される内容は異なる（図表4）。

　CSRにおいて地域社会との関係が俎上にのせられた例としては、わが国では、70年代に企業活動を直接原因とする公害問題が地域社会に深刻な被害を与え、結果責任が求

図表3　企業のステークホルダー・モデル

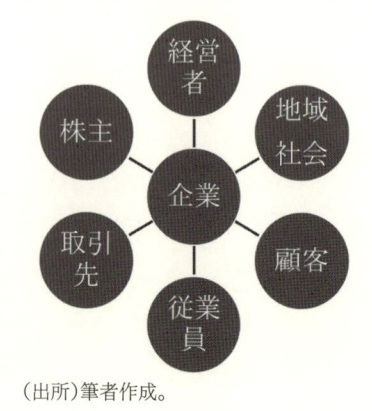

（出所）筆者作成。

地域社会レベル	レベルがあらわす範囲や層など
グローバル・レベル	地球社会
リージョナル・レベル	複数国家を含む地域経済圏 欧州連合(EU)、北米自由貿易協定(NAFTA)、東南アジア諸国連合(ASEAN)、アジア太平洋経済協力会議(APEC)環太平洋パートナーシップ(TPP)など
ナショナル・レベル	国民国家
ローカル・レベル(A)	一国内の地域・地方・都市のうち、広域自治体レベル(都道府県域)
ローカル・レベル(B)	一国内の地域・地方・都市のうち、基礎自治体レベル(市区町村域)団体自治の最小レベル
ネイバーフッド・レベル	地理・時間的な隣近所、町内、近隣、近所

(出所)津久井稲緒(2014)。

められたことや、80年代に日本企業が米国進出した際に、現地コミュニティから企業市民としてのふるまいを求められたことなどを、挙げることができる。そして現在は、「SDGs(The Sustainable Development Goals：持続可能な開発目標)[2]」のもと、グローバル社会の課題に対する役割責任を果たすことが求められている。

　ここからは、各地域社会レベルにおいて議論されるCSRを説明する。

(1)ネイバーフッド・レベル

　ネイバーフッド・レベルは、企業の本社屋や支店・工場等と、地理的・時間的に隣接する地域を指し、同じ町内、近隣、近所などの言葉で言い換えることができる。わが国では、70年代に企業活動を直接原因とする公害問題が、ネイバーフッド・レベルに深刻な被害を与え結果責任が求められたことが挙げられる。

　戦後の重化学工業の発展を中心とした日本の高度経済成長は、四大公害訴訟[3]に代表される深刻な被害を日本各地にもたらした。公害という言葉自体はすでに明治時代にも存在していたが、CSRの契機となったこの当時の公害は、大規模な生産活動による企業の事業形態が大気汚染や水質汚濁などを発生させるというもので、被害者の中心は企業周辺の地域住民であった。

日本の四大公害訴訟の判決は、企業の経済活動が公害問題を発生させている原因であるという考えを明らかにした[4]。しかし、この審理過程における被告会社の応対態度は、終始責任回避の論理に立ってきた。このような責任回避の態度は、第64回臨時国会（いわゆる「公害国会」）で公害関係諸立法が審議される過程において、経済団体連合会などによる強力な干渉の姿勢に象徴される。さらに、公害防止の過大な費用負担は、国際競争力の強化に障害となるという回避の主張すら行われた。

　公害を惹き起こした結果責任、公害防止策を講じるなどの役割責任、どちらの引き受けについても被告会社は応じないという抵抗を続けたが、最終的には企業責任という司法判決と世論とに押され、企業は社会的責任を引き受けた。

　現代でも、企業の地方都市進出工場を受け入れた地元住民は、企業に対して「公害を起こさない」「雇用の確保」「良い商品・サービスの生産・流通」等を期待し、当該企業はその期待に応えながらネイバーフッド・レベルとの良好な関係を築いているが、企業がひとたびその地域からの撤退・移転をすると、それはローカル・レベル（A）（B）やナショナル・レベルの課題を浮上させる。

（2）ローカル・レベル（B）

　ローカル・レベル（B）は、一国内の地方都市のうち、地方自治体の最小単位程度である基礎自治体等の範囲を指す。

　第二次世界大戦以降、米国の大企業は都市の厚生施設やレクリエーション施設への援助、芸術・文化事業への援助などの関与を拡大してきたが、80年代に日本企業が米国進出した際には、現地コミュニティから企業市民としてのふるまい（寄付等の社会貢献）を求められた。一般に、「良き企業市民」というときの地域社会レベルは、ローカル・レベル（B）で捉えられる。

　また、炭鉱都市や全国に大工場を持つ造船、鉄鋼業などの企業城下町は、それらが斜陽産業となると、当該都市も共に衰退する。企業は、不況や産業構造の転換により、縮小・閉鎖されることもある。巨大な一企業に支配されている企業城

下町ほど、企業経営の浮沈が地域社会に及ぼす影響は大きい。一企業と命運を供にするローカル・レベル(B)の課題といえる。これらのことは、同時にローカル・レベル(A)やナショナル・レベルにおける、雇用、経済活動、環境保全の課題を浮上させる。

(3)ローカル・レベル(A)

　ローカル・レベル(A)とは、一国内の地方都市のうち、日本では都道府県等の広域自治体等の範囲を指す。地域の安全・安心等を担う警察や医療等の政策が実施されるレベルである。

　公害について、直接的な被害はネイバーフッド・レベルに生じるが、我が国の公害の歴史を見れば、患者救済(医療費や補償等)に関する認定等は都道府県が行ってきたことから、ローカル・レベル(A)の課題ともいえる。

　"Everyday-Low-Price"で知られるウォルマートは、2000年前後に低所得者向けセーフティネットプログラムに依存しているとの批判が高まった。「最低所得水準に達しない労働者、医療保険が十分でなく公的負担を伴う労働者に関しては、一部税金が投入されることになる。特にウォルマートで買い物をしない消費者は、一方的にウォルマートの従業員のコストを負担していることになる(日本政策投資銀行ロサンゼルス事務所, 2004:16)」という批判である。大企業の雇用、給与水準は、ローカル・レベル(A)の社会福祉政策を左右する。

　さらに、気候変動に伴う大規模自然災害の頻発により、災害対応思想が、防災から減災・レジリエンス[5]へ転換した。防災思想の下では、主に公が、防災拠点の整備や飲料等の備蓄という役割を担ってきた。しかし、減災・レジリエンス思想の下では、自助・共助・公助の協働により、人命を守り、早期復旧を可能とする機能や条件等の整備を強化する。自助・共助・公助の発揮できる下地づくりを平時から促進し、公民連携による災害対策が求められており、こうした観点から、自治体と企業との災害時の支援に関する連携協定が進められている。東京都やさいたま市、横浜市などの大都市で実施されている「災害時の一斉帰宅抑制」はその

一例である。2011（平成23）年3月11日に発生した東日本大震災では、震度5強の揺れを観測した首都圏のほとんどの鉄道が運行を停止し、都心部のオフィスや学校には多くの通勤・通学者が帰宅の足を奪われ帰宅困難者となった。車道は夜通し大渋滞となり、歩道は徒歩帰宅をする人々の行列が深夜まで続いた。こうした状況をふまえ、都道府県等では地域の救助・救急、消火、緊急輸送活動の円滑化のために、帰宅困難者の発生抑制を図るべく、企業等に従業員等を一定期間事業所内に留めておくように、待機させるための環境整備、物資の備蓄を推進している。賛同企業には賛同確認票に記名・捺印を求め、ホームページ等による紹介を行っている。これは、都道府県と大都市政令指定都市が講じているものであり、ローカル・レベル（A）の課題とみなされる。

（4）ナショナル・レベル

　ナショナル・レベルは、国民国家レベルを指す。現在、内閣府が推進する「地方創生」は、東京一極集中是正のための地方活性化策である。この中で、企業には国家レベルの政策の担い手としての役割が期待されている。例えば、地方における若者の雇用数の増加や正規雇用労働者数の増加、女性の就業率の向上や出産・子育て支援策の充実、高齢者の雇用など、様々な役割責任を担うことが求められている。こうした動きは、ローカル・レベル（A）（B）の政策にも大きく影響する。

（5）リージョナル・レベル

　リージョナル・レベルは、複数国家を含む地域経済圏を指す。従来の後発国に見受けられた輸入－国内生産（輸入代替）－輸出という雁行型の産業発展モデルではなく、現在は、発達した物流網とEPA（経済連携協定）等を活用した分業ネットワークの産業発展モデルが進行している。1990年代以降、国際経済環境や各国の開発戦略の変化により地域統合の動きが加速してきた結果として、EPA/FTAの締結数が年々増加してきている[6]。企業は、こうした経済連携地域での投資、雇

用等の課題を担う。しかし、こうした企業の活動が、格差や貧困、自然環境破壊など、グローバル・レベルに負の側面を生じさせていることも指摘されている。

(6) グローバル・レベル

グローバル・レベルは、地球市民と表されることもあり、地球全体的な観点を指す。リージョナル・レベルの発展に伴い、グローバル・レベルの課題は浮上してきたともいえる。

社会的課題の解決に向けて、国連が途上国・先進国の双方を対象に設定した「SDGs」は、各分野の企業がグローバル・レベルの課題に対して役割責任を果たすことに期待しており、これへの活動を積極的に始めている企業は多い。

また、「国連グローバルコンパクト」は、グローバル化の負の側面に目を向け、グローバル経済を持続可能なものとするために、2000(平成12)年に正式発足したもので、具体的には、経営戦略および日常業務に取り入れて企業文化とすることや、年次報告書等による報告(COP)が求められている。

さらに、1990(平成2)年に設立された経団連の1％クラブの活動をみると、2000(平成12)年以降、国内外を問わずに、災害支援活動がその中心となっている。近年の同クラブの取り組む地域社会の課題が、グローバル・レベルとなっていることがわかる。

3. CSRの今後の方向性

CSRにおいて、各地域社会レベルで論じられる社会的課題は広範であり、企業は多様な社会的課題を事業上の機会に転換しながら、より多くの役割責任を引き受けてきた。こうしたCSR推進の背景には、社会経済システムと企業システムの「パラダイムの転換(谷本, 2013:4)」があったと考えられる(図表5)。

最後に、CSRの今後の方向性について述べる。

CSRにおいては、何を役割責任として引き受けるのかということと、結果責任

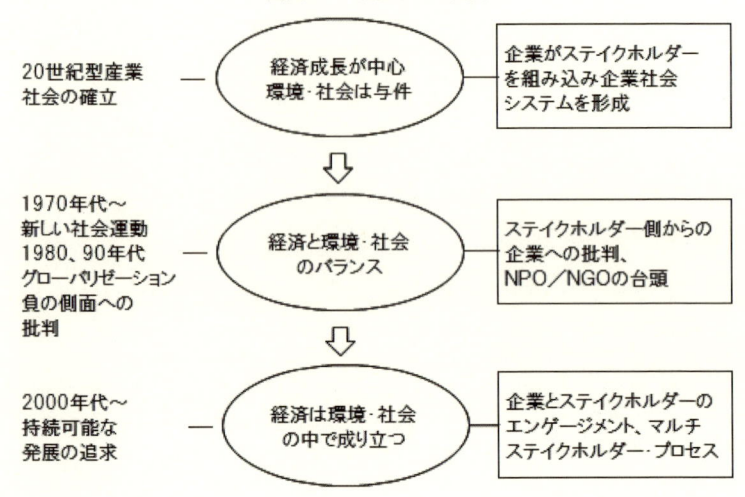

図表5　パラダイムの転換

(出所)谷本寛治(2013:4)。

をとれるのか(どのようにとるのか)ということを、対で考えていく必要がある。近年の
CSRは、結果責任をどのようにとるのかということをなおざりにしたまま、役割責任
の引き受けという部分だけが推進されてきたきらいがある。

　各地域社会レベルの課題に応えていく中で、異なる地域社会レベルの課題を
随伴的に浮上させてきたことを考慮すれば、今後は、個別企業で役割責任を決
定し引き受けることのみならず、一部については、他主体との協働により役割責
任を決定し引き受けることが、求められるのではないだろうか。近年見受けられ
る、企業とNPOとの協働、自治体と企業との包括協定等は、役割責任と結果責
任の両方を果たすことへの可能性が見いだされ、現実的な方向性として認めるこ
とができよう。これからのCSRは、役割責任と結果責任を対で考えていくことによ
り、持続可能な地域社会を現実のものとしていくことができよう。

注

1 90年代の金融不安の一因として、大蔵省(当時)と金融機関との親密な関係「護送船団方式」が指摘されたが、そのことが金融機関の社会的責任を減じるものではない。また、2010(平成22)年に経営破綻した日本航空も国営企業時代から積み重なる不採算路線・企業年金等の「レガシーコスト」が一因とされたが、日本航空の社会的責任が差し引かれるものではない。

2 国際連合創設70周年を迎えた2015年9月、ニューヨーク国連本部において「国連持続可能な開発サミット」が開催され、150を超える加盟国首脳の参加のもと、地球の未来を創る一つの文書「我々の世界を変革する:持続可能な開発のための2030アジェンダ」が全会一致で採択された。そして2030アジェンダは、17の目標と169の課題からなる「SDGs(持続可能な開発目標)」をかかげた。SDGsにおける目標設定のポイントは、以下の3点である。① 貧困の根絶(経済・社会開発)と持続可能な社会(環境保全)の両立　② 不平等(格差)の是正　③ 開発途上国だけでなくすべての国に適応される。

3 四大公害とは、水俣病、新潟水俣病、イタイイタイ病、四日市喘息。その他にも、この時期、東京牛込柳町の鉛公害事件、東京杉並区の光化学スモッグ、静岡県田子ノ浦市のヘドロ公害などが顕在化した。

4 水俣病は、1959年12月に新日本窒素肥料 が患者79名に対して見舞金総額約9200万円を支払うことで一旦決着したが、1968年の公害認定により患者からの補償要求が再燃し、1973年3月に熊本地裁は患者側勝訴の判決を下した。新潟水俣病では、1967年6月に昭和電工が提訴され、1971年9月に新潟地裁は患者側勝訴の判決を下した。その後の未認定等をめぐる訴訟は、1996年5月に和解した。イタイイタイ病では、1968年3月に三井金属鉱業が提訴され、1971年6月に富山地裁で、72年8月に高裁において患者側が勝訴した。その後財界からイタイイタイ病の原因は特定できないとする反撃が見られたが、結局カドミウム原因説が定着することで決着した。四日市ぜんそくは、1967年9月に被告6社(昭和四日市市石油、三菱油化、三菱化成、三菱モンサント化成、中部電力、石原産業)に対して訴訟が起こされ、1972年7月に津地裁四日市支部は患者側勝訴の判決を下した。

5 回復力、復元力と訳され、安全防災等の政策的観点からは「災害の事前復興」という考え方をいう。

6 背景として、①欧米諸国が経済的関係の深い近隣諸国との間で貿易・投資の自由化・円滑化等による経済連携を図る動きを活発化させたこと(例:米国及びECがそれぞれNAFTA(1994年発効)及びEU(1993年発足)への取組を加速させる等)、② NIEsやASEANがいち早く経済開放を推し進めることにより高成長を果たす中、チリ・メキシコ・ペルー等の新興国が貿易・投資の自由化や市場メカニズムの導入へと経済政策を転換させ、その中でEPA/FTA を活用する戦略を採ったこと、さらに、③ 2000年代後半以降、WTOドーハ・ラウンド交渉が停滞する中、世界の主要国が貿易・投資の拡大のために積極的にEPA/FTA を結ぶようになったことなどが挙げられる。(経済産業省『通商白書2013年』)

参考文献

Drucker, P.F.（1974）*Management: Tasks, Responsibilities, Practices*, Harper & Row.（野田一夫・村上恒夫監訳『マネジメント（上）（下）—課題・責任・実践』ダイヤモンド社, 1974）

Heald, M.（1970）*The Social Responsibility of Business.Company and Community 1900-1960, Transaction Publishers.*（企業制度研究会『企業の社会的責任』雄松堂書店, 1975）

Porter. M.E.and M.R. Kramer.（2011）"Creating Shared Value", *Harvard Business Review,* Jan-Feb 2011.

Sheldon, O.（1924）*The Philosophy of Management,* Pitman.（田代義範訳『経営管理の哲学』未来社, 1974）

谷本寛治(2013)『責任ある競争力』NTT出版.

津久井稲緒(2010)「企業の社会的責任のコンフリクト」『日本経営倫理学会誌』第17号, pp.113-121.

津久井稲緒(2012)「電力会社の社会的責任」『経営哲学』第9巻1号, pp.93-97.

津久井稲緒(2014)「CSRとコミュニティ政策」『経営哲学』第11巻1号, pp.128-131.

日本経団連社会貢献推進委員会編(2008)『CSR時代の社会貢献活動』日本経団連出版.

日本政策投資銀行ロサンゼルス事務所(2004)「ウォルマート再考」『拠点レポート』LA-55駐在員事務所報告, 国際・協力部.

企業活動とステークホルダーの関わり

経営学科　中村　貴治

　現代企業の活動は私たちの社会に大きな影響を与えており、企業がどのような事業展開をするか、どのような製品やサービスを、どのようにして提供するのかによって、私たちの生活の質は大きく左右される。一方、同じように、私たちが顧客として企業の提供する製品やサービスを購入することによって企業にはじめて利益がもたらされ、また、従業員として企業に真面目に勤めることによって企業ははじめて事業を営むことができる。

　このように、私たちを含めて、企業と相互に影響を与え合う関係にある人や組織のことを、経営学ではステークホルダー（stakeholder）と呼ぶ。ステークホルダーはすでに現代の企業と社会との関係を考察するキーワードとして広く用いられており、企業経営においては彼らとどのように関係を結ぶかということが、企業自体の維持存続にとっても、また社会の健全さを保つためにも重要な課題となっている。

1.ステークホルダーとは何か
（1）企業活動とステークホルダー

　企業活動にまつわる情報に触れる機会があるなら、ステークホルダーという言葉を目にしたことはあるだろう。

　例えば、トヨタ自動車は自社HPに掲載するCSR方針のなかで、自社の基本理

念として「持続可能な発展のために、すべてのステークホルダーを重視した経営を行う」こと、そして「オープンで公正なコミュニケーションを通じて、ステークホルダーとの健全な関係の維持・発展に努める」ことを掲げている。

　また、企業が品質不正や粉飾決算などのいわゆる企業不祥事を起こした際には、経営者が「顧客や株主など多くのステークホルダーに多大なご迷惑をおかけしたことを深くおわびしたい」などと述べ、頭を下げて謝罪をする場面を見かけることもあるだろう。

　このように、企業が社会の中でどのように経営の舵取りをしていくか、社会との関係をどのようにして健全に保っていくのか。ステークホルダーとの関係は、企業経営のあらゆる場面において問われるようになっているのである。

（2）ステークの概念

　では、ステークホルダーとは、どのような存在なのであろうか？

　ステークホルダーとは、読んで字のごとく「ステーク（stake）を持つ人（holder）」のことである。もともとステークとは杭（くい）のことであり、ステークホルダーとは、かつてアメリカ大陸の未開拓地に進出して新たな土地の周囲に杭（くい）を立て、その土地の所有権を主張した、移住民を指す言葉であったと言われる。そのため、そもそもステークホルダーとは、企業に対して自身のもつ権利を強く主張する人達のことであったといえる。

　しかし、現代社会の中でそのような人達は、企業をとりまく関係者の中でも、ごく一部を反映しているにすぎない。企業活動が私たちの生活により密接なものとなった現代においては、企業の経営者はより広範な人たちをステークホルダーとして認識し、対応していくことが求められている。例えば図表1は、ステークという概念を利害・関心、権利、所有の3つに分類してとらえている。

　もしもある企業の工場が閉鎖される場合、その工場に雇用され報酬を得ていた従業員は生活の糧を失うことになり、その工場に原材料を供給することで利益を得ていた取引先、そしてそれらの従業員が地域に根を下ろし経済活動を営むこ

とによって経済が循環していた地域社会まで、多くの主体の具体的な「利害」が
かかわることとなる。また、企業が差別を思わせる広告を出してしまった場合や、
事業活動によって自然環境に悪影響を与えてしまったときには、それらの問題に
「関心」のある個人や人権団体、環境保護団体などからの強い反発が起きるこ
とになる。

　また、企業は、企業活動にかかわる個人や集団の「法的権利」はもちろん、性
別によって不当と思われる待遇を受ける場合など、公平・正義・平等といった価
値によって守られるべきと考えられる「道徳的権利」についても、尊重しなくてはな
らない。そして、株式会社では企業の活動に必要な出資をする株主は企業を「所
有」しているとみなされ、特別の配慮をすることが求められるのである（株主と企業の
関係については次節参照）。

　このように、企業活動が人々の生活のあらゆる場面で影響を与えるようになっ
た結果、企業は単に自らの権利を現在において強く主張する主体のみならず、今
後の企業活動によって影響を与える主体にまで、広くステークホルダーとしてとら
え、配慮する経営を行うことで、社会を健全に維持していくことが強く期待されて
いる。

　これらのステークは、利害・関心➡法的・道徳的権利➡所有の順に企業に対し
て強いステークを持つと一般に理解されるが、社会から求められる企業の在り方
も時代とともに変化しており、経営者は常に広い視野を持って対応することが求
められる。

図表1. ステーク概念の分類

		定　　義
利害・関心		個人ないし集団がその意思決定から影響を受ける。
権利	①法的	個人または集団が特定の方法で扱われること、または特定の権利が保護されることに対する、法的主張を有する。
	②道徳的	個人ないし集団が、特定の方法で扱われること、または特定の権利が保護されることに対する、道徳的ないし倫理的権利を有すると考える。
所有		個人ないし集団が、資産あるいは財産に対する法的所有権を有する。

（出所）Carroll and Buchholtz（2017：73）より筆者改変。

（3）ステークホルダー・マップ

　企業経営において考慮すべきステークホルダーの範囲は極めて広く、経営学におけるステークホルダーの最も一般的な定義は「企業の目的達成に影響を与えることができ、またはそれによって影響を与えられる個人や集団」である（Freeman, 1984）。少し難しく聞こえるかもしれないが、企業は自社の活動に圧力を加えたり、阻害する相手に対しては、安定的な維持存続をしていくために積極的に対応していかなくてはならない。逆に自社の活動によって悪影響を受ける個人や集団には、社会の安定の観点から倫理的な配慮をすることが求められる。

　では、具体的に企業にはどのようなステークホルダーがいるのだろうか。図表2は、企業とその基本的なステークホルダーをマップ上に配置したモデルである。

図表2. 企業のステークホルダー・マップ

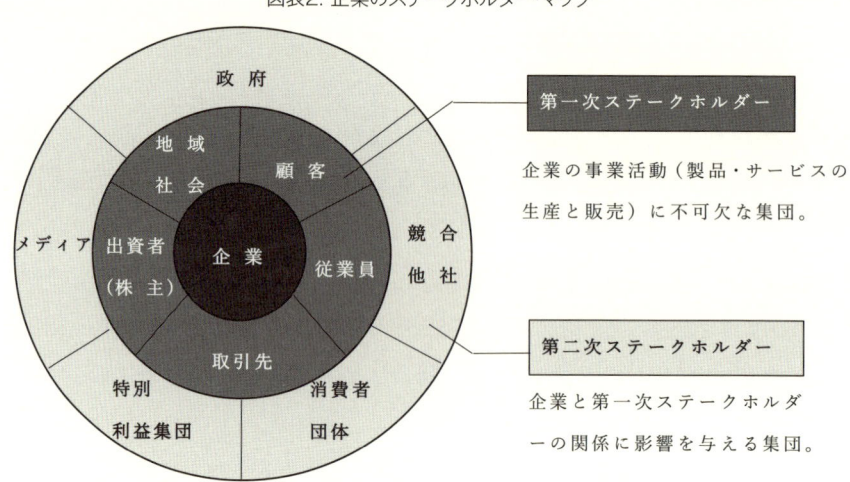

（出所）Freeman and Harrison (2007:7)。

　一般に、企業は、出資者（株主、銀行など）からえられた資金をもとにして取引先から原材料の供給をうけ、従業員のはたらきによって生産された製品やサービスを顧客に販売し提供しており、これらは地域社会からの支援されることによって安定した活動となる。このように、出資者、従業員、顧客、取引先、地域社会など、製品・サービスの生産および販売という企業の基本的な事業活動に不可欠な関

係者のことを、第一次ステークホルダーという。こうした関係者の継続的な支持がなくなれば、企業は利益をあげる活動自体ができず、維持存続することができない。

また、例えばメディアでの報じられ方によって企業のイメージは変化し、顧客の購買活動や地域社会からの支援なども、メディアとの関わり方によって左右される。このように、企業と第一次ステークホルダーとの関係に影響を与える関係者として、政府、メディア、競合他社、特別利益集団（業界団体、ロビイストなど）、消費者団体などが挙げられ、これらのグループは第二次ステークホルダーという。

企業は基本的な事業活動を支える第一次ステークホルダーはもちろん、両者の関係に影響を与える第二次ステークホルダーまで配慮していくとによって、より安定的な存続をはかることができるのである。

2.ステークホルダーの具体例

それでは以下に、第一次ステークホルダーである顧客、株主と企業活動との関係について、近年の動向を踏まえながら、もう少し考察を進めてみよう。

（1）企業活動と顧客との関係

企業は自社が生産、提供する製品・サービスが顧客によって購入されることにより、利益をあげている。利益は企業の維持存続の元手であり、利益をあげられなければ次の事業活動への投資や従業員への報酬も支払うことができない。顧客は企業活動にとって極めて重要な第一次ステークホルダーである。

各企業は顧客獲得のために苛烈な競争を繰り広げ、その過程で私たちの生活と価値観を変えてしまうほどの大量生産と大量消費がおこなわれる大衆消費社会をつくりだした。企業の絶えまないマーケティングとイノベーション（技術革新）により、私たちの生活は確かに豊かになったと言えるが、その一方で多様な問題を引き起こしている。例えば、企業による過剰または詐欺的な広告宣伝が行われたり、コスト削減のために安全性を犠牲にした製品・サービスが提供されたり、といった

ことである。

　これらのことから、消費者としての顧客を守るために国際的な消費者団体である国際消費者機構(CI)は、1983年に消費者の権利として次の8つを提唱した。それらは①安全が確保される権利、②知らされる権利、③選択する権利、④意見が反映される権利、⑤消費者教育を受ける権利、⑥生活の基本的ニーズが保障される権利、⑦被害の救済を受けられる権利、⑧健全な環境を求める権利である。これらの権利は、日本では消費者基本法(消費者保護基本法から2004年に改正)において明記されている。企業はこれらの権利を保障するため、製品・サービスの提供にあたって安全性はもちろん効率性、公正性について高い基準で活動することが求められているのである。

　そして、CIは顧客に消費者として求められる責任についても、①批判的意識、②主張と行動、③社会的関心、④環境への自覚、⑤連帯・団結の5つを提示しており、企業から提供される製品やサービスに問題意識をもち、必要であれば消費者自らが積極的に是正を働きかけることを求めているのである。

　さらに近年では、エシカル消費という概念が注目されている。エシカル消費とは、消費者それぞれが環境問題、地域の地産地消や障がい者雇用、途上国の貧困や児童労働などといった社会的課題を考慮し、そうした課題の解決に配慮する事業者を応援しながら消費活動を行うことである。例えば、意識的にリサイクル製品や障がい者の作った寄付付き製品、自然エネルギーを利用して生産された製品を購入するなどといったことが挙げられる。こうした消費活動を通じて、不可欠なステークホルダーである顧客の立場から、企業活動を社会にとってより望ましいかたちになるよう積極的に働きかけることが期待されるようになっている。

(2) 企業活動と株主との関係

　企業の中で最も一般的な形態である株式会社において、出資者である株主は企業の法的な所有者とみなされる。剰余金配当請求権、残余財産分配請求権、議決権など、企業に対して各種の株主権をもっており、株式会社の最高意思決

定機関である株主総会において、株主はその構成員として定款の変更、取締役など会社役員の選任と解任、決算書の承認など、企業の経営に関する重要な事項について審議するのである。

しかし、この株主総会が開かれるのはほとんどの企業で年1回程度であるため、日常の業務執行に関する意思決定は内部の経営者に託される。経営者は利益が企業の所有者である株主に還元されるべく、高い経済的成果をあげるように企業を経営していくことが求められているのである。そのため、株主は企業にとって強い影響力をもったステークホルダーである。

特に近年では企業不祥事の頻発や外国人投資家の増加に伴い、東京証券取引所によって2015年に上場企業に対する原則を定めたコーポレートガバナンス・コード（企業統治指針）が公表された。基本原則とは、①株主の権利・平等性の確保、②株主以外のステークホルダーとの適切な協働、③適切な情報開示と透明性の確保、④取締役会等の責務、⑤株主の対話の5つであり、さらにこれらの基本原則を詳細化する原則および補充原則が提唱されている。これらは主に株主にむけた経営の透明性を高め、株主による経営者のチェック＆コントロールを強める役割を果たしている。これらの原則に法的な強制力はないが、従わない場合はその理由の説明を開示することが求められている。政府も同年の施政方針演説でこれら原則に従うことの重要性を強調するなど、企業は株主に対して、より高い配慮をすることが強く求められている。

また、その一方で、金融庁からは2014年に、日本株に投資する機関投資家が株主として守るべき行動規範として、スチュワードシップ・コード（「責任ある機関投資家」の諸原則）を公表している。この中で機関投資家は企業との建設的な対話を通じて企業に企業価値向上や持続的成長を促すことを責任として求められており、7つの原則と、それらを詳細に記す指針が定められている。これらはコーポレートガバナンス・コードと同様に、原則に従わない機関投資家は、その理由について説明することが求められている。

そして、近年では社会的価値の変化を反映した投資の枠組みとしてESG

投資が注目されている。ESGとは、環境（Environment）、社会（Social）、企業統治（Governance）の頭文字からとられたこ言葉であり、3つの観点からそれぞれ図表3のような投資基準を設けている。投資行動を通して企業活動を社会的に望ましい在り方へと働きかけることが期待されているのである。

図表3. ESG投資が重視する取り組み

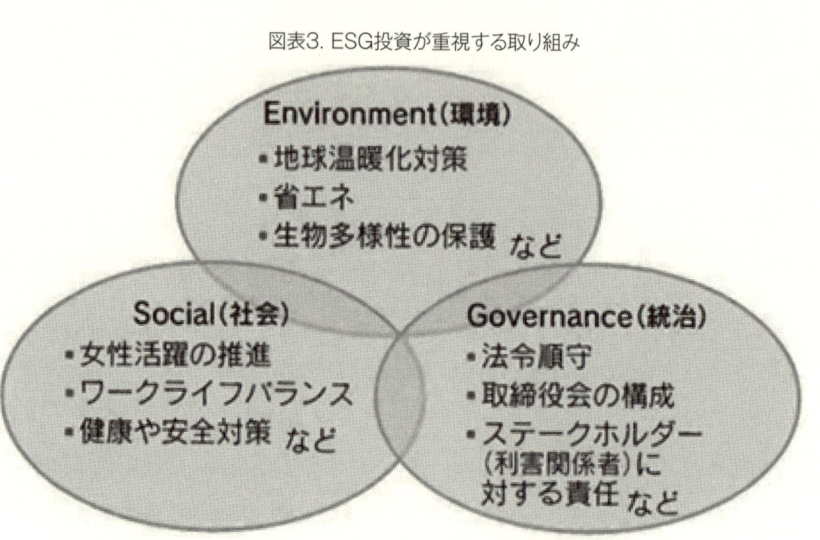

（出所）日本経済新聞朝刊2018年5月12日発行「ESG投資、個人も注目——情報開示進み商品充実（M＆I）」。

（3）誰を、なぜ優先して経営を行うのか

このように、顧客や株主だけをとってもみても、ステークホルダーは企業に対してさまざまな権利や期待をもっており、さらに近年では、企業の活動にステークホルダーから積極的に影響を与え、企業活動を是正していこうという動きも急速に強まってきている。

このようなステークホルダーが無数に存在する複雑な環境の中で、企業の経営者にせまられるのは、自社の経営資源をどのように分配し、各ステークホルダーに応えていくかという意思決定である。企業の持つヒト・モノ・カネ・情報といった資源には限りがあり、全てのステークホルダーに十全な満足を与えることは極めて困難であり、不可能ともいえる。

ヤマト運輸が従業員に過剰な負担を与えるいわゆるブラック企業との批判を受け、2017年からあえて輸送料を引き上げることによって、顧客や取引先の満足を犠牲にし、取り扱い荷物数を減らすことで従業員の負担を減らし満足度を上げようとしたことは、記憶に新しい。

　現代企業の経営者は、自社の環境を広く精確に把握し、企業がどのようなステークホルダーに対して、なぜ優先的に対応するのか、常に判断しながら、企業と社会、全体の調和を目指していくことが求められるのである。

参考文献

Carroll, A.B. and A.K.Buchholtz (2017) *Business and Society: Ethics, Sustainability and Stakeholder Management, 10th Edition,* Cengage Learning.

水村典弘(2004)『現代企業とステークホルダー──ステークホルダー型企業モデルの新構想』文眞堂.

Freeman, R.E. (1984) *Strategic Management: A Stakeholder Approach,* Pitman.

Freeman, R.E., Harrison, J. S. and A. C. Wicks (2007) *Managing for Stakeholders: Survival, Reputation, and Success.* Yale University Press.(中村瑞穂他訳『利害関係者志向の経営──存続・世評・成功』白桃書房, 2002.)

組織事故と地域社会

経営学科　四本 雅人・田中 政光

1.続発する組織事故

　組織事故という言葉をご存知だろうか。これは、企業などの組織によって引き起こされ、その組織だけでなく、社会にまで大きな影響を与えてしまうような事故のことだ。近年、この組織事故が多発している。

　1999年に起きた東海村JCO臨界事故では、硝酸ウラニル水溶液（ウランを硝酸に溶かした液体）を専用の装置を使わずにステンレス製のバケツで移送し、臨界事故が発生。作業員が多量の中性子線を至近距離で被曝し、2名が死亡。667名の被曝者を出した。

　2005年に起きたJR福知山線脱線事故では、福知山線塚口駅と尼崎駅の間の右カーブ区間で、快速電車の前5両が脱線し、先頭の2両は線路脇のマンションに激突して大破。乗客と運転士をあわせて107名が死亡、562名が負傷する事故であった。

　そして、記憶に新しい組織事故といえば、東京電力福島第一原子力発電所の事故だろう。2011年3月11日に起きた東北地方太平洋沖地震とその地震動によって発生した13〜15mの津波が福島第一原子力発電所を襲い、発電所は全電源を喪失（これをステーション・ブラックアウトと言う）。原子炉内部や核燃料プールへの注水ができなくなったため、核燃料が冷却できずに複数の原子炉が炉心溶融（メルトダウン）を起こすことになった。ただし、福島第一原子力発電所の事故は、東北

地方太平洋沖地震による津波に起因するものであるから、人によって起こされた事故としての人災というよりは、地震という自然現象によってもたらされた天災と考える人もいるだろう。この原発事故に対しては、事故発生から半年以内に、政府、国会、民間、そして、東京電力による事故調査報告書がそれぞれ提出された。政府、国会、民間の事故調査報告書は、いずれもこの事故が東京電力の人災によって起こった事故であると断定し、東京電力の事故調査報告書だけが福島第一原子力発電所は「国の審査に適合していた」として、自然災害であることを強調していた。しかしながら、後に東京電力の原子力改革タスクフォースがまとめた報告書の中では、社内において「安全は既に確立されたものと思い込み」があったこと、「（大規模な）事故への備えの不足」があったこと、「（過酷事故への対策よりも）稼働率などを重要な経営課題として認識」していたことが明らかになっている。つまり、福島第一原子力発電所の事故は、組織事故だったことを事実上、認めたのである。

　この福島第一原子力発電所の事故に代表されるように、組織事故が地域社会へ与える影響は甚大である。福島の原発事故の場合、事故直後、半径20km圏内は原則として人の立ち入りを禁止する「警戒区域」とされ、住民に対して避難指示が出された。また、2011年3月15日には、半径20〜30km圏内が「緊急時避難準備区域」とされ、住民に屋内避難が指示されたのである。この避難指示によって、区域内の物流が途絶えることになり、地元住民の生活基盤はたちまちのうちに崩壊することになった。この事故から約8年が経過し、避難指示が解除された区域も増えてきたが、それでも今なお、放射線量が非常に高いことから避難が求められ、長期に渡り自宅に戻れない「帰還困難区域」や、区域内への不要不急の立ち入りを控えるようにされている「居住制限区域」が残されたままになっている。また、経済的側面をみていけば、福島第一原子力発電所の事故以降、福島を中心とした日本産食品の輸入規制が海外の多くの国で実施され、年々、規制解除を行う国が増えてきてはいるものの、中国や韓国、アメリカではいまなお、全面、もしくは一部の輸入停止がなされたままだ。

それでは、これらの組織事故を防ぐことは可能だったのだろうか?

2.なぜ事故は起こるのか

(1)ハインリッヒの法則

　事故が起こってしまう原因は何か。よく取り上げられることは、事故が起こってしまう前から、細かい人的ミス(ヒューマン・エラー)や不安全行動が頻繁に起こっていて、そして、不運が重なることで大きな事故に繋がってしまうというケースだ。これは見方を変えると、1つの重大な事故(死亡や重傷を招くようなもの)が起こってしまう際には、事前に多くの軽微な事故(軽傷で済んでしまうようなもの)が起こっていて、さらには、その他にも事故には至らないものの、ヒヤリ・ハット(ヒヤリとしたり、ハッとしたりするような危険な状況)が頻繁に起こっているという考え方ができる。これは「ハインリッヒの法則」といって、1920年代に労働災害の調査を行っていたハインリッヒ(Heinrich,H.W.)が考え出した法則で、彼によるとその比率は「重大事故1:軽い事故29:ヒヤリ・ハット300」になり、それらの背後には無数の不安全行動と不安全状態があるとされている。

図表1　ハインリッヒの法則

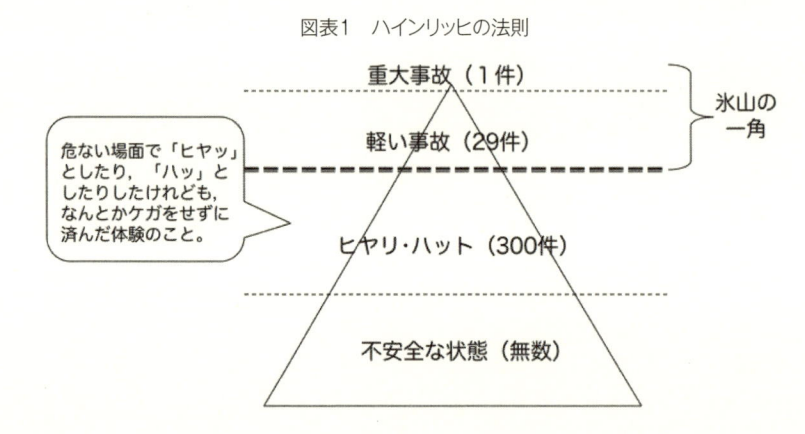

(2)スイスチーズ・モデル

　しかしながら、これまでに組織事故を起こしたような企業や組織では、そのよう

な不安全状態や不安全行動が野放しにされていたのだろうか？　当然ながら、さまざまな事故対策が行われてきていたはずである。例えば、福島第一原子力発電所の事故を起こした東京電力は、2009年11月に「安全文化7原則」（①全ての職員が原子力安全に関与していることを自覚する②リーダーが自ら安全文化の原則を率先垂範する③社内外の関係者の間に信頼関係を醸成する④原子力安全を最優先する意思決定をする⑤原子力発電に固有のリスクを強く認識する⑥常に問いかける姿勢を奨励する⑦日々組織的に学習する）を制定しており、原子力安全への施策を決して怠っていたわけではない。先に述べたように、むしろ、安全は既に確立されたものだと思い込んでいたほど、事故への対策が取られていた。だが、それでも事故は起こったのである。

　リーズン(Reason, J.)によって提示された「スイスチーズ・モデル」を使うと、組織事故の発生メカニズムがわかりやすい。すなわち、企業や組織は、事故が起こらないように、あるいは事故を起こさないように、いくつもの安全対策の防護壁を設けている。しかしながら、その防護壁を作るのも安全対策の行動を取るのも人間なので、どこかに穴（欠陥）が存在する。また、この穴は元から存在するものもあれば、突発的な出来事によって発生するものもある。その穴の空いた防護壁はあたかも「スイスチーズ」（「トムとジェリー」に登場する穴あきチーズ）のようであり、たとえ、何かしらのエラーやミスがそのスイスチーズ（防護壁）の穴を通り抜けたとしても、次の防護壁で止まってしまって、多くの場合、大きな事故には至らない。だが、スイスチーズの穴が1つに揃ってしまった場合に、何かしらのエラーやミスが重大な事故を引き起こすというものである。

図表2　スイスチーズ・モデル

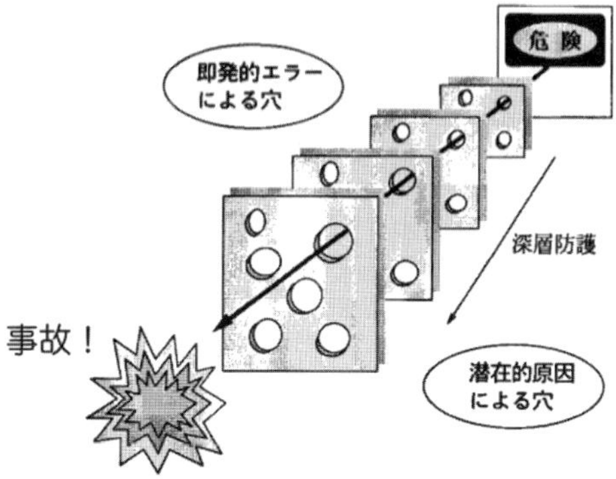

（出所）リーズン(1999:邦訳15)を一部修正。

(3) ノーマル・アクシデント理論

　最後に、事故は「起こるべくして起こる」という考え方を紹介しておこう。これは、1980年代にアメリカの社会学者ペロー（Perrow, C)が提唱した理論で「ノーマル・アクシデント理論」(1984)という。現代社会における原子力発電所や航空機（航空システム）、化学プラント、あるいは、鉄道や海上輸送、配電網などは、非常に複雑な技術を使ってシステムを構築しており、それらの無数のシステムが緊密かつ複雑な相互作用のなかで機能しあっている。しかしながら、ペローによれば、それらのシステムを構築している設計(Design)、設備(Equipment)、手続き(Procedures)、作業員(Operators)、原材料(Supplies and materials)、環境(Environment)という6つの要素（それぞれの頭文字をとってDEPOSEと呼ぶ）の全てが完全であることはありえず、失敗は起こりうるものであり、また、複雑な相互作用ゆえに、安全装置が効かなかったり、あるいは安全装置が迂回されたりして、想定し得ない失敗や理解不能な失敗が発生してしまう。さらに、これらのシステムがタイトに連結しているときには、その失敗がその箇所やそのシステムだけにとどまることなく、より大きなサブシステムやシステムの全体へと波及することになるのである。このように、ノーマル・アクシデント理論の考え方では、事故は起こるべくして起こるものであり、また、事故が起こるのは当たり前のことなのである。

3. 高信頼性組織
(1) 世界で最も危険な4.5エーカー

　しかしながら、ある組織が頻繁に大小の事故を繰り返す一方で、同じような状況下にありながら、別のある組織は極めて安全なオペレーションを成し遂げているという現実がある。組織によって、どのような理由で事故の発生する頻度やその深刻さが異なるのか。あるいは、ノーマル・アクシデント理論のように、事故は避けられないものと考えられる状況下において、安全なオペレーションが行われているならば、それを可能にしている要因は何なのか。それを明らかにしようとしたのが「高信頼性組織(High Reliability Organization:HRO)」の研究である。高信頼性組織

研究では、非常に過酷で、いつ事故が起こってもおかしくないような状況が取り上げられている。例えば、「世界で最も危険な4.5エーカー」(東京ドームの約1/3の広さ)として知られる原子力航空母艦の甲板では、次のような状況下でオペレーションが行われている。

> 「大都市の空港がうんと小さくなって、とても混雑している様子を思い浮かべて欲しい。滑走路は短いものが1本だけ、タラップやゲートも1つずつしかない。複数の飛行機を、横揺れする滑走路に普通の空港の半分の間隔で同時に離着陸させるんだ。朝に発進した機はすべてその日のうちに帰還させなければならないし、空母の各種装備も戦闘機自体もシステムとしてギリギリの状態にあって、余裕などまったくない。それから、発見されないようにレーダーのスイッチを切り、無線に厳格な統制を課し、エンジンをかけたままの戦闘機にその場で給油し、空中にいる敵には爆弾やロケット弾を命中させる。海水と油ですっかり覆われた甲板に、20歳前後の若いクルーたちを配備する。半分は飛行機を間近で見たことのない連中だ。ああ、それからもう1つ、死者を1人も出さないようにするんだ。」(ワイク&サトクリフ, 2001:邦訳36-37)

このように、いつ事故が起こってもおかしくないような状況にあって、また、小さなミスやトラブルが深刻な結果に繋がる危険性が十分にありながらも、高い信頼性・安全性を維持している組織のことを「高信頼性組織」と呼んでいるのである。

(2) 高信頼性組織の条件

高信頼性組織の特徴について、ワイク&サトクリフ(Weick, K & K.M. Sutcliffe)(2011, 2015)は「マインドの高さ」を挙げている。日本人には「マインド(mind)」という概念がピンとこないところもあるが、簡単に言えば、組織メンバーたちが自らの取り巻かれている状況に対し、注意力や意識を高く保つことが「マインドの高さ」なのである。そうした「マインドの高さ」を発揮し、高信頼性組織として維持していくために、ワイク&サトクリフは、次の5点の組織の特性が必要であると述べている。

①失敗にこだわる

　高信頼性組織(以下、HROと略する)は過去の「失敗経験」を常に脳裏に焼きつけている。それらには重大なものから些細なものまで含まれているが、たとえ些細なものでも1つ1つのことが重なって発生すれば、深刻な事態になりかねないことを知っている。それ故に、どんな些細なミスでも報告するように指導がなされ、ニアミス経験をつぶさに検討して、教訓を引き出すとともに、自己満足、安全性確保に対する気の緩み、マニュアル通りの業務処理など、成功に潜む落とし穴に対して警戒を怠らない。

②単純化を避ける

　活動の調整において、重要な課題とその解決のための指標に集中するように単純化が図られることが多いが、HROはより微妙な意味合いを嗅ぎ取ろうとするために、単純化するものを減らし、より多くのものに目を向ける。組織メンバーたちは、自分たちが直面する状況は複雑かつ不安定で、すべてを知り、予測することは不可能であると心得ている。そこで、できるだけ視野の広い場所に身を置こうとする。そして、多様な経験を有する部門横断型の人間、常識的知識をも疑ってかかる意欲、多様な人々が感ずるニュアンスを壊さずに合意点を見つけ出す交渉術、といったものを奨励する。

③オペレーションに敏感になる

　HROは不測の事態の発生に常に気を配る。この不測の事態は、潜在的失敗—監督、欠陥の報告、安全手順の設計、安全訓練、事前指示、確認、有害性の特定などに関する不備のこと—から始まる。こうした潜在的失敗の多くは、実際に起こってから気付くものであるが、もっと早く発見することも可能である。そのため、HROではオペレーションが実際に行われる現場に注意を払い、描かれる全体像は、他の大部分の組織のものと比べ、戦略よりも現場の状況を重視する傾向が強くなる。状況認識がしっかりできていれば、過去の蓄積や拡大を防ぐための調整を継続的に行うことができる。予期せぬ事態が発生しても、その事態を制御でき、隔離が可能な段階で見つけられる。

また、こうしたオペレーションを重視することと人間関係を重視することは不可分であり、率直な発言を封じ込めるような組織では、そのシステムが有効に機能するために必要な知識を手にすることはできない。

④レジリエンスを決意する

　欠陥のないシステムなど存在せず、不確実な状況にミスはつきものである。そこで、HROでは過失を発見・抑制し、そこから立ち直る能力（レジリエンス）を開発する。過ちを犯さないのではなく、過ちを犯しても機能マヒに陥らず、それを可能とするのがHROである。レジリエンスとは、ミスの拡大防止とシステムが機能し続けるための即興的な対応的措置の両方を行うことである。これらの復旧策はともに、技術、システム、人間関係、原材料などに対する深い知識を必要とする。HROでは、豊富な経験と再編成能力を備え、トレーニングを積んだ専門知識を持つ者を重視する。彼らは、最悪のケースを想定して、彼らなりのシミュレーションと訓練を行う。

⑤専門知識を重んじる

　HROは多様性を重視する。なぜなら、多様性は込み入った状況での察知能力を強化するだけでなく、察知された複雑な状況に対する対応の幅を広げる効果もあるからだ。厳格なヒエラルキー型組織は、過失に対して独特の脆弱性を持つ。上位層の過ちが下位層の過ちと結びつく傾向が強いため、そこから発生する問題がいっそう拡大し、全体像がつかみづらく、より深刻なものになりがちである。しかし、HROでは、こうした破滅的な道を辿らないように、意思決定を下位層に広く任せている。決定は現場レベルで行われ、権限は地位に関係なく、専門知識が最も豊富な者に委ねられる。

　以上の5つの特性のうち、最初の3つの特性は予期せぬ事態を事前に予測するためのプロセスである。失敗経験を教訓とし、物事を単純化することなく、より多くのものに目を向け、現場レベルのオペレーションを重視するとともに、現場と率直なコミュニケーションを行うことで、不測の事態を防止することが可能になる。そ

して、残りの2つの特性は、不測の事態が生じた際、それに対応し、拡大を抑制するためのプロセスである。普段からレジリエンスを高めておき、重要な意思決定であっても、場合によっては現場レベルに委ねることができるような柔軟な組織運営が望ましいとされている。

(3) 高信頼性組織の3層構造

ワイク＆サトクリフの理論を踏まえ、中西（2007）は、高信頼性組織の特性を組織の3層構造；表層現象としての「組織プロセス」・中間層としての「組織マネジメント」・最深層としての「組織文化」で理解することを提案し、これらの全体を支えるものとして、ワイク＆サトクリフのいう「マインド」の重要性を説いている。特にマインドと組織プロセス（日常のルーティンやさまざまな組織行動）の関係について、平時においては、些細な兆候も報告する「正直さ」、多面的に確認する「慎重さ」、現場に対する「鋭敏さ」をもって不測の事態を予期し、万が一、事故が起こった場合には、何をやるべきかの「機敏さ」と対応の「柔軟さ」によって、早期に事態の収束を図ることができるとしている。

また、組織マネジメントについては、まず、失敗から学ぶことを是とするための仕組み・仕掛けとしての「評価報酬」、高信頼性組織を運用する上で不可欠な「情報共有」、さまざまなステークホルダーに対する組織のアカウンタビリティ（説明責任）を果たすとともにコンプライアンスを可能にする「内部統制」、高信頼性組織を構成するメンバーが信頼性を獲得・維持していくための「教育訓練」、そして、さまざまな側面で冗長性を考慮した組織の構成原理をもち、権限を適切なポイントにシフトすることが可能な「意思決定」が挙げられている。

最後に、高信頼性組織の最深層を支えるのが組織文化である。「組織体として高い信頼性を確保していくためには、組織メンバー同士の相互信頼はもちろん、社会との信頼関係を重視する文化が求められる。その信頼関係は倫理的に正しいものでなくてはならない。したがって、高信頼性組織は正義や公正といったことを重視する文化を持つ。さらに、それは固定的なものではなく、自らの失敗を含め

て常に学習していくことを志向するのが高信頼性組織である。そのためには、やるべきことは胸を張ってやり、やるべきでないことはやらないという勇気が必要である」(中西, 2007:48)とし、高信頼性組織の組織文化は「信頼の文化」「正義の文化」「学習の文化」「勇気の文化」から構成されるとしている。

図表3　高信頼性組織の3層構造

第1層 (表層)	組織プロセス	正直さ、慎重さ、鋭敏さ、機敏さ、柔軟さ
第2層 (中層)	組織マネジメント	評価報酬、情報共有、内部統制、教育訓練、意思決定
第3層 (深層)	組織文化	信頼の文化、正義の文化、学習の文化、勇気の文化

(出所)中西(2007:47)。

　以上、組織事故を未然に防ぎ、万が一、事故が起こったとしても、その事故を抑制し、レジリエンス(復旧能力)を発揮する高信頼性組織の理論をみてきた。もちろん、高信頼性組織は1つの方法論であり、これにより確実に組織事故が防げるものではない(実際に、高信頼性組織の理論は事故の発生を想定している)。重要なことは、組織事故が及ぼす地域社会への影響の甚大さを常に考え、高信頼性組織や安全な組織文化(安全文化)を構築していく不断の努力を怠らないことである。安全対策に終わりはないのである。

参考文献

Heinrich, H.W. (1933) *Industrial Accident Prevention,* McGraw-Hill.

Perrow, C. (1984) *Normal Accidents: Living with High-Risk Technologies,* Princeton University Press.

Reason, J. (1997) *Managing the Risks of Organizational Accidents,* Ashgate Publishing Limited. (塩見弘監訳『組織事故—起こるべくして起こる事故からの脱出』日科技連, 1999.)

Weick, K.E. and K.M. Sutcliffe (2001) *Managing the Unexpected: Assuring High Performance in an Age of Complexity,* Jossey-Bass Inc.(西村行功訳『不確実性のマネジメント—危機を事前に防ぐマインドとシステムを構築する』ダイヤモンド社, 2002.)

Weick, K.E. and K.M. Sutcliffe (2015) *Managing the Unexpected: Sustained Performance in a Complex World 3rd Edition,* Jossey-Bass Inc. (中西晶監訳『想定外のマネジメント[第3版]—

高信頼性組織とは何か』文眞堂, 2017.)

東京電力(2013)「福島原子力事故の総括および原子力安全改革プラン」.
　http://www.tepco.co.jp/cc/press/betu13_j/images/130329j0401.pdf, 2018年9月26日最終アクセ
　ス.

中西晶(2007)『高信頼性組織の条件』日科技連.

マーケティングと大学

経営学科　大田　謙一郎

1. マーケティングとは

　マーケティングとは何か。「市場活動」と直訳できるが、それだけでは意味として不十分である。それではどのような市場活動が求められるのか、それを考えるヒントとしてマーケティングの定義を確認しよう。マーケティングの発祥地であるアメリカの全米マーケティング協会（以下AMA）が定める定義は次の通りである。「顧客、クライアント、パートナー、社会一般にとって価値のある提供物を創造し、コミュニケーションし、提供し、交換するための活動、一連の制度、プロセスである」（AMA,2007）。この定義における特徴は、大きく3つある。1つ目の特徴は、対象者の存在である。マーケティングは、顧客を中心としたさまざまな関係者に向けた活動であることが指摘されている。2つ目の特徴は、そのような顧客等にとって価値あるものを生み出すプロセスであることが明示されている。マーケティングは、社会にとって意味があり、価値のあるものを作り出すことが求められている。最後に、3つ目の特徴は、創造・コミュニケーション・提供と交換といった4Pないし4Cの組み合わせを考慮している点にある。4Pとは、「企業が標的顧客に働きかけるために仕組みづくりとして、製品（Product）、価格（Price）、流通（Place）、プロモーション（Promotion）の要素を適切に組み合わせること」と定義される。4Cは、4Pと類似した概念であり、顧客の視点から4Pを定義し直したものである。そのような4Pないし4Cの適切な組み合わせを考案し、世の中にとって価値あるものを提供する一連

の活動そのものが、マーケティングであると解釈できる。もっと端的に言うと、マーケティングとは「売れる仕組みづくり」と表現することもできる。

マーケティングの定義は上記で述べた通りだが、その定義には明示されていない重要な概念がある。それは顧客満足の最大化である。マーケティングは、一般的に企業等の売上増加や利益確保の1つの手段として考えられている。企業は、営利活動なくしては存続することが出来ないため、社会にとって価値あるものを提供し、その対価としてお金を得る。それ自体は間違いではない。しかし、利益確保と同時に顧客満足度を高めることも求められるのである。つまり、単なる押し売りではないことを意味する。企業は、顧客や社会にとって価値あるものを提供し、顧客はその価値あるものに満足し、その対価として代金を支払う。お互いが納得し、満足のいく取引が出来てこそ、優れたマーケティング活動といえるのである。そのような活動がリピーターを生み出すのである。つまり、マーケティングとは「売れ続ける仕組みづくり」ともいえる。

マーケティングの適用範囲は広範である。実はあらゆる組織において、マーケティングの概念を適用させることが可能である。マーケティングの第一人者であり、「近代マーケティングの父」と称させるコトラー(Kotler, P.)によれば、マーケティングの概念や考え方は、公共性の高い病院や教育機関、NPOなどの非営利組織にも適用できると指摘した。顧客ニーズを知り、その要望に応えるサービスを提供し満足を与えるという行為は、非営利組織にも必要である。儲けることが目的ではないが社会に貢献すべき組織である以上、高い水準で利用者へサービスを提供することで、組織の活動成果を上げることも可能になるとコトラーは述べている。

本章では、皆さんにとって今後かかわりのある「大学」と「マーケティング」、両方のテーマを軸に説明したい。2節では、主に大学を取り巻く環境について説明したい。3節では、本学のような地方大学の取組み事例を交えながら、大学の生き残りをかけた戦略について述べていく。

2.大学を取り巻く環境

　マーケティング戦略を策定する上で、市場環境分析を行うことは必須である。大学が現在置かれている状況下はどのようなものか。結論を先取りすると、大学を取り巻く環境は年々厳しくなっている。その根本の原因は、①少子化、②大学数の増加、③地域格差である。

　まず、少子化について述べたい。18歳人口のピーク時の1966年が249万人、第2次ベビーブームの1992年が205万人であったのに対し、それ以降、年々18歳人口は減少しつづけ、2016年には約119万人に減少すると推定された。そして今後、2032年には100万人を割り、それ以降も人口減少が続くという推計である。

　次に、大学数である。1989（平成元）年における大学の設置数は、499校であったのに対して、2008年には702校、2016年には777校と増加傾向にある。増加の背景には、①短期大学からの転換、②大学進学率の上昇、③設置認可の規制緩和、などがある。少子化が進む中で大学数が増加した結果、私立大学の43.2％がすでに定員割れとなっている。また、影響があるのは私立大学だけではない。入学者数の減少・経営難等から学生の募集が停止となりそうな地方の私立大学について、自治体は地元に大学が無くなってしまうという危機感から公立大学として存続させる例等もある。その結果、公立大学数の数は1989年の39校から2014年には92校と倍以上に増加している。公立大学化の動きは今後増加すると予想されている。さらに2015年当時、文部科学大臣であった下村博文も「自己改革を求めない大学は国立でもつぶれる」とコメントした。

　地方格差の問題もある。大学数や大学生の人口は都市圏に集中しているのである。2016年時点で国公私立大学数合計777校のうち、東京が137校（17.6％）、次いで大阪が55校（7.0％）、愛知が50校（6.4％）と続く。大学生数の対全国比でみると東京は約26％となり、大学生人口119万人のうち、4人に1人が東京で学んでいる。次いで大阪が約8％、神奈川が約7％と続く。また人口流出問題にも関連する。文部科学省が集計する「学校基本統計（平成27年度版）」によれば、首都圏、近畿圏、九州圏に属する大学生は、他県に比べて比較的に自県や域内の大学に

進学する割合が高いが、東北や北陸地方に住む高校生の半数近くは、首都圏の大学に進学すると回答している。

　国としては大都市圏から地方への新たな人口流入の流れを作ることで地方回帰の是正を図るようにしている。例えば、地方の特色のある創生のための地域大学の振興もそのひとつである。つまり地域にある大学で、各地域出身の若者が地元企業で活躍できるような教育プログラム作りを実施し、そのような大学から優先的に補助金等を支援する仕組みのことである。他にも「地方と東京圏の大学生対流促進事業」や「地方創生インターンシップ推進支援」、「地方創生・奨学金制度」等の政策が実施されている。

　以上のように、市場状況は年々厳しさを増す中で、大学のマーケティングが大きな転換期を迎えているといえる。特に地方大学は、学生のニーズに対応した学部・学科の開設や産学界との連携、組織改革や施設整備等の対応が求められている。

3. 地方創生と大学

　マーケティングの話に一旦戻ろう。企業等の組織は自己の生き残りをかけて経営努力を行うのである。「売れる仕組みづくり」と「顧客満足の達成」である。その仕組みづくりは各組織によって異なる。ユニクロであれば、機能性に優れた衣類を低価格で実現することで顧客に支持されている。「しまむら」も高品質かつ低価格の衣類を販売することで優れたマーケティングを実現しているが、ユニクロとは異なった方法で低価格を実現しているのである。売れる仕組みづくりは低価格戦略だけに留まらない。GUCCIやCHANELのように、優れたモノづくりとその品質に支えられたブランド力を構築することで顧客から支持されて、長年にわたって存続し続けている企業もある。つまり、その売れる仕組みづくりの組み合わせは、幾通りものパターンが考えられるのである。その組み合わせの事を4Pに関連づけて、マーケティング・ミックスと呼ぶ。

　大学運営において、その4Pの組み合わせは、ProductとPromotionに掛かって

いる。なぜなら、価格戦略と立地戦略は、法制度や資金面等のさまざまな問題で変更することが非常に困難だからである。各大学は、商品(サービス)力としての魅力ある教育プログラム作りとそのような教育プログラムを求める顧客に適切に宣伝広告を行う広告戦略が求められているのである。

早稲田大学の渡邉重範副総長によれば、すべての大学が同じような方向を目指しても意味がなく、以下の4つの方向に特化すべきだと指摘している。第1は先端研究を重視する大学、第2は高度な専門職業人の育成を重視する大学、第3は地域と密接に結びつき地域活性を重視する大学、第4はリベラルアーツを重視する大学、である。選ばれる大学づくりの組み合わせは幾通りも考えられるが、本節は地方と密接に結びついた地域活性化を目指す大学を中心に検討する。

地方創生を目指した教育プログラムとはどのようなものがあるのか。地方大学強化プランの1つとして「地(知)の拠点大学による地方創生推進事業(Center of Community:COC)」がある。COCは、地方を担う人材育成に取り組む大学が、関係自治体や地元企業等の地域活性化を推進する取組みに対して支援を行う事業のことである。初年度は77校の取組みが採択されたが、そのうちの1つとして、本学も2013(平成25年)度から2015(27年)度まで「長崎のしまに学ぶ」事業が採択され、今なお研究・教育・地域貢献に取り組んできている。具体的な取り組み内容については省略するが、学生自ら地域課題に対して主体的・実践的な学びの仕組みづくりが確立されている。本学はそれだけでなく、地元企業などの長期インターンシップや研修等を含めた実学を重視した実践教育を推進している。このような取り組みは、本学だけでなく全国にある各地方大学で行われている。高知大学では、「地域活性化の中核的拠点」として高知県内の企業や自治体と提携し、地域における課題解決の実践教育を行う「地域協働学部」を設立している。広島市立大学は、地域の観光振興に貢献する人材を育成するため、地元の自治体等と協働作業・インターンシップ等を実施している。農業・観光等その各地域がもつ産業課題に対応できる人材育成を目指しているのである。

次に広告戦略について考える。従来、高校生が大学を選ぶ際の情報収集は、

主に高校の進路指導の先生や親のアドバイスによるものであった。つまり、マスメディアを通じた広告よりも高校訪問や課外講義・オープンキャンパス等、地道な営業活動が主だったのである。しかし、近年その様子が徐々に変わりつつある。ネットエイジアが調査した「大学選びに関する調査2014」によれば、大学を選ぶ際、どのような方法で情報収集を行うか(行ったか)という質問にたいして、最多解答だったのは「大学のホームページをみて」(62.4%)であった。次いで、「オープンキャンパスに参加して」(58.7%)、「進学・入試説明会に参加して」(38.6%)、「学校の先生に話を聞いて」(36.9%)と続く。また、どんな大学を調べてみようかと思うか(思ったか)という質問に対して、「自分の偏差値・学力に合った大学」(52.7%)が最も多く、「興味のあるキーワード(学科名など)で検索してヒットした大学」41.0%、「地元にある大学」32.5%と続く。サンプル数は1,167名のネット調査であるため、一概に結論を出すことは出来ないが、学生たちは自身の学力・興味のある専門分野・通学可能な距離(時間・費用)などを総合評価し、インターネットを駆使して学生自ら情報収集を行っていることが分かる。

　アメリカではインターネットによる広告戦略が活発化しており、学生確保のためにアプリを作る大学が増えているとベイリー氏は指摘している。そのようなアプリやホームページの閲覧箇所・移動経路・閲覧時間等を分析し、どのようなコンテンツに彼らがどのような情報に関心があるのかをリサーチする。例えば、工学部が人気だと思っていた大学も、実はビジネス・スクールの方が学生たちの関心が高かったことが分かったとすれば、アプリのトップページをビジネス・スクール関連に差し替えることも出来るだろう。さらにある大学ではアプリ内の最後に願書までつけて、そのまま入学願書を出して募集することも可能にしたケースもある。日本ではまだその領域まで至っていないが、今後インターネットやアプリを用いた活発な広告戦略が予想される。

　以上のように、大学は、動態する市場環境を踏まえながら、学生やその先の社会全体が求める教育プログラムを開発・提供し、その成果等を利害関係者等に発信していく、そのようなマーケティング活動がより求められている。

最後に、マーケティングの適用範囲は広大である。本章で紹介した大学のみならず営利・非営利あらゆる組織において適用可能である。個人経営をしようと志す人は勿論、銀行員、公務員、医療関係者、NPO法人等に従事したいと思う人でもこの概念は将来きっと役に立つだろう。幸い、長崎県立大学の経営学部ではマーケティング論は必修科目となっている。マーケティングに対して興味や関心をもってくれたら幸いである。

参考文献

中村高昭(2015)「地方創生における大学の役割—期待の一方、厳しさを増す大学を取り巻く環境—」『立法と調査』Vol.371, pp.30-40.

大坪檀・出光直樹・ベイリー トレバー(2014)「学生募集におけるマーケティングの最新動向：大学マーケティングの日米比較から」『大学マネジメント』Vol.10, pp.24-33.

広告月報(2001)「特集 大学マーケティングの現在」『広告月報』Vol.495, pp.6-21.

第II部
ビジネスを取り巻く
さまざまな理論

経営学の誕生

経営学科　齋藤　光正

　今日一般に経営学と呼ばれている学問分野は、どのような性格の領域として理解されているのだろうか。私たちの経済生活にとって必要な経営学は科学なのだろうか、それとも技術なのだろうか。ここでは経営学生成の背景を探りながら、経営学がなぜ必要とされるに至ったかを明らかにするとともに、その学問的性格を追究することとする。

1.商業学の萌芽

（1）商業学前史

　日本における経営学の歴史をさかのぼれば、1873（明治6）年に追加公布された「学制」の中の「商業学」にその起源を求めることができる。もっとも実際に商業学校で「商業学」の授業が行なわれるようになったのは、学制の施行から20年以上も経った1896年、東京高等商業学校（一橋大学の前身）においてである。しかも明治初期（1868-1889年）までに出版された商業政策や商業実務に関する文献は多数存在するが、それらは概して「商売往来」や「金儲け論」、「商売の秘訣」といった表題からなる商業事情や商業指針を説いた単純な解説書にすぎなかった。

　やがて商業実務や商業経済に関する知識は、次第に体系的に記述されるようになっていくが、それらの書物が登場するのは明治中期（1890-1900年）に入ってからである。この時期に出版された『商業活法』や『商業教科書』、『商業経済大意』

などの表題からなる文献は、後に「実業学校令」(1899年)の中で使用される「商事要項」に相当する内容を含んでいた。祖山・原田・亀井による1890年に出版された『商業活法』は、資本、個人・結社営業、売買、投機、仲買人・委託販売、取引所、銀行、保険などを取り扱い、19章から成る。次いで1892年に出版された天城安政の『商業教科書』は、2巻から成り、第1巻で商売、度量衡、通貨、郵便、電信、利子、貯金、送金を扱い、第2巻で運送、売買、金融、相場、保険、貿易を扱っている(光澤, 1998)。

このように従来の商業に関する単純な解説書は、維新後の企業の勃興とそれにともなう企業からの商業に関する体系的知識の要請のもとに、商業の実務的知識を集大成した「商事要項」と総称される書物へと発展した。しかしながらそれは、商業の広範囲にわたる実務的知識を若干整理しつつ、並べ替えた内容から成るものであって、そこには科学に求められる方法論的思考は存在しなかった。

(2) 商業学生成期

商業に関する広範囲な知識を寄せ集めて記述しただけでは、単なる商業知識の羅列であって、体系的な商業学とはいえない。1900年代に入ると、このような欠陥を修正した書物、すなわち「商事要項」の内容を総論と各論とに区分し、前者で研究目的や範囲を明らかにし、後者で「商事要項」の具体的な特殊分野を論じるといった手法をとる書物が著されるようになった。

高橋邦二郎は『実践商業要義』(1902年)において、その内容を総論と各論とに分け、前者で各論に共通する基本的事項を取り上げている。すなわち総論では①商業の意義、②商人・代理機関、③商事会社およびその組織を、また各論では、①海運、②鉄道、③倉庫、④保険、⑤銀行、⑥税関、⑦内外貿易を論じている。他方、平尾丹治も同年に『商業学』を著し、その内容を商業本論と商業各論とに分けて論じている。第1編商業本論では、①緒論、②商業の意義および範囲、③会社商業、④媒介商業、⑤営業上の要件、⑥商業書式を取り上げ、第2編商業各論では、①銀行、②海運、③海上保険、④火災保険、⑤倉庫を論じている(光澤,

1998)。

　これらの文献は次の点に特色を有する。第1に、方法論的思考がわずかながら確認できることである。この時期の書物は商業学的内容を総論と各論、あるいは本論と各論とに区分し、これにより従来の雑多な商業知識を系統的に論じようとしている。第2に、商業に関連する学問分野、すなわち経済学、経済史、法律学といった隣接科学の知識を援用しつつ、商業の知識領域を深化しようとしたことである。例えば商業の概念規定をする際、商法の「商行為」を参照し、これに基づいて商業を定義している(光澤, 1998)。

　ここで取り上げた書物は、「商事要項」に属する書物よりも内容が多少系統化され、質的にも深化しているという点で進歩しているといえる。だが商業に関する諸知識を系統的に整理し、商業学という1つの独立科学として成立させるためには、まだいくつもの課題を解決しなければならなかった。

2.商業学の体系化

(1)三浦の商業学体系

　わが国で商業学の科学化を試みた最初の学者は、東京高等商業学校で商業学や商業実践などを担当し、1903年に『商業学本論第1巻、商業経済学』を著した三浦新七である。氏は本書でまず商業学の目的について次のように述べている。商業学とは、商業の社会的活動および個人的経営法に関する原則を研究し、さらに国家が商業を発達させる方法や、商業に関し社会の利益と個人の利益とが相反する場合に両者を調和させる方法を研究することを目的とする学問であると(三浦, 1903)。こうして氏は全体としての商業学を3つの領域、すなわち社会を立脚点として商業を研究する「商業経済学」、個人を立脚点として商業を研究する「商業経営学」、および国家を立脚点として商業を研究する「商業政策学」に区分し、商業学体系を示すのである(三浦, 1903)。商業経済学は商業経済汎論と商業経済各論とに、また商業政策学は内国商業政策と外国商業政策とに区分される。さらに商業経営学は、営業主体の組織とその活動とに区分され、後者はさら

に汎論と各論とに大別される。汎論では事務管理法および会計整理法が取り扱われ、また各論では売買業、銀行業、運送業、倉庫業および保険業が取り扱われる。

この三浦の商業学体系に対して、多くの論者から異議が唱えられた。上田貞次郎は次のようにいう。氏の体系は従来経済学が論究してきた商業論と、新たに組織しようとする商業経済学とを並列させ、これに商業学の名称を付したようなものである。このようなものは商業学を大成するものではなく、実は商業経営学を組織するものである。単数の商業学ではなく、複数の商業学であると（上田, 1904）。つまり三浦の商業学体系は単独の商業学ではなく、複数の商業学から成るものなのである。他方、平野常次は、商業学を3分野に区分する体系についてこう批判している。商業経済学と商業経営学はその立場と性格を異にし、両者を統一して1個の商業学とすることはできない。両者はそれぞれ別個の立場を貫徹しなければならない。また国内商業政策の研究と国際商業政策の研究も性格・内容を異にするものであって、両者を総合し、統一することも不適当であると（平野, 1952）。さらに上林正矩は、三浦の商業学体系は下位概念から上位概念を体系づけるものだとして次のように批判する。もし商業学を独立の科学として認めようとするならば、商業経済学と商業経営学とを総括する商業科学というようなものを独立の科学として体系づける方法が考えられるであろう。しかしそれは商業現象が経済現象の1種であり、経済の下位概念である以上、下位概念（部分概念）をもって上位概念（全体概念）を包括的に体系づけようとする点において困難性があると（上林, 1958）。

以上の論評から次のことが明らかになる。第1に、商業経済学、商業経営学および商業政策学は、それぞれ対象と方法を異にすること。第2に、この3者を統一することは論理的に不可能であること。さらに最後に、これら3者を総括する「商業学」の概念も成立しえないということである。

（2）石川の商業通論

1899年7月から3年間にわたってベルギーおよびドイツに留学し、商業学や保

険学を学んで帰国した石川文吾は、1902年、高等商業学校教授となり、商業学と売買論を担当することとなった。氏は商業学を次のように定義する。商業者に対し需要供給の動機を察知する知識を与えるとともに、その営業を最も有利にする策を教え、かつ商業の結果起こる公私利害の衝突を未然に防ぎ、既発のそれを鎮圧する術を研究することを目的とする科目であると（石川, 1904）。

氏はさらに商業学の性格について、学（科学）であるか、術（技術）であるかの問題を取り上げるが、以前には三浦がこの問題を取り上げ、次のように論じている。記述的な学も次第にこれを細かく研究して種々の条件を考え、その結果について思いめぐらせる時は、ある極めて特別の場合においても、なおかつ記述的に説述することができる。これを仔細に研究すれば、ほとんどその間に区別すべき標準はなくなる。学はやがて術となる。そして哲理的方法によって研究する限り, 商業学は学になると（三浦, 1903）。

これに対し石川は、『商業通論』において学と術の目的を区別して次のようにいう。学は観察によって真理を発見することを目的とするものであり、術は学によって発見された真理を応用して、ある有用な目的を遂げるために研究するものであると（石川, 1924）。そして氏はさらにいう。学と術の関係は密接であるといっても、元来、性質、目的を異にするこれら二者は、到底、融和同化して一物となることはできない。学は学であり、術は術である。いやしくも進歩する知識を綜合し、これを論じるならば、学であると同時に術であるものはなく、術であると同時に学であるものもありえないと（石川, 1924）。

次いで石川は当時の商業学の水準について、商業学はその歴史において経済学に遠く及ばず、また法学その他の科学に比べ、さらにはるかに幼い学問であると述べ、真の科学としての商業学の課題を次のように規定する。もっぱら商界の事実を研究し、商業者として、あるいは商政の当局者として成功の策を論じ、機会が生じるごとに商業界における諸々の事実の去来変遷を支配する大法を発見することを任務とする学問であると（石川, 1924）。

さらに石川は、商業学の研究対象を並列した群峰にたとえて説明する（図表1）。

それを構成する銀行、保険、倉庫、鉄道、海運その他は、等しく同一の基礎観念のもとに総合される。売買業は各種商業の中心となるものであり、最も古い沿革と最も広い範囲を有するため、これが中央の一段高い峰として表される（石川, 1924）。

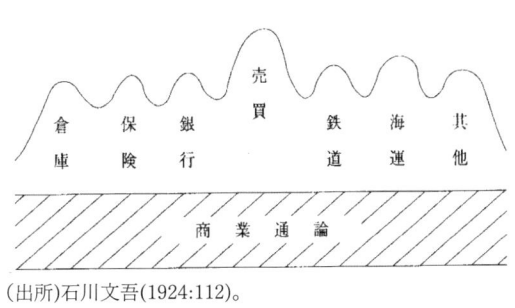

図表1　石川文吾の商業学体系

(出所)石川文吾(1924:112)。

　石川の商業通論は、売買や金融、保険、保管、輸送などの商業部門を網羅的に説明するものではなく、各部門に共通する基礎観念、つまり一般原則を提供することにその課題があった。それゆえ氏は商業通論の役割として、次の4点を指摘する。商業通論は①商業学の階梯である、②商業の概要を明らかにする、③商業学の基礎的観念を教える、④商業経営および商業政策の階梯をなすと（石川, 1924）。

　このような氏の商業通論には手厳しい批判がなされたが、その論点は次のとおりである。第1に、売買事業を中心とし、関連する諸事業をこれに包含させ、記述したものは、学問的体系とはほど遠いものである。第2に、売買は他の補助商業から区別されているように見えるが、その区別は単に程度の問題であって、それは名実ともに各論の一部となっている。第3に、各論の中でもとりわけ売買の中枢性が指摘されているが、これと商業通論との関係が明らかにされていない（光澤, 1998）。つまり売買の中枢性を指摘したことが、かえって商業と補助商業、あるいは商業と売買との関係を不明瞭にしてしまっているのである。

(3) 内池の商業学体系

　「一橋商業学の白眉」と評される内池廉吉は、多数の著作を残しているが、1906年に出版した『商業学概論』は、氏の代表的著作とされている。当時この分野では「商業通論」や「商業経済学」といった書名が一般的であったが、氏は「商

業学」を表題に掲げ、これを統一的科学として構築しようと試みた。

　氏は従来の学説を検討した後、商業学体系を明らかにし、広義の商業学（商業経営上必要な諸学科の総体）から狭義の商業学（商業者がどのような方法をとれば経営上遺憾無く成功を収められるかを理論的に攻究する学科）を派生させる。「広義の商業学」は、第1門：商業と社会との関係に基づく学科、第2門：商業と国家との関係に基づく学科および第3門：商業と経営者との関係に基づく学科（商事経営学）の3門から成り、最後の第3門は2つの学科、すなわち「経営上の通則を研究する学科」と「経営上必要な技術的学科」とに区別される。さらに前者の下には「狭義の商業学」が配置され、これがさらに純粋商業論、工業経営論および補助商業論に細分される。他方後者は、一般管理、会計事務、計算実務、通信事務、記録事務、商品鑑定および取扱事務に細分される（内池, 1906）。

　氏によれば、広義の商業学は統一的な科学ではなく、本来の商業学は狭義の商業学である。狭義の商業学は経済学の一部でもなく、また技術でもなく、全く独立の1つの科学であって、本来はこれのみで商業経営の素養が得られるべきものである（内池, 1906）。しかしそこには工業経営論が含まれていたため、後に多くの論者からこれについて批判を浴びることとなる。

　1924年に刊行された同書の改訂版（18版）では、商業学体系にいくつかの修正が加えられた。第1に、第3門に新たに「経営に関する基礎学科」が追加され、その下に私経済経営学と会計学が配置された。第2に、初版で第3門に位置づけられていた「商事経営学」が「狭義の商業学」に代わって「商業経営学」として移動した。第3に純粋商業論の総論の一部として商業計算論が追加された。これらの修正は、当時の商事経営学（後の経営学）が、再編過程にあったドイツ経営経済学の影響を受けたことに起因する。しかし内池は、自身の商業学がドイツの一般企業経営学（私経済学）とは異なることを明言し（小原, 1998）、純粋商業学の確立を目指した。

　上田貞次郎は内池の商業学に対し痛烈な批判を加えている。その主な論点は次のとおりである。①狭義の商業学を商業経営の学問と規定し、経営に関する一

般原則を探究すると緒論で述べながら、本論では経営についてあまり論じていない。②狭義の商業学の中に工業経営論が配置されている。③科学としての商業学を追究し、商業学系統論(体系論)の展開を目指したが、反対に商業学それ自体の存在を否認するに至っている(小原, 1998)。内池は前述のとおり商業学の科学化を目指した。しかしながら商業学が商業諸学から成るものであって、科学にはなりえないという考え方が次第に優勢になるのにともない、商業学科学化の努力は新たな展開を模索しなければならなくなった。

3.経営学の樹立

(1)上田の商工経営

　上田貞次郎は、東京高等商業学校教授として1905年9月から約3年半にわたって英独に留学し、商事経理学研究に従事する。帰朝後、氏は商業経営学原理の樹立を目指しつつ、「商工経営」の講座を開き、商工経営や商業政策、貨幣論、工業政策などを講じた(山本, 1977)。以来、わが国ではしばらくの間「商工経営」の学(後の経営経済学)を講じる者は上田1人しかいなかった。では氏の「商工経営」はどのように形成され、その内容は具体的にどのようなものだったのだろうか。

　上田は、論文「商業学」と「商事経営学トハ何ゾヤ」とによって従来の商業学を批判し、経営学の枠組ないし「容れ物」を構想するとともに、株式会社論の講義と商工経営の講義とを通じて、「中味」を充実させていった(山本, 1977)。前節で述べたとおり当時の「商業学」は商業通論と銀行、保険、海運、鉄道、倉庫、取引所といった商業各論から成り、そこには統一理論を見出しえなかった。そこで氏は商業学について次の点を批判する。

　第1は広義の商業概念が理論的に支持しえないことである。従来、商業学は商業の意義を広義と狭義に分け、商品売買業を狭義の商業とし、この他に銀行や保険、海運など各種商業を含めたものを広義の商業と定義していた。ところが時代は商業中心の時代から工業中心の時代に移りつつあった。商業と工業との違

いは、仕入と販売との間に加工が入るか否かである。銀行や保険、海運などの補助商業を含めたものを商業学の研究対象とするならば、工業もこれに加えなければ論理が一貫しない。それゆえ将来の商業学は、広義の商業学として企業を全体として研究すべきであり、商業学は「企業の学問」とならなければならない、と上田は主張する。

　第2は、商業学の問題領域に対する批判である。従来の商業学は主に個々の取引実務を問題とし、企業内部における資本や労働の組織を取り扱わなかった。そこで商業学は今後、取引実務とともに内部組織を問題とし、経営原則の発見に努めるべきであり、企業形態や企業内部の問題を商業学原論の主要問題にしなければならないと主張するのである（上田, 1930）。

　こうして上田は、商業学を改編して科学化するのではなく、国民経済学に対する「経営学」の可能性を構想し、経済学を次のように体系化する（図表2）。

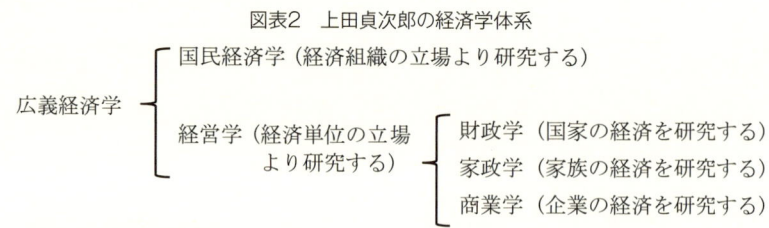

図表2　上田貞次郎の経済学体系

（出所）上田貞次郎(1904)。

　この構想は、後に『経営経済学総論』(1937年)において修正される。すなわち「経営学」は「広義の経営経済学」に、また「商業学」は「経営経済学（主として企業経済学）」に置き代えられるのである（山本, 1977）。

　商業学が企業学または経営学として生れ変わるためには、その「中味」の充実が問題となる。企業を研究対象とする場合、企業そのものに限定するのか、あるいは企業の中にみられる経営をも取り扱うのか、という問題が生じる。氏は経営経済学を企業の経営を取り扱うだけでなく、事業経営の学としなければならぬと考え（上田, 1937）、これを導く原理として経営の原理を構想する。しかし結局それは経済の原則にほかならないと結論づけるに至るのである。

(2) 経営学否定説

　上田は『商工経営』で企業問題を生産、販売、労働および財政の問題に大別し、労働以外の3領域を取り扱うとともに、学問上の経営の原理、企業の構成と運用および非営利経営を論じている（上田, 1930）。氏はこのような企業の内部問題の研究を通じて、独立の経営学を樹立しようと努めた。

　しかしそれでは技術論に陥ってしまうことになる。そこで上田は経営学を経済学に結びつける。経営経済学が経済単位の内部関係を問題とする一方で、国民経済学は多くの経済単位間に生ずる経済現象を問題とするため、両者は独自の対象をもつと一般に理解されている。しかしながら経済単位の内部関係とその外部関係とを明確に切り離して研究することは、はたして可能なのだろうか。

　上田は次のようにいう。実際に経営の諸問題を取り扱ってみれば、どのような経営もその外界の流通経済と関連しないものはない。それ故に経営経済学と国民経済学とをその研究対象が異なるという理由によって区別することは不可能である。2つの経済学の対象は全く同一ではないと主張する論者もいるが、その重複しない部分は少なくとも国民経済学によってのみ取り扱われるのであって、経営経済学の領域には含まれないはずである。というのは国民経済学は経済単位の内部と外部とを関連させて取り扱うからである（上田, 1930）。要するに、氏は経営学の独立性に関してそれがなお不確定であることを明言するとともに、通説に従ってこの学問の本質を定めることに賛成しえなかったのである。

参考文献

石川文吾（1904）『商業学講義要領―通論及売買―』大倉書店.

石川文吾（1924）『商業通論』大倉書店.

上田貞次郎（1904）「商業学」『商業大辞書』同文館.

上田貞次郎（1930）『商工経営』千倉書房.

上田貞次郎（1937）『経営経済学総論』東洋出版社.

内池廉吉（1906）『商業学概論』同文館.

小原博（1998）「内池廉吉」マーケティング史研究会編『マーケティング学説史―日本編―』同文館, pp.39-71.

上林正矩(1958)「商業学の発達並びに商業学論」向井鹿松・福田敬太郎編『体系商業学』千倉書房, p.130.

平野常次(1952)「商業概念と商業科学」『経済志林』第20巻第1号, p.23.

三浦新七(1903)『商業学本論第1巻、商業経済学』同文舘.

光澤滋朗(1998)「三浦新七と石川文吾」マーケティング史研究会編『マーケティング学説史—日本編—』同文舘, pp.3-37.

山本安次郎(1977)「上田貞次郎」古林喜樂編『日本経営学史—人と学説—第1巻』千倉書房, pp.1-25.

ビジネスと帳簿記録

経営学科　竹田　範義

　企業は組織であり、人の集まりであるとともに、物の集まり、およびお金の集まりでもある。これらの集合としての企業について、具体的に知るためには記録が必要である。たとえば、企業に所属する人は何人か、企業の建物はどれくらいの大きさか、企業の資本の規模はどれくらいかなど、すぐ知るためにはなんらかの記録を残しておかなければならない。その手段は帳簿への記録が中心となるであろう。賃金台帳、固定資産台帳、株主原簿等の帳簿記録で必要な情報が記載されていれば、その役に立つ。

　さらに、企業のビジネスは、人・物・金の活動によって達成される。その中でも人の活動が基本であることは間違いない。人は必ず直接間接に企業活動に関わっており、人の動きは間接に物・金の動きに関わることになる。よって人の活動すべてが詳細につかめれば良いが、それには煩雑な記録処理が必要になる。それに比べ、物の動きや金の動きをつかむのはより容易であるし、意味もある情報になる。その情報の中で最も有意義なものはお金の動きを記録したものである。

　お金の次は物の動きであり、これも記録しやすく、お金同様に金額で示すことができる。お金や物の動きを記録した帳簿は企業活動を把握し、企業活動の概要として有用な情報を提供する。これらの記録はその背後に人の動きも反映している。ビジネスに役立つ数値を得るには、どのように記録をとり、いかに処理するのかということであるが、現代では複式簿記方式が一般的方法である。

1.ビジネスと帳簿記録

簿記は帳簿記入を略したものといわれ、ビジネスにとって不可欠の用具である。ビジネスについて、その活動を記録するためには、何らかの手段が必要である。その代表的な手段の一つに帳簿があり、それに記入することで活動記録をとることができる。その活動記録は決まったルールで記入され、企業にとって重要な数値情報が作成される。その数値情報は金額で表示されるという特徴がある。ここで表される金額数値はビジネスの成果や企業の持つ財産を示すことになる。この数値の表示には、ビジネスにとってなくてはならない表示項目となるもので示されている。

簿記、特に複式簿記で作り出される情報は5つの要素で構成されている。それらの要素は、資産、負債、資本、収益および費用という5つの要素であり、これらの要素に基づいて記録していく。収益は、その代表として商品を売上げて代金を受け取ることで記録する「売上高」などを含む言葉である。費用は、商品を仕入れて代金を支払うことで記録する「売上原価」などを含む言葉である。収益と費用の差額が利益とか損失として示されることになる。収益性とか収益力という言葉もよく聞くと思うが、これも売上高と利益との関係を示したものである。

(1)シンプルなビジネス

最もシンプルなビジネスの例を挙げてみる。最近はほとんど見かけなくなった行商などはシンプルなビジネスの一例である。行商には店舗がなく、各家庭を回って売り歩く商売である。魚の行商人は、早朝、魚市場に行って、魚を仕入れ、それをかついで住宅街に行き、各家庭を回って売り歩く。昔は、結構このような商売があった。例えば、豆腐売り、納豆売り、シジミやアサリ売りなどテレビの時代劇でよく出てくる。

そこでシンプルなビジネスでの損益計算(利益)を考えてみる。前提として、お店は持たない、仕入のための現金のみを用意する。その日に仕入れた商品はその日にすべて売れる。以上から損益計算を考えてみる。仕入商品の代金を支払い、

その商品を売った代金を受け取る。1日の終わりに売上代金(売上高)から次の日の仕入代金(売上原価)を取っておき、残り(利益)を別の財布に入れておく。これを一ヶ月繰り返す。そして一ヶ月後に損益を計算する。そのためには別の財布に入れて取っておいたお金を数えればよい。これは売上の利益である。簿記・会計では売上総利益という利益の一種である。ここから生活費を捻出するのであるが、それは給料として支出する。これは費用としての営業費にあたる。売上総利益から営業費を差し引いた残りがいわゆる利益である。

このようなシンプルなビジネスの資産は現金のみである。ビジネスに必要なお金は仕入のための現金だけである。ビジネス開始後の1ヵ月は生活費がないので、生活費1ヵ月分の現金はビジネスとは別に必要になる。このことはビジネスと私生活とをはっきりと区別することを示している。ビジネスの資産は1ヵ月後に利益として残った現金と当初仕入代金用に用意した現金の合計額である。最初のお金や1ヵ月後のお金はビジネスにお金を出した人のものであり、ビジネスの元手いわゆる資本である。

シンプルなビジネスには記録をとらなくとも損益や財産を知ることができる。記録をとらなくても利益を知ることができ、財産を確認できるということは、帳簿に活動の記録を取らなくともよいことになる。

(2) 帳簿記録を要するビジネス

実際には、このようなシンプルなビジネスはほぼあり得ない。ビジネスは借金をすることなく遂行することはまれである。もし借金をしたら、お金の管理が必要になる。例えば、借金をしたら決まった期日に返済と利息の支払が生じる。また、商売でいつも買ってもらっているお得意さんに代金の月末払いをお願いされることもある。このような現金の動きの伴わない取引もある。お金の動きの結果が必ずしもすべて残金の中に示されているとは限らないし、すべて自由に使うことができるお金でもないことになる。

ビジネスにおけるお金の流れをつかむ方法はお金の出し入れを帳簿に記録す

ることである。この最も単純な帳簿が家計簿や小遣い帳に代表される現金収支を記録する帳簿である。似た性質の記録帳簿には官庁の会計帳簿もあてはまり、これも現金収支を記録する帳簿である。この帳簿の記録はお金の収支をもとに記入することで、お金の動きをつかむことができる。同時に残金と帳簿残高を付き合わせることで記帳を確認し管理することができる。最も確実な帳簿の記録はお金の出し入れに基づき記帳する方法である(図表1)。

図表1　家計の記帳プロセス

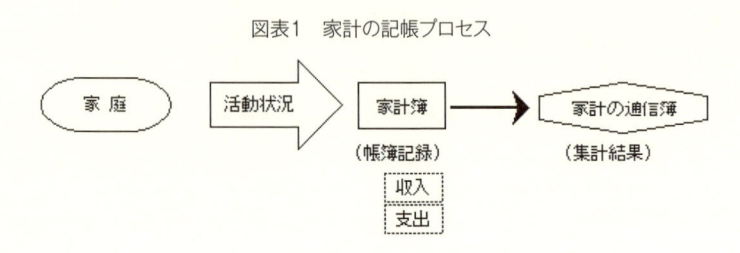

お金の出し入れの伴う取引もあれば、必ずしもお金の出し入れの伴わない取引もある。お金の貸し借りには、お金の出し入れのみの記録となる。貸し手や借り手が誰かという記録が必ず必要になる。この相手ごとに現金貸借の記録を取っておかなければならない。

商品を仕入れるのにお金が足りなかったとすると、仕入れ先が支払を次回まで待ってくれたりする。また、いつも買ってもらっているお得意さんに購入した商品の代金支払を待ってくれるように頼まれたりする。これらはいわゆる信用をもとにした債権と債務に関わる取引であり、商品という物の動きはあるが、お金の動きはない。ここでも相手ごとに商品取引の貸借記録を行わなければならない。

これら信用に基づく取引は簿記が必要となる要因ともいわれている。その信用にまつわる取引を主な業務としている会社は銀行である。銀行の預金通帳は預金者(貸し手)側の明細記録簿であり、その基は銀行側(借り手)の勘定口座である。これらの記録は借り手と貸し手の双方にとってお金の動きと債権・債務の状況を示している。この記録があるからこそ、お金の動きに関わる確認ができるし、管理ができるのである。もし、この記録がなかったら信用に関わる取引は成り立たなく

なる。

　ビジネスが大きくなり、その取引が複雑になるとさらに帳簿による記録が不可欠となる。一人で行商している時には、仕入から販売まですべて一人で行ない、お金の管理も一人で容易にできた。ビジネスを拡大し、販売の範囲を広げるために人を雇ったり、自動車を用意したりするとする。そのために自分のお金だけでは足りなくなり、銀行でお金を借りなければならなくなる。お金を借りるとそれに伴うお金の管理が必要になる。記録なしにはお金の動きをつかむことも、管理もできない。損益や財産についても、それらの状態をつかむことが難しくなる。ここに帳簿記録として簿記が、複式簿記が必要になる。

2.帳簿記録と複式簿記

（1）帳簿記録における計算と数字

　簿記や会計は数字や計算が多く、まるで数学のようにみられる。しかし、簿記や会計で使われる計算は加減乗除の四則計算がほとんどである。複式簿記での計算は、特に加法がその中心である。お店で商品を買って代金を支払うとき、どのようにするであろうか。通常、商品代金と同額のお金を支払って商品と交換をする。もし細かいお金がなくておつりをもらわなければならないとしたならば、どうするであろうか。お金と商品代金との差額がおつりである。差額は引き算で計算するが、見方を変えれば、商品におつりを加えてお金と同額にするという足し算でのおつり計算もできる。簿記の計算は基本この考え方をする。いわゆる加法的減法である。複式簿記計算の特徴の一つである。

　記録において、重要なものは文字と数字である。会計は文字を発明したともいわれる。数を数えて明細を明らかにしたい——富を測定し、記録する——という欲求は、私たち人間が古くから抱いていたものといわれる。人類は数や文字を扱う前からモノを数えて明細を明らかにしていた。そのために文字は、アカウンタントによって発明されたという説が有力になっているといわれるのである。どの文明においても、商業的な取引は何らかの方法で記録されてきた（ホワイト、2014）。

現在簿記に限らず、数字は算用数字が使われている。この数字はインドで考案され、アラビアに渡って改良され、ヨーロッパに伝えられた。そこでこの数字はアラビア数字、またはインド・アラビア数字と呼ばれる。

　このアラビア数字をイタリアに紹介したのが、レオナルド・フィボナッチ（レオナルド・ダ・ピサ）（Leonardo Fibonacci、Leonardo Pisano）である。フィボナッチは13世紀初頭に、『算盤の書』（1202年）を通じてアラビア数字のシステムをヨーロッパに導入した。これにより彼はイタリアの数学者として知られるようになったのである（ホワイト、2014）。

　アラビア数字は13世紀に紹介されてから効率的で便利であるにもかかわらず、イタリアで受け入れられるようになるまでに300年という年月がかかっている。当時の複式簿記では、ローマ数字を使って数を記録し、加減算のために算盤を使っていた。アラビア数字は、ギルドや教会によってその使用がたびたび禁止されている。それはアラビア数字に比べローマ数字は改ざんも不正も難しいと考えられたからであった。中世イタリアでは、複式簿記による帳簿は健全な事業や政府の実態を表すと同時に、神の審判や罪の合計を表す宗教的な一面も備えていた（ホワイト、2014）。

　イタリアでは15世紀末にアラビア数字が受け入れられ始めた。しかし、他のヨーロッパ地域ではローマ数字からアラビア数字に切り替わるのにさらに時間がかかったのである。15世紀末にアラビア数字を使用するように推奨する人物がいた。彼はヴェネツィア式の複式簿記を体系的に解説した著書を出版した（ホワイト、2014）。これが複式簿記について世界最初の教科書というべき『算術、幾何、比および比例全書』（全書を意味する『スムマ』との略称で著名、1494年）である。彼は修道士で数学者のルカ・パチョーリ（Luca Pacioli）である。

　『スムマ』は数学書で第1部「算術と代数」、第2部「幾何学」の2部構成で、600頁からなる書物である。その中で複式簿記の部分は第1部第9編論説11「計算および記録について」というタイトルの26頁、36章からなるものである（渡邉、2014）。ここで示される複式簿記は、判断に必要な数字だけを残して不要な情報を取り去り、その数字が共通の測定基準としての「利益」となることで、事業活動を正確に

評価することを可能にしたといわれる。よって複式簿記は、事業の帳簿を単なる記憶の補助から、利益を計算し、各取引と事業全体の成績を測るための記録に変えたともいわれる（ホワイト、2014）。

（2）帳簿記録としての複式簿記

　複式簿記なしには近代的な資本主義は成り立たないし、近代国家も存続できないとまでいわれる。複式簿記は損益を計算し、財政を管理する基本的なツールである。複式簿記は会計の基本的な等式によって貫かれ成り立っている。それは、資産＝負債＋資本であり、ある組織が管理する資産は、債権者の権利と所有者の持ち分の合計に等しくなるというものである。この等式は、企業等の組織に資産と負債の状況を追跡できるようにして、横領などの損害防止に対処しやすくする。

　そして、複式簿記は資産、収入、そして利益という実績を示す数字を明確に示し、さらに計画を立て、実行し、その責任を明らかにするための有効な手段としても役立つ。

　一般に複式簿記の目的は企業の一定期日の財政状態を把握することと、企業の一定期間の経営成績を把握することであるといわれる。これら2つの目的は、財政状態を示す貸借対照表と、経営成績を示す損益計算書を作成することによりその目的は果たされる。これらの計算書を作成するために基礎的資料を収集し、整理して提供するのが、帳簿記録であり、その記録の方法として複式簿記が利用される。

　そして、先に示した複式簿記の5つの要素のうち、資産、負債、資本の3つの要素が貸借対照表を構成し、残りの2要素の費用と収益が損益計算書を構成する。これらの要素ごとに勘定という記録計算の場所としての勘定科目を付けた勘定口座を設定する。これら勘定口座が綴られた帳簿が総勘定元帳と呼ばれる複式簿記で最も重要な帳簿である。複式簿記の特徴の一つに計算の自己検証機能がある。これを支えるのが貸借平均の原則といわれるものである。

総勘定元帳の記録を集計整理して先の2つの計算書を作成する。これらはビジネスの実態を示し、評価する通信簿のようなものである。図表2は複式簿記のプロセスを簡略して示したものである。

図表2　複式簿記のプロセス

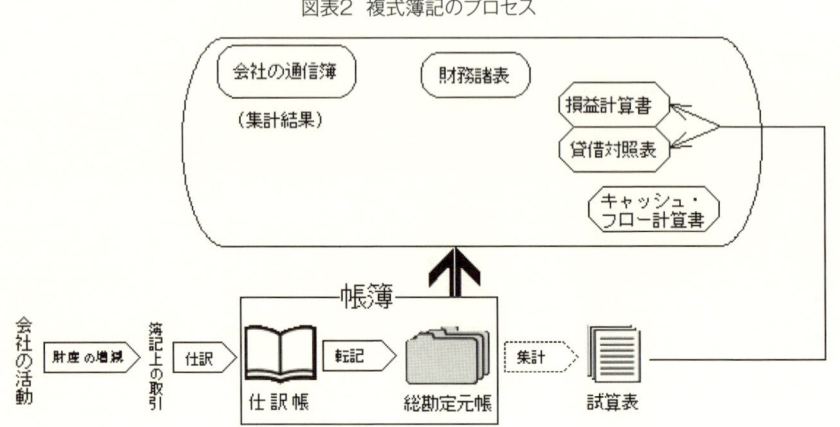

3.帳簿記録として複式簿記の重要性

　複式簿記は経済と資本主義の発展に不可欠なものと考えられていた。近代的な経済思想の生みの親であるアダム・スミス(Adam Smith)も、カール・マルクス(Karl Marx)も、そのように考えていた(ソール、2015)。

　そして、ドイツの社会学者のマックス・ウェーバー(Max Weber)は、現代の企業では会計が大きな役割を果たすとし、「近代的な簿記の手順に従って会計が行われることにより、企業の収益力が決定付けられる」また「複式簿記は、技術的に最高度に発達した簿記の形態である」(ソール、2015)と述べた。ドイツの経済学者ヴェルナール・ゾンバルト(Werner Sombart)は「複式簿記のない資本主義は想像もできない。両者は形式的にも実体的にも密接に関連付けられている」(ソール、2015)また「資本主義に内在する精神、すなわち営利精神と経済的合理主義の精神とを完全に展開しうるべき可能性と刺激とが、複式簿記によって形成された」と述べた。

　さらに、「創造的破壊」で名高い政治学者のジョゼフ・シュンペーター(Joseph

Schumpeter)は、会計を資本主義の支柱と位置づけ、経済学者が会計にあまり注意を払わないことを嘆いている。そして、会計慣行の歴史的理解なくして有効な経済理論を打ち立てることはできないと述べ、さらに「資本主義は、貨幣単位を計算単位にまで高める。すなわち資本主義的行動は、貨幣単位を合理的費用＝利潤計算の用具に転化せしめる。複式簿記こそは、その高くそびえる記念塔である」(ソール、2015)と賛辞した。このように経済思想家は、一様に複式簿記が経済的成功を導く重要な要素であると考えていた。

　工業化の進む19世紀のイギリスで使われていた複式簿記がマルクスの資本の定義に大きな影響を与え、その影響をうけたゾンバルトの資本主義の定義にも影響を与えたと考えられる。

　イギリスは世界最初の産業革命の国として知られている。イギリスの産業はそれを支えた一要素として会計があげられる。18世紀半ばまでには会計と複式簿記がイギリス社会に浸透していたという。このころ会計を活用して革新的な事業経営を行った実業家にジョサイア・ウェッジウッド(Josiah Wedgwood)がいる。ウェッジウッドは、イギリス史上最も成功した陶磁器メーカーにして最も革新的な企業の創設者であった。彼が事業を成功させた大きな要因として会計を修得して緻密な原価計算を実施したことが挙げられる(ソール、2015)。

　また同時期で正確な会計が企業を支える土台だと考えた著名な実業家にジェームズ・ワット(James Watt)がいる。彼は徒弟時代に父親から借金をし、借金返済と自己の財政状態の報告のために毎日12時間以上働いた後に複式簿記で帳簿をつけていた。会計の重要性をまさに理解していたといえる。後の共同経営者であるマシュー・ボールトン(Matthew Boulton)も会計を重視し、帳簿は設備の一部と述べている。彼は科学と同様に会計にも注意と正確性が必要だと考えていた。工業の発展により多くの資本が必要となり、会計がより複雑化し、大量の財務資料の作成・保管が求められた。ワットは複写機を発明したが、そこには会計係不足を埋め合わせる狙いもあったといわれている(ソール、2015)。

　先のウェッジウッドには著名な孫がいた。『種の起源』の著者であるチャールズ・

ダーウィン（Charles Darwin）である。彼は特別な才能として帳簿をつけて事業を把握すること、手紙に返事を書くこと、投資をすることをあげている。彼にもウェッジウッドの会計を大切にする習慣が受け継がれていた（ソール、2015）。

　ここで最後に帳簿記録の重要性について、パチョーリの考えを述べておきたい。パチョーリは簿記に関する論説の最後に「帳簿をきちんとつけずに商売をするのは、盲人が手探りで歩くようなもので、大きな損失にぶつかるだろう。」だから、「本稿で述べたことにしたがって、帳簿をつけるために最善の努力をするべきだ」（ホワイト、2014）と帳簿をつけることの重要性を説いている。ビジネスを継続したいならば、現金をもつこと、帳簿をきちんとつけ数字に強くなること、そしてすべての取引を借方と貸方を使うなど秩序だった方法で整理すること、と現金、帳簿、複式簿記がビジネスには不可欠であることを強調している（ホワイト、2014）。このことは今でも変わらない。

参考文献

岡本吏郎（2011）『実学中小企業のパーフェクト会計』ダイヤモンド社.

Soll, J. (2014) The Reckoning: Financial Accountability and the Making and Breaking of Nations, Allen Lane.（ソール J., 村井章子訳『帳簿の世界史』文藝春秋社, 2015.）

White, J.G. (2012) Double Entry: How the Merchants of Venice Created Modern Finance, W.W. Norton & Company.（ホワイト J.G., 川添節子訳『バランスシートで読みとく世界経済史——ヴェニスの商人はいかにして資本主義を発明したのか?——』日経BP社, 2014.）

渡邉 泉（2014）『会計の歴史探訪 ——過去から未来へのメッセージ——』同文館.

税法を学ぶことの意義

経営学科　髙橋　秀至

1.自由と税法

(1)憲法と自由

　税法は公法に属する法分野である。我が国の最高法規は日本国憲法(以下、憲法という。)であって、憲法に反する法規は無効である(憲98条)。憲法は、国家統治の基本を定める法であり、自由主義国家である我が国における憲法は、自由の基礎法といえる。主権者たる国民が国を統治するにあたって、国は法によって統治されなければならず、国家権力は法による拘束を受けなければならない。すなわち、元来一つであった国家権力から立法権および司法権を独立させ、残った権力である行政権を法によって縛ることで、国民の自由は保障されるのである。

　国家権力から国民の自由を保障するといっても、すべての国民の自由を完全に保障することは不可能である。ある国民が自由に行動することによって、他の国民の自由を侵害することがある。例えば、AさんがBさんの腕時計を盗んだ場合には、Aさんはその腕時計を自由に使うことができるようになるが、Bさんはその腕時計を自由に使うことができなくなる。そこで、Aさんの盗むという自由を制限する必要があり、この場合、国家権力がこのAさんの自由を制限することになる。「国民が国家権力から自由である。」というからには、この自由の制限は法律に基づくものでなければならない。行政庁が国民の自由を制限するには、立法府すなわち国民の代表によって構成された議会が制定する法律によらなければなら

ないのである。

（2）財産権と納税義務

　国民に保障された自由権のひとつに財産権がある。憲法29条1項には、「財産権は、これを侵してはならない。」と規定されている。同条項によると、国民の財産権を国家が侵害してはならないということになる。国民の財産権保障は、私有財産制のもとで成り立つ概念である。財産を有するのは国民であって、国家は基本的に財産を有しないのであるが、国家はその運営資金を要しないというわけではない。上述の事例であれば、Bさんの自由を守るためにAさんの犯罪を取り締まるのは警察であって、警察官に対する人件費等の資金すなわち公共サービスの資金が必要である。私有財産制のもとで、公共サービスの資金は、財産を有する国民が拠出しなければならないのであって、国民は必然的に納税義務を負うのである。すなわち、国民に財産権が保障されているといっても、それは国民の財産が国家の手に全く移されないということではなく、財産権保障の前提として、国民に納税義務が課されることを意味するものである。

（3）納税義務の成立要件

　憲法29条により国民の財産権が保障されている以上、国民は納税の義務を負い、国民の財産権は一定の制約を受けることになる。この財産権制約の範囲がわからなければ、財産権が保障されているということにはならない。憲法30条には、「国民は、法律の定めるところにより、納税の義務を負ふ。」と規定されており、納税義務の成立要件が規定されている。すなわち、国民は、法律の定める要件を充足する場合に限り、納税義務を負うのであって、法律によらない課税を受けることはないという権利を有するのである。この場合の法律が税法であり、税法の目的は、国民の財産権保障にあるといえよう。

2. 納税義務の成立・確定と権利救済

(1) 納税義務の成立と納税者による税額確定

　「だれが、どのような場合にいかほどの納税義務を負うのか」ということに関する要件を課税要件といい、課税要件に関する税法の定めを課税要件法という。納税義務は、課税要件法に定められた課税要件を充足する事実が生じた場合に何らの手続も要せずに成立する（憲30条、税通15条）。しかし、成立した納税義務を履行するには、だれかが法律を解釈し適用しなければならない。租税は、国民が国家に対しておこなう金銭給付であるということからすると、税法の解釈適用にあたっては、計算を要するのである。納税者に生じた事実について、だれが法を読み計算をして税額を確定させるのかということについては、税目ごとにその確定方式が異なっている。納税者自身が自らの税額を確定させる確定方式を申告納税方式といい、行政庁が納税者の税額を確定させる税額確定方式を賦課課税方式という（税通16条）。我が国では、法人税、所得税、消費税、相続税、贈与税などの主要な国税は、ほとんどすべて申告納税方式によっており、納税者は確定申告をすることで、自らの手で税額を確定させなければならない。申告すべき者が申告しなかった場合または申告内容が法律にしたがっていなかった場合には、本税に加えて各種の加算税が課されることになる。このことから、納税者が自らの税額を法律にしたがって適正に確定させる必要があり、そのためには、課税要件法を熟知する必要がある。

(2) 行政庁による処分と納税者の権利

　申告納税方式による租税においては、納税者による確定申告によって、原則としてその税額が確定するのであるが、一定の条件のもとで行政庁も確定権限を有している。納税者が確定申告をしなかった場合または申告した税額が誤っていた場合には、行政庁が処分により税額を確定することができる（税通16条）。納税者が確定申告をして税額を確定したとしても、行政庁が税務調査をする場合があり（税通74条の2ないし同74条の6）、当該調査に基づいて行政庁が処分をおこなうこと

がある。税法が法である限り、納税者による解釈適用の結果と行政庁による解釈適用の結果が異なることがある。また、税務調査は行政庁職員の手でおこなわれるが、行政庁職員も人間である限り、間違いもありえる。そこで、納税者が適正に納税義務を履行しようとしても、行政庁とその税額をめぐって見解が対立するということがある。

　納税者が自らの財産を守ろうとすると、いかに自らの申告額が適正であるかについて、税務調査において行政庁を説得し、納得させなければならない。すなわち、自らの財産を守るためには、課税要件法を熟知しなければならないのである。

(3) 納税者の権利救済

　税額について納税者と行政庁の見解が対立し、行政庁が課税処分をおこない、当該処分が間違っていた場合には、納税者の財産権は不当に侵害されることになる。この権利侵害に対しては、不服審査および訴訟により権利保護をはかることになる。このような場合の税務訴訟においては、納税者が原告となり、課税処分の取り消しを求めて国を訴えることになる。裁判官は、原告と被告の主張に対し、軍配をあげるのであり、訴訟による権利救済を受けるには、裁判官を納得させるだけの主張をしなければならない。自らの権利は、自らの努力で勝ち取るものであって、そのためには税法をしっかり学ぶ必要がある。

　法律によらない課税を受けないという意味で、税法は国民の財産権を保障するための法であるが、国民は税法をしっかり学んで自らの財産権を自らの手で守るべきである。確定申告において自らの税額を適正に申告し、税務調査の段階で相手方の行政庁を納得させることができれば、訴訟をして第三者に権利救済を仰ぐまでもないのである。

3.ビジネスと税法

(1)課税要件

　課税要件すなわち「だれが、どのような場合にいかほどの納税義務を負うのか」ということがあらかじめわかっていれば、国民は安心して経済生活を営むことができる。課税要件は、税目ごとに定められ、①納税義務者、②課税物件、③課税物件の帰属、④課税標準および⑤税率の5つの要件に分けられる。

　①納税義務者とは、「だれが当該租税を納めなければならないのか」ということを意味し、納税義務の主体が課税要件法として規定されるのである。②課税物件とは、「どのような場合に当該租税を納めなければならないのか」ということを意味し、課税対象となる物・行為・事実が課税要件法として規定されるのである。③課税物件の帰属とは、①納税義務者と②課税物件の結びつきを意味し、具体的な納税義務者を特定するための規定が課税要件法におかれるのである。④課税標準および⑤税率は、「いかほどの納税義務を負うのか」を決定づけるものである。④課税標準とは、納税義務者に帰属した課税物件を数値化するものであり、詳細な計算規定が課税要件法として規定されるのである。⑤税率とは、税額を算定するために④課税標準に適用される比率であり、課税標準が金額である場合には百分率で規定され、課税標準が物量である場合には1単位当たりの金額で課税要件法として規定されるのである。この④課税標準に⑤税率をかけることにより、納税義務が金銭債務として成立するのである。

　これら5つの要件のすべてを充足する場合に納税義務が成立するのであって、ある国民に生じた事実が、このうち、いずれか1つでも充足しないということになれば、当該国民には納税義務が成立しないということになる。

(2)ビジネス形態と租税

　われわれ国民がビジネスをおこなう場合には、課税要件法を熟知し、適正な納税義務を履行したうえで、相当の利益をあげなければならない。ひとくちにビジネスといっても、さまざまなビジネス形態が存在する。起業するにあたって、どのよう

な内容の事業をおこなうのかということも、考えなければならないが、どのような組織で事業をおこなうのかということも重要である。法人企業として事業をおこなうのか、それとも個人企業として事業をおこなうのかによって[1]、その経営成果に対して、課税される税目が異なることになる。法人企業には法人税が課され、個人企業には所得税が課されることになる（法税4条、所得税5条）。

また、消費税は、消費に着目して課される税であり、商品等の代金に消費税相当額を加算することによって、消費者に負担させるものではあるが、法律上の納税義務者は、「事業者」であり（消税5条）、企業が申告納税をすることになる。さらに、従業員を雇用した場合には、従業員に給与を支給することになるが、雇用者には、この給与支払時に当該従業員の所得税を徴収して納付する義務（源泉徴収義務）がある（所税6条）。

法人企業として事業をおこなう場合には、法人税および消費税の申告納税をしなければならず、従業員の所得税に対する源泉徴収をしなければならない。そこで、法人企業の経営者になろうとするならば、法人税、消費税および所得税の課税要件法を勉強する必要がある。

一方、個人企業として事業をおこなう場合には、所得税および消費税の申告納税をしなければならず、従業員の所得税の源泉徴収をしなければならない。個人企業として起業した場合には、事業規模が拡大すると、法人企業に組織変更する場合が多い。そこで、個人企業の経営者になろうとするならば、所得税および消費税の課税要件法を勉強する必要があると同時に、それに加えて法人税の課税要件法を勉強する必要もあろう。

（3）法人税の課税要件

法人税の納税義務者は、基本的には、国内に本店を有する法人であり（法税4条）[2]、課税物件は所得である（法税5条）。課税標準は所得金額であるが（法税21条）、所得金額は、益金の額から損金の額を控除することにより算定される（法税22条）。益金の額は、別段の定めがあるものを除き、企業会計上の収益の額であり、損金

の額は、別段の定めがあるものを除き、企業会計上の費用の額である。法人税法では、このように課税標準に関する通則規定を置き、この通則規定以外の課税標準規定を別段の定めとしている。企業会計においては、複式簿記の原理に基づき会計帳簿が作成され、収益の額から費用の額を控除することで利益金額が算定される。法人税の課税標準である所得金額は、別段の定めによるものを除いては、企業会計の利益計算に基づいて算定されることになる。このため、法人税の課税標準を理解するには、簿記・会計を理解しなければならないが、法人税の課税標準に関する規定は、数多く存在し、企業会計上の利益計算と異なる部分も多い。したがって、法人税の課税標準を理解するには、簿記・会計の勉強をしたうえで、法人税の課税標準規定を学ぶ必要がある。

　法人税額は、所得金額に税率をかけることによって算定されるのであるが、法人税率は基本的には一律である。ただし、中小企業には、一定金額まで軽減税率の適用がある。納税者は、このようにして算定された法人税額から一定の税額控除額を控除して法人税を納付することになる。

（4）所得税の課税要件

　所得税の納税義務者は、基本的には、国内に住所を有する個人であり（所税5条）、課税物件は所得である（所税7条）。課税標準に関しては、所得を利子所得、配当所得、不動産所得、事業所得、給与所得、退職所得、山林所得、譲渡所得、一時所得および雑所得の10種類の所得に分け、所得の種類ごとに異なる計算方法が規定されている（所税22条ないし同35条）。

　所得税においては、このように種類ごとに算定した所得金額に対して、所得控除額を控除したうえで、税率を適用することになる。所得税率は、基本的には累進税率であり、所得金額が高額になれば税率も高くなる。所得金額に税率を適用するにあたって、一定の種類のものは合算して税率を適用するが、種類ごとに個別に税率を適用するものもある。納税者は、このようにして算定された所得税額から一定の税額控除額を控除して所得税を納付することになる。

個人企業としてビジネスをおこなうのであれば、基本的には事業所得ということになろうが、事業の種類によっては、不動産所得または山林所得にもなりえるので、これらの課税標準算定規定を学ぶ必要がある。また、法人企業であろうと個人企業であろうと、従業員を雇用する場合には、給与所得の算定方法を学ぶ必要もある。さらに、所得税には所得控除という固有の概念があり、これも学ぶ必要がある。

（5）消費税の課税要件

　消費税の納税義務者は事業者であり、課税物件は、国内における資産の譲渡等である（消税5条）。資産の譲渡等とは、事業として対価を得ておこなわれる資産の譲渡および貸付けならびに役務の提供である（消税2条8号）。ただし、課税物件に関しては、多くの非課税規定があり（消税6条）、きわめて複雑である。消費税の課税標準は、課税資産の譲渡等の対価の額である。この課税標準に税率が適用されることになるが、消費税においても、税額控除が適用される。法人税および所得税の税額控除と消費税の税額控除は、その重要性が異なるものである。消費税の課税標準は、課税資産の譲渡等の対価の額すなわち課税売上額であり、仕入額は課税標準の段階では控除されない。課税仕入額は税額控除の対象となるのであって、消費税における税額控除は、きわめて重要である。

　法人税、所得税および消費税は、一定の類似点はあるものの、税目ごとに特徴があり、それぞれの税目ごとに学ぶべきことは多い。ビジネスをおこなうには、法人税、所得税、消費税などの様々な租税に関する課税要件法を学ぶ必要がある。課税要件法を学ぶことで、国民は自らの財産を自らの手で守ることができ、安心してビジネスをおこなうことができるのである。

注

1　人は、生まれながらにしてさまざまな権利能力を有するものであるが、ここでは生物学上の人すなわち自然人を個人とし、法律により一定の権利能力が与えられたものを法人とする。法人には、会社法に規定されている株式会社などがある。

2 厳密には、一定の条件のもと、この他のものが含まれたり、除外されたりするが、本書が、専門的教育を受ける前の初学者を対象とするため、単純化して記述することにする。以下にも同様のことが言えるが、詳細については専門教育を受けるときに勉強することを望む。

地域企業を取り巻く法律

経営学科　板垣　太郎

1. そもそも「企業」とは何か

　地域企業を取り巻く法律にはさまざまなものがある。しかし、そこでどのような法律が問題となっているのかを説明する前に、まずは「企業」とは何かを理解しなければならないだろう。

　「企業」と聞くと、ほとんどの人は「会社」を想像すると思われる。たしかに、会社は企業であることに間違いない。しかし、企業は会社だけかといえば、必ずしもそうではない。これはどういうことだろうか。実は、「企業」と「会社」という概念は、それぞれ理解のしかたが大きく異なるのである。そこで、ここではまず「企業」について説明する。

　少し難しい言い回しではあるが、一般的に「企業」とは、収益をより多く上げることを目的として、創意工夫のもと、計画的かつ継続的に活動する生活体といわれる。例えば、ある品物を他から安く仕入れて、これに利益を上乗せして販売している者などは、典型的な企業といえるであろう。他方、このように考えてみると、私たち一般市民も生活のために日々取引を行っているのだから、私たちと企業とでは大きく変わるところはないと考える人もいるかもしれない。たしかに、私たちも企業も、他者との取引を行うという点では大きな違いはない。しかし、その実態はまるで違うのである。すなわち、企業はより多くの収益を得るため、徹底した創意工夫と駆引きにより、他者と競争しているのであり、その熾烈（しれつ）さは、私たち一般

市民間で行われる取引とは天と地ほどの開きがあるのである。

2. 一般法と特別法

　企業に関係する法律はさまざまなものがあるが、とくに企業が行う取引については、私たちが普段行う取引とは性質が大きく違うため、その法律も私たちの生活関係を規律する法律とは異なるものが用意されている。具体的には、私たちの生活関係には「民法」が適用され、企業活動には「商法」が適用される。

　この両者の関係は、「一般法」と「特別法」の関係にあると説明される。特別法とは、特定の人や行為、地域などに限定されて適用される法のことである。これに対し、一般法とは、その制限なく一般に適用される法のことをいう。民法は私たち一般市民の生活関係を規律する一般法であり、財産関係および家族関係に関する基本法として存在している。これに対して、「とくに企業関係を規律する」特別法の一つが商法である（そのため、民法に対する特別法は商法の他にも多数存在する）。

　民法と商法、また、一般法と特別法の関係は、しばしばスポーツなどにおけるアマチュアとプロのルールの違いに例えて説明される。アマチュアもプロも基本的なルールに変わりはないが、プロにふさわしい試合が行われるよう、プロ専用の特別なルールが定められている。さらにこの例についていえば、プロのルールが適用されるべき場面において、アマチュアのルールが優先して適用されることは不適切であることも理解できるだろう。民法と商法の関係でいえば、商法が適用されるべき場面において、民法と商法が対象を同じくするルールを定めている場合には、商法のルールが優先して適用され、民法のルールは適用されないのである。「特別法は一般法に優先する」ということが、法学上の原則なのである。

　商法は民法に対する特別法として、民法とは違うさまざまなルールを定めている。例えば、企業取引の簡易・迅速性に対応するものとして、「代理」という制度に関する規定がある。Aという人が、Bという人が販売している商品を購入したいと思った場合、通常であれば、Aが商品を販売しているBと「契約」を結ぶことにより実現する。この契約は、AとB双方の「買います」「売ります」という意思表示の合致

により成立する。また、契約が成立することにより、AとB双方に「権利」と「義務」が発生する。このとき、AはBに対して、商品を引き渡すことを請求できる権利(この権利を「債権」という)を有しており、また同時に、Bに対して代金を払わなければならない義務(この義務を「債務」という)を負う。そして、Bもまた、Aの債権・債務に対応する債務・債権を有することになる。

　このとき、Aが自分でBと取引するのではなく、Cという人に自分の代わりにBと取引してもらうことにより、その取引の効果がCとBではなく、AとBの間で発生するというのが「代理」という制度である。この代理による取引が成立するためには、まず「本人」であるAからCに対して、Aの代わりに相手方であるBと取引できるための「代理権」が与えられなければならない。この代理権が与えられたとき、Cは「代理人」となる。そして、CがAの代理人としてBと取引しようとする場合には、CはBに対して、自分がAの代理人であることを示したうえで取引を行わなければならない。これを「顕名主義」という。この顕名主義もまた、代理による取引を成立させるための民法上の要件である。そして、以上の各要件をみたさなければ、原則として代理の効果は認められないことになる(民法99条1項)。

　これに対し、商法の規定が適用される場合、CはAの代理人としてBと取引するとBに示さなくても、CとBの取引の効果はAに帰属することになる(商法504条)。なぜ商法はこのように顕名主義を不要としているのだろうか。それは以下のような理由があるからである。企業が行う商取引は、代理人であるその企業の従業員等により、相手方と継続的かつ大量的に行われることが通常である。そのような場面では、民法のルールに従って、毎回取引が行われるたびに代理人として取引をすることを示すというのは煩雑(はんざつ)である場合が多く、また、場合によっては迅速な取引の障害ともなりかねない。さらに、取引の相手方からみれば、代理人による取引であることは明らかなことが多く不都合もないため、このような民法のルールを修正する制度が定められているのである。

　なお、もしCとBの取引が初めて行われたような場合に、Cが代理人として取引することをBに告げなかった場合、BはCが代理人として取引していることを知ら

ず、自分とCの取引であると信じることも想定される。そこで、商法504条のただし書では、このような場合、BはCに対して代金を請求できることを定めている。

3.個人企業と共同企業

　「企業」が収益をより多くあげることを目的とする存在であるとすれば、企業活動は1人で行うより2人以上で行った方がよいことも想定できるだろう。たしかに、1人が事業のために資金を提供し活動する場合には、その者だけがどのような行動を行うか決定し、また、実際に行動することになるため、他人の影響を受ける心配はない。また、得られた利益もすべてその者が得ることができる。1人で事業を行うこのような企業を「個人企業」というが、もし出資者が企業活動について優れた能力を持っている場合には、個人企業であることには大きなメリットが認められるだろう。しかし、個人企業には、例えば事業の失敗により多くの損失を抱えることになってしまったという場合、その損失をすべて1人で負担しなければならないという側面もある。また、資金も個人の資産に限定されるし、金融機関から資金を借り入れようとしても、その者個人の信用（ここでは簡単に「お金を借りても返済できる能力」と考えるとよい）に、借り入れる額も限定されることになるため、大きな資金を用意することは困難なことが多い。

　それに対し、もし、より多くの人から、より多くの資金を集めることができれば、個人企業ではなしえない大規模な活動も可能となる。また同時に、そこから得られる利益も大きなものが期待できることになる。このように、複数の者が参加して企業活動を行う企業形態を「共同企業」と呼ぶ。共同企業についてはさらに、金融機関から資金を借り入れるという場合に、一般的には個人企業より共同企業の方が信用があるとされるため、多額の借り入れが可能になるというメリットもある。さらに、もし事業が失敗して損失が生じたとしても、複数の人間でその損失を負担すれば、1人当たりの損失は単独で負担するよりも軽くなりうるというメリットもある。それらの理由から、「共同企業」の形態はわが国において広く利用されている。

4. 会社と企業の違い

　以上のように、企業として活動する場合、個人企業より共同企業の方が大きな利益を得る可能性が高いといえる。しかし、共同企業においても問題がないわけではない。例えば、個人企業であれば、企業活動により生じる責任を負担するのも個人にかぎられることになる。これに対して、共同企業の場合は、そのような責任を共同企業の各構成員がどのように負担しなければならないのか、共同企業の構成員として企業活動に提供した資産以上の額を負担しなければならないのかということが問題となりうる。また、共同企業が取引を行う場合、その内容の決定や実際の取引行為を行うにつき、構成員間の関係、共同企業と取引の相手方との関係などをどのように考えるかということなども問題となりうる。

　そこで、これらの問題について法的に規整するものとして、また、今日の経済活動においてとくに重要な役割を担っているのが「会社」の制度である。そして、この会社の設立、組織、運営および管理について規定する法律が「会社法」である（会社法1条）。

　「会社」とは、営利を目的とする社団法人（営利社団法人）であるとされる。この営利社団法人は、「営利」、「社団」、「法人」という3つの概念で構成される。

　これらの概念についてみてみると、まず「営利」とは、対外的な事業活動によって得た利益を構成員に分配することを意味する。これに対して、先に説明した「企業」の定義をみると、企業についても「営利」の目的がありそうに思えるが、企業の営利性は、収益をあげる、利益を得るということにとどまるのである。

　次に「社団」とは、共同の目的を有する複数人の結合体を意味する。会社についていえば、「社員」と呼ばれる多数の出資者たちの結合体である（会社法上、会社の「社員」というときは、会社への出資者という意味で用いられる。そのため、一般的な意味における社員とは違うことに注意が必要である）。

　最後に「法人」の意味であるが、この概念を理解するためには、先に「権利能力」という概念について理解する必要があるだろう。「権利能力」とは、権利を取得したり義務を負ったりすることのできる地位（資格）を意味する。例えばAという人

が、Bという人の所有している自動車を買うという契約をBと締結した場合、AとB双方に自動車と代金の授受に関する権利義務が発生するが、もしAとBが権利能力を有しない場合、それらの権利義務も各人に帰属しないことになるのである。しかし、AもBも人間であれば、とくにそのような問題は発生しない。なぜなら、人間は生まれたときから死ぬときまで、この権利能力を当然に有しているとされるからである。しかし、AかBのどちらかが共同企業であるとしたらどうだろうか。共同企業そのものは権利能力を持たないため、「共同企業として」取引をすることもできないことになりそうである。このような場合に、共同企業そのものに権利能力を認めることはできないだろうか。そこで、そのような共同企業を、権利能力を有する独立した存在とするために「法人」という制度が設けられている。法人とは、人間以外で権利能力を有するものである。法人としての資格(これを「法人格」という)を得た社団は「社団法人」と呼ばれる。上の例で、もしAが社団法人となった共同企業であれば、あたかもAは1人の人間のようにBと取引を行うことになり、それに基づいて権利を有し義務を負うことができる。このとき、A社団法人の法律関係とその構成員の法律関係は切り離される。例えば、ある構成員に対してお金を貸している者が、その構成員ではなくAの財産から返済してもらうことはできない。

　「会社は、法人とする。」という規定(会社法3条)があるように、会社はすべて法人である。以上のことから、企業と会社は、営利社団法人であるといえるかという点に違いがあることが明らかとなる。営利を目的として事業活動を行う会社は企業であることに間違いはないが、企業は必ずしも会社＝営利社団法人の要件をみたすものであるとはいえないのである。なお、企業が会社となるためには、法律上のさまざまな要件をみたす必要がある。こうした要件をみたすことにより、企業は会社として認められることになる。そしてまた、会社が成立したことにより、その企業にはじめて法人格が認められるのである。

5.株式会社とは

　会社法が定める会社とは、株式会社、合名会社、合資会社、合同会社の4つを

いう（会社法2条1号）。このうち、後者の3つの形態は持分会社と呼ばれる。株式会社と持分会社のうち、とくに株式会社の制度は会社の規模を問わずわが国においてきわめて多く利用されている。そこで、以下では株式会社について説明する。

　まず、株式会社の特質として、社員の有限責任がある。例えば、Aが1000万円を出資してX会社の社員になったとする。しかしその後、X会社の経営が破たんしてしまった。そこでX会社は、自社の財産をすべて使い、X会社が返済しなければならないお金をできるかぎり支払ったが、Bという人に対しては返済することができなかった。この場合、Aは、自分が出資した1000万円が戻ってこないことはしかたないとしても、それ以上にBに対して返済の責任を負わなければならないのだろうか。このとき、もしAがBに対して責任を負うとすれば、Aは「無限責任社員」となる。これに対し、Aが出資した1000万円の回収を断念するとしても、それ以上にBに対する責任を負わないとすれば、Aは「有限責任社員」となる。ここでの「無限責任」とは、社員がどこまでも責任を負うという意味ではなく、社員が出資額を超えて責任を負う＝出資額に限定されないという意味である。また、出資額に社員の責任が限定される場合が有限責任である。

　株式会社における社員とは「株主」のことを指す。また、すべての株主は有限責任社員である（会社法104条）。したがって、株式会社は有限責任社員のみで構成される会社となる。

　なお、一般に会社の社員は、例えば株主がその所有株式に対応する配当金を一定の要件のもとで会社に請求できるというように、社員としての資格に基づくさまざまな法律上の関係を会社に対して有している。この法律上の関係を「社員権」と呼ぶ。社員権は会社における社員であることの「地位」や「持分」ととらえることもできる。この社員である地位または持分は、株式会社では「株式」となる。株式は、細分化された、均等な割合的単位の形をとっている。上の例でいえば、まさに株式を株主がどれほど所有しているかにより、その配当金の額の大きさが変わるのである。

6.株式会社の特色

　株主はすべて有限責任社員ということから、出資をして株主になろうとする者にとっては、株式を取得するために払う金額を上回る責任を負担するリスクがない。また、株式は細分化された単位であるため、出資を少額で行うことができる。これらの理由から、少ない資産しか有しない者であっても出資が可能となるため、多数の者が出資に参加できるという特色がある。また株式会社の側からみれば、その結果として多くの資金を集めることが可能となり、それに応じてより大きな事業を行うことも可能となる。

　しかし、有限責任という性質上、株式会社に対して債権を有する者（債権を有する者を「債権者」といい、それが会社に対する債権の場合には「会社債権者」という）は、会社が持っている財産のみが債権回収の引き当てとなるため、そうした債権者の保護のため、株式会社の財産を一定以上確保させることが必要になる。そのために、会社法ではさまざまな制度が設けられている。

　例えば、株主は自分が有している株式を会社に対して払い戻すよう請求することは原則としてできない。もしそれを認めてしまえば、会社財産は非常に不安定なものになるからである。そこで、その代わりに株式は自由に譲渡できることが原則であることが定められている。株主は、他人に株式を譲渡し、その対価を得ることで、投下資本の回収をはかることができる。この他にも、会社財産が一定の額を超えなければ、株主への配当をすることができないなどの制度がある。

　ところで、投資家である株主は、必ずしも会社の経営について専門的な知識や能力を有しているわけではない。また、株主が多数存在する場合には、そのすべてが会社の経営にあたることは実際上不可能といえる。そのため、株主が専門的な能力を有し、またその人数も1人またはごく少数ということであれば問題はないであろうが、そうでなければ、会社の経営は、その専門家に任せることが望ましいと考えられる。そこで会社法は、会社の規模や性質に応じて、出資者であり会社の所有者ともいえる株主と、経営の専門家である業務執行者を分離させる制度を設けている。この場合の典型的なかたちは、株主が経営の専門家である取締

役を選任し、その取締役で構成される取締役会で意思決定を行い、その決定に基づいて、取締役会で選定した代表取締役が執行するというものである。また、業務執行が適正に行われることは、株主にとってきわめて重大な関心事となる。そこで、取締役会は業務執行が適切に行われていることを監督する機能も担っている。さらに、一定の場合には、監査を行う特別の機関を置くことが義務付けられる場合もある。これらについてもまた、会社法は株式会社の態様に応じた制度設計を用意している。

7.まとめ

　以上、地域企業を取り巻く法律として、とくに民法や商法、会社法について説明した。地域企業を取り巻く法律にはこれらの他にもさまざまなものがあるが、地域企業が「企業」であり、またその多くが「会社」であることを考えると、民法や商法、会社法を学ぶことは、地域企業の経営を考える場合にもきわめて重要であることが理解できるのではないだろうか。

　もし、民法や商法、会社法を含め、地域企業を取り巻く何らかの法律を学習する機会があれば、そこで学習しようとする法律がどのような目的から作り出されたのか、なぜそのような内容となったのかなどの「理由」を、ぜひ考えながら学んでほしい。

参考文献

淺木愼一(2013)『商法探訪 [第2版] (訂正)第2刷』信山社.
神田秀樹(2018)『会社法 [第20版] 』弘文堂.
現代法入門研究会編(2010)『現代法入門』三省堂.
野村豊弘(2017)『民事法入門 [第7版] 』有斐閣.

地域のビジネスにおけるリスクマネジメントと保険

経営学科　**鴻上　喜芳**

1.リスクの意味

　「リスク」という言葉は日常生活でもよく使用されるが、そこでは多くが「損失発生の可能性」という意味で使用されている。サッカーの解説者が「敵のフォワードのマークが外れたらだれがカバーするかはっきりしてリスクの芽を摘むことが大事ですね。」という時の「リスク」は「失点の可能性」であろう。しかしながら、経済学や統計学においては「期待値周りの変動性」という意味で使用されている。つまり、前者では、現状から見たマイナスの結果のみを想定して、大きなマイナスが生じる可能性があるものを「リスク大」としているのに対し、後者では、結果が期待値から上振れしたり下振れしたりするそのブレの大きいものを「リスク大」としているのである。

　「リスク」は上記のような使われ方をしているので、その使用には注意が必要である。例えば、「高度1万メートルから飛び降りた人のリスク」を考えてみよう。前者の用例で考えれば、この人のリスクは限りなく大きい。なぜなら死亡という大きな損失が生じる可能性が大きいからだ。しかし、後者の用例で考えれば、この人のリスクは小さいどころかほぼゼロである。なぜなら、死亡するだろうという期待値からかい離した結果はほぼ考えられないからだ。

　では、リスクマネジメント学において、「リスク」はどのようにとらえられているかを説明しておこう。リスクマネジメント学は20世紀初頭に登場した新しい学問である

が、当初は保険をいかに効果的に活用するかという観点で研究されていた。すなわち、リスクを「損失発生の可能性」ととらえていたのであり、現代では「伝統的リスクマネジメント」と呼ばれる。転機となったのは、米国のCOSOが2004年に公表した「COSO ERMフレームワーク」である。ここでは、「リスク」と反対の概念として「事業機会(opportunities)」が取り入れられ、企業は、リスクを減少することでも、事業機会を増大することでも、企業価値の増大が達成できるというERM(全社的リスクマネジメントまたは統合的リスクマネジメント)の考え方が打ち出された。その後2009年にリスクマネジメントの国際規格であるISO31000が登場するが、この規格では、「COSO ERMフレームワーク」の「リスク」と「事業機会」を合わせた概念を「リスク」と定義している。ここに至って、「リスク」の概念は、経済学や統計学におけるそれと一致するようになっており、かつ企業がマイナスの結果を抑えるとともにプラスの結果を伸ばすリスクマネジメントを行うということは、経営そのものに近づいているということができる。

　ただし、企業が収益を上げる取り組みについては、本書に多数ある経営学分野の他の章に任せることとして、本章は伝統的リスクマネジメントに立脚して解説していくこととする。

2.企業のリスク

　企業はさまざまなリスクに取り巻かれている。自然災害、火災、システムトラブル、情報漏洩、環境汚染、労災、法務・倫理リスク、財務リスク、価格リスク、政治・経済・社会リスクなどである。しかも、近年、企業規模の拡大に伴うリスクの巨大化、インターネットに代表される情報技術の発展に伴うリスクの迅速化、経済のグローバル化に伴うリスクの国際化など、企業を取り巻くリスク環境は大きく変化している。企業は、コントロールできるリスクは適切にコントロールして、企業価値を減少させないようリスクマネジメントに取り組む必要があるといえる。

3. 企業のリスクマネジメント

　会社法上の大会社（資本金5億円以上または負債総額200億円以上の会社）は、リスクマネジメント体制の整備が義務付けられている。2006年5月施行の会社法においては、「取締役会の職務の執行が法令及び定款に適合することを確保するための体制」（コーポレートガバナンス体制）と「業務の適正を確保する体制」（内部統制体制）の整備は取締役会の専決事項であり、かつ大会社についてはその整備が義務付けられたのである。後者の体制は、会社法施行規則100条に規定されているが、コンプライアンス（法令遵守）体制などと並んで「損失の危険の管理に関する規程その他の体制」が規定されており、これがすなわちリスクマネジメント体制といえる。

　大会社以外の会社においても、法令上の義務はないものの、リスクマネジメント体制を早急に整備すべきである。

　リスクマネジメントは、一般的に図表1のような流れで対応することとなる。

　回避できないリスクは、損害（ロス）を極力小さくするために、ロスコントロールに取り組む。ロスコントロール手段のうち、損失予防は事故の発生自体を小さくする取り組みであり、損失低減は事故が発生した場合でも極力損害を小さくする取り組みである。

　ロスコントロールを行った上で、損害に対する財務的措置（ロスファイナンシング、リスク・ファイナンス）を行う。リスクを保有する場合と、外部に移転する場合があるが、リスク移転の代表例が保険の付保である。近年は、保険に代わるリスク移転手段も登場してきており、これらはART（代替的リスク移転）と呼ばれる。リスクの証券化（企業の有するリスクを証券化し、高利率と引換えに、地震などの約定事象が発生した場合には元本や利子を没収する内容で一般投資家から資金調達する手法）や天候デリバティブ（気象データを指数化し、予め定めた一定条件を満たした場合に、金銭の授受を行う手法）などがこれにあたる。また、リスクの保有に関しても、キャプティブ（企業が自ら保険子会社を設立し、ここにリスク移転することで、企業グループ全体ではリスク保有する手法）や、自家保険（保険付保した場合の保険料を積み立てておき、事故の際の補てんに充てる手法）など、保険を利用しない手法も登

図表1　リスクマネジメントのフロー

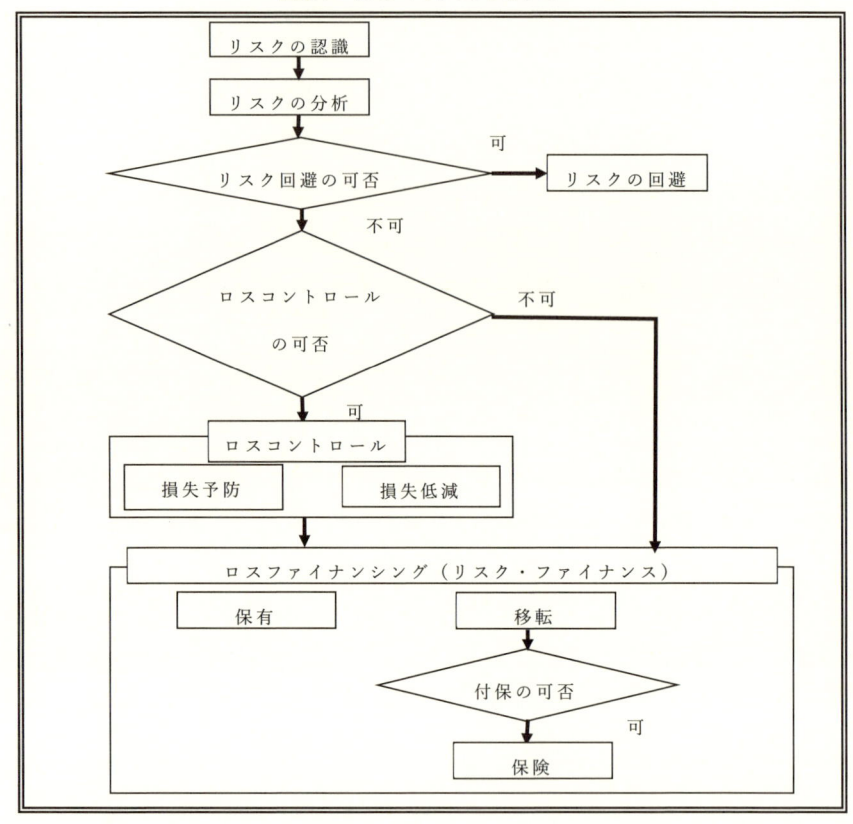

（出所）下和田功編（2004：32）をもとに作成。

場している。

　ただし、ARTや新たなリスク保有手段では、一定規模以上のリスクがないとコスト倒れに終わるため、大企業を中心に利用されている。地域のビジネスにとってのロスファイナンシング手段は、やはり保険が中心ということになろう。

　リスクの分析においては、当該リスクの頻度と強度に着目して図表2のようなリスクマトリクスを作成し、取組みの優先度を決定することとなる。頻度（事故発生確率）が大きいⅡとⅣのリスクについては損失予防策が必要であり、強度（損害の規模）が大きいⅢとⅣに該当するリスクについては損失低減策が必要である。保険

の利用が最も効果的なのは、頻度は小さいが強度の大きいⅢのリスクである。その理由は、ⅠやⅡのリスクは損害額が小さいため経常費での対応で十分なものが多く、Ⅳのリスクは頻度が大きいことで保険料が高くなりすぎるためである。

図表2　リスクマトリクス（製品事故を想定したもの）

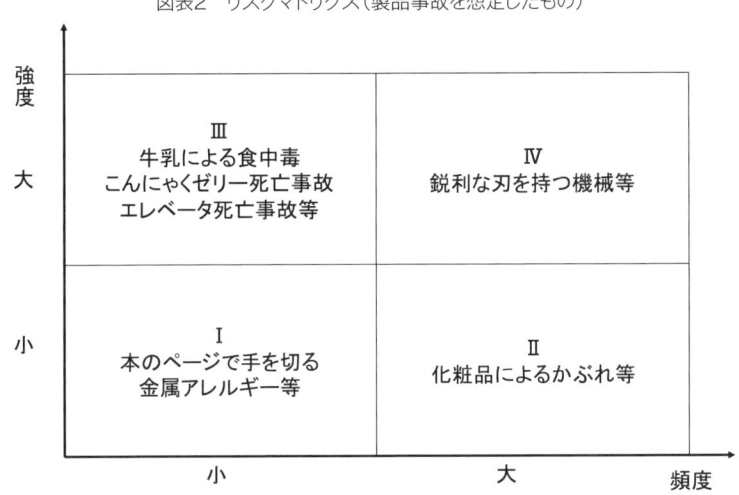

（出所）大羽宏一編（2009：185）。

4.保険

　リスクマネジメントの手法としては、ロスコントロールとロスファイナンシングが2本の柱といえるが、保険はロスファイナンシングにおける最も有力な手段として利用されている。

　ところで、なぜ「保険」という名称なのかわかるだろうか。もし、「危険を保つ」などと考えれば全くリスクマネジメント手段になっていないようで不思議であろう。実は「保険」は中国の隋書に登場する言葉で、もともとの意味は「険要の地に立てこもる」という意味であった。当時の漢民族からすれば北方からの異民族の侵入が最大のリスクだったわけで、険しい地形を保ってその中にいれば安全であり、それを人工的に作ったのが万里の長城といえる。清代末に西洋諸国特に英国が中国に勢力を伸ばし、当然Insurance（保険）の制度も入ってきたのだが、こ

の新しい概念を漢語化するにあたって歴史的書物から「保険」という言葉を見つけ出し、上海で作られた英華辞典に載せられたのが「保険」という用語の始まりとされている。明治維新後の日本においても次々にInsurance Companyが設立されるが、その会社名にはことごとく「保険」の名称が使用され、日本でも定着するようになったのである。ちなみに日本においてこれより前、西洋諸国を見聞してInsuranceにも接した福沢諭吉は、西洋旅案内において「災難請合(うけあひ)」と紹介している。

　さて、リスクマネジメント的見地からすると、「保険」の訳語の適切性について疑問があるところである。港を有する上海という土地柄や西洋人がみな船で来航していることなどからすれば、当時意識されていたInsuranceは、海上保険(船体や貨物の損害を補償するもの)であったと思われるところ、「保険」が意味するのは要害に立てこもって損害が発生するのを予防する手段すなわちロスコントロールであって、Insuranceの本来の機能であるロスファイナンシング(損害が発生したのちにその経済的な損失を補てんする)を示していないと思われるからである。ところが、念頭にあったInsuranceが生命保険(死亡保険)であったとするならば、「保険」という言葉は死亡保険の機能を見事に言い当てている。死亡保険の機能は、保険金の給付により遺族が生活に困らないで済むというものであり、生計維持者が保険に入っているということは、遺族はまさに「要害に守られている」ようなものだからである。ちなみに諭吉の「災難請合」は、海難事故も生計維持者の死亡も災難であり、それが発生した時には保険会社が保険金を支払う約束をしているということでまさに災難を請け合っているのであり、海上保険にも生命保険にもどちらにもロスファイナンシングの意味で通用している優秀な訳語となっているのではないだろうか。

コラム

『ベニスの商人』に保険は邪魔？

　保険の歴史を語るときによく引合いに出されるのが、シェイクスピアの喜劇『ベニスの商人』である。イタリアベニスの商人である主人公アントーニオがユダヤ人高利貸しシャイロックに借金をするが、期待していた貿易船がすべて難破して返済不能となり、シャイロックは証文通りアントーニオの胸の肉1ポンドを切り取ることを法廷において主張するのだが、裁判官に扮したポーシャ（アントーニオの友人バサーニオの求婚相手）が「胸の肉は切り取ってよいが、その際血は一滴も流してはならない。証文には血を流してよいとは書いてないから。」と宣言して大団円となる物語である。

　もしアントーニオが海上保険に入っていれば、借金は保険金で返済され、シャイロックが法廷に訴えることもなくなるはずであり、物語自体が成立しなくなる。しかも、『ベニスの商人』は1596年に創作されているが、1300年代末にはイタリアで海上保険が登場しているし、1588年にスペインの無敵艦隊を打ち破ったイギリスは海運の中心地となりロンドンでは海上保険が盛んに取引されていたはずで、1596年当時シェイクスピアも保険の存在を知っていたとしても不思議はないのである。

　なぜシェイクスピアは保険の存在を無視したのか。その答えは次のようなものであろう。「シェイクスピアの物語の多くは世界各地の民話をもとにしたものであり、『ベニスの商人』のもととなった民話がイタリアで成立した当時、保険はまだポピュラーなものではなかったから。」ただし、シェイクスピアは創作当時の現代知識としての保険の存在よりも民話の内容を優先したのであり、物語を成立させるため保険を無視したことは間違いないといえよう。

5.保険の検討

　地域のビジネスが保険を利用する際に大切なことは何であろうか。筆者は、ロスコントロールに取り組んだうえで保険を検討することと、しっかりリスクマネジメントサービスが提供できる保険代理店を見つけることを挙げたい。前者の意味は、保険を勧められるままに入ったりしてはならないということである。保険はリスクに対処する手段であるが、唯一の手段ではない。損害が発生した場合、それが補てんされることはよいことではあるが、損害自体が発生しないことのほうがはるかに良い。まずは、ロスコントロールに徹底的に取り組むことである。ロスコントロールしてもなおかつ残るリスク(残余リスクという)をしっかり見極め、これに対して保険を付けるという姿勢が重要である。後者は、地域のビジネスが取組むべきリスクマネジメント(保険加入を含む)をプロの目でみて適切なアドバイスをしてもらうために必要である。

　地域のビジネスが検討すべき保険を具体的に見てみよう。リスクマネジメント手段として保険利用が最も有効なのは、3.の図表2のⅢに分類されるリスクであるため、これに該当するリスクを列挙してみよう。

　まずは、対人賠償事故などで高額賠償がありうる自動車リスクである。業務上使用する自動車について、自動車保険の少なくとも対人賠償と対物賠償の付保を考えておきたい。なお、いわゆる自賠責(自動車損害賠償責任保険)は強制保険であり必須である。次に、全焼して財産が全損に至る可能性がある火災リスクである。事務所、工場、店舗などを対象に火災保険の付保を考えておきたい。火災保険には、火災・落雷・破裂・爆発のみが補償される普通火災保険と、上記に加えて風ひょう雪災、車両等の飛び込み、盗難なども補償される総合型の保険がある。事務所や工場などに大きな損害を与える地震リスクも考えておかなければならない。いわゆる地震保険は住宅を対象としたものであるため、事業用の建物には地震拡担と呼ばれる火災保険の特約を利用することとなる。3つ目は対人・対物事故でどれだけ高額な損害が発生するかもしれない賠償リスクである。自動車によるもの以外の賠償リスクには一般賠償責任保険が用意されている。施設に起因

する事故を対象とする施設所有管理者賠償責任保険、請負作業に起因する事故を対象とする請負業者賠償責任保険、製品や完成作業に起因する事故を対象とする生産物賠償責任保険は中核的な賠償責任保険であり押さえておきたい。さらに、地域のビジネスでは社長の役割が大きく社長にもしものことがあれば経営自体が危うくなるところも多い。このような場合に検討すべきなのは、社長を被保険者とし会社を保険金受取人とする生命保険（経営者保険）である。

　特定のビジネスにだけ必要だったり、リスク分類Ⅲからは若干外れたりするかもしれないリスクに対応するその他の保険としては、図表3のようなものがある。

図表3　その他の保険

保険	補償内容
利　　益　　保　　険	建物等が火災損害を受けた場合の利益損害を補償
盗　　難　　保　　険	商品の盗難損害を補償
動　産　総　合　保　険	商品の破損・盗難損害を補償
昇　降　機　賠　償　保　険	エレベータ、エスカレータに起因する賠償損害を補償
受　託　者　賠　償　保　険	受託物の損害についての賠償損害を補償
自動車管理者賠償保険	受託自動車の損害についての賠償損害を補償
会　社　役　員　賠　償　保　険	会社役員として行った行為に起因する賠償損害を補償
労　災　総　合　保　険	従業員の業務上災害について、政府労災保険の上乗せとして、法定外補償や損害賠償による損害を補償
機　　械　　保　　険	機械の損害を新価で補償
組　　立　　保　　険	装置の据付工事、橋梁の組立工事等の損害を補償
建　設　工　事　保　険	各種建物の新築、改築、修繕工事の損害を補償
運　　送　　保　　険	海上輸送を伴わない貨物の損害を補償
船　　舶　　保　　険	船舶の損害を補償
貨　物　海　上　保　険	海上を輸送される貨物の損害を補償
傷　　害　　保　　険	従業員の福利厚生のための団体傷害保険
団　体　定　期　保　険	従業員の福利厚生のための団体定期保険（生命保険）

地域のビジネスは、信頼のできる保険代理店から保険の内容を十分説明してもらい、リスクマネジメント上の観点からその利用の有効性を見極めて保険加入することが重要であろう。

参考文献

大羽宏一編（2009）『消費者庁誕生で企業対応はこう変わる』日本経済新聞出版.
下和田功編（2004）『はじめて学ぶリスクと保険』有斐閣ブックス.

第III部
現状から見た長崎県のビジネス

長崎県造船企業の経営と競争力

経営学科　宮地　晃輔

1. 長崎県における造船業

　長崎県の造船業は、基幹産業として古くから長崎県経済を支えてきた。長崎県が2017（平成29）年3月に公表した『長崎県産業人材育成戦略』の中で、本県の強みとなる分野に「造船」と「観光」を掲げている（長崎県、2017:27-29）。長崎税関は、「2016年（平成28年）の船舶の輸出通関実績[金額シェア]で、長崎県が2004年（平成16年）以来12年ぶりに"全国第1位"となりました」と発表している（長崎税関調査部調査統計課, 2017:1）。

　今後も長崎県が元気でいるためには、造船業が強くなければならない。造船業とは船舶（以下、船と表現することもある）を建造する産業である。長崎県の造船業が強くあり続けるためには、造船関係者のみならず基幹産業としての造船業を今後も発展させるという強い思いが県全体に広がっていくことが必要である。

　日本は海洋大国であるため、船舶は経済そのものを支える社会的インフラ（必需品）の性質をもっている。食糧・穀物・エネルギー資源の輸入手段として船舶は不可欠であり、国内で生産される自動車等の工業製品の輸出手段においても同様である。いわば国民（県民・市民）の生活をささえる必需品としての船舶の多くを今後も長崎県内で製造（生産）・輸出することができれば、その効果として造船関連企業からの税収の増加や県内雇用の拡大等、県経済の基盤を支える一つの柱に造船業が引き続きなりえることになる。この点から、長崎県造船業の今後の

盛衰は同県経済に重要な影響を与えることになる。

　国内・海外の船主(船会社、海運会社等)から注文を受けて、船を建造して販売する事業を新造船事業とよんでいる。新造船事業は、船主からの注文を受けて船をつくるので受注生産ということになる。長崎県内で新造船事業を行う主要な造船企業として、県北地域の大島造船所(西海市)、佐世保重工業(佐世保市)、県南地域の三菱重工業長崎造船所(長崎市)がある。3社は、同じ船づくりでもそれぞれ異なった特徴をもつ新造船事業を行っている。

図表1 長崎県内主要造船企業3社(大島造船所・佐世保重工業・三菱重工業長崎造船所)

(出所)長崎県のホームページ、ながさき海洋・環境産業拠点特区について、https://www.pref.nagasaki.jp/bunrui/shigoto-sangyo/kogyo-kagakugijutsu/tokku-kogyo-kagakugijutsu/tokku1/、長崎県新産業創造課、2018(平成30)年10月9日、最終アクセス。

　長崎県の造船企業の競争国は中国と韓国であり、これまでも両国の造船企業との間で熾烈な受注競争を行ってきた。地域経済としての長崎県の衰退を回避(防止)するためには、県内造船企業が中国・韓国の造船企業との受注競争で優位に立てる力をもたなければならない。この力のことを競争力という。競争力とは、新造船の受注を獲得できる力のことである。つまり、長崎の造船企業のつくる船が、船主(顧客)から選ばれることが必要になる。

そこで、本章では第一に造船業の特徴および、つくりだす船舶の種類を説明する。第二に、長崎県の主要造船企業3社の概要を説明する。最後に長崎県の造船業が、将来に向けて競争力をもつには何が必要かについて説明をする。

2.造船業の特徴

　造船業の特徴として第一に、すそ野の広い産業であることがあげられる。新しく一隻の船をつくりだすためには、その船づくりに多くの企業（会社）や人材（設計者、作業者等）の力が必要になる。このことが造船業はすそ野が広い産業という意味である。くわしく述べると次のようになる。

　新しく船をつくる新造船事業では、造船企業が新造船のための受注を獲得するところからスタートする。長崎県の造船企業に対して船づくりを注文する顧客は、日本国内と海外の両方にいる。海外の顧客から受注することも多く、造船業はグローバル競争（国際的競争環境）のもとに事業活動を行っている。造船企業が受注を獲得した後に、船づくりが始まる。船づくりは、受注を獲得した造船企業だけで行うのではなく、地元協力企業や船舶機械・機器メーカー（サプライヤー：船に搭載されるエンジン・プロペラ・発電機などを提供する会社）が参加をして行う。例えば、佐世保地域で新造船事業を行っている佐世保重工業には、主要な協力企業として47社がいる[1]。つまり船づくりは、受注を獲得した造船企業だけではなく、それ以外の多くの企業が参加をして行われる。地元協力企業には造船企業から依頼を受けて、船をつくるための材料である鉄材（鋼材）の切断を行なったり、溶接をしたり、船体に塗装をする企業がある。

　大島造船所・佐世保重工業・三菱重工業長崎造船所といった造船企業の受注量が増えれば、地元協力企業と舶用機械・機器メーカーに仕事が回り（増えて）、これらの職場で働く人々（社員：従業員）に対する給与・賃金などの報酬も安定的に支払われることになる。また、ここで給与・賃金などの報酬を得た人々（家計）の多くは、長崎県内で消費（商品やサービスの購入）を行い、県内で良いお金の流れを生み出すことになる。この流れが長崎県経済をささえることになる。造船業のすそ野が

広いということは、造船業がある地域への影響力が強いということでもある。

3.船舶の種類

　造船企業の建造する船の種類には、「商船」、「艦船」がある。ここでは商船を中心に見ていくことにする。

　商船は客船と貨物船に大別することができる。客船には、「クルーズ船」、「カーフェリー」、「高速カーフェリー」、「高速客船」といった種類があり、貨物船には、「コンテナ船」、「タンカー」、「ばら積み船（穀物）」、「ばら積み船（鉱石・石炭）」、「ばら積み船（木材チップ）」、「プロダクトタンカー」、「LNG（Liquefied Natural Gas：液化天然ガス）船」、「LPG（Liquefied Petroleum Gas：液化石油ガス）船」、「重量物運搬船」、「モジュール輸送船」、「自動車運搬船」、「RORO貨物船（Roll-on Roll-off Ship）」、「冷蔵物・冷凍物運搬船」がある（池田良穂、2008：32-58）。

　これらの船舶の中で、現在、長崎県民に最も身近なものはクルーズ船であろう。その理由は、中国からを中心に、長崎港・佐世保港に頻繁にクルーズ船が入港・停泊しており、県民（市民）の目に触れる機会も多いからである。長崎県においては現在、クルーズ船はインバウンドの象徴である。クルーズ船が入港した際の歓迎行事や出港時のフェアウェル行事に参加した経験のある県民（市民）であれば、クルーズ船を間近に見た人も多いであろう。

　これまで述べてきた船舶の種類について、長崎県内の主要造船企業3社（大島造船所・佐世保重工業・三菱重工業長崎造船所）の建造実績のある船舶（商船・艦船）を含めて整理をしたものが図表2である。

図表2　船舶の種類と長崎県内主要造船企業3社の建造実績のある船舶

種類	詳　細		主要造船企業の建造実績のある船舶
商船	客船	クルーズ船 カーフェリー 高速客船	**（大島造船所）** ・ばら積み船（穀物） ・ばら積み船（鉱石・石炭）
	貨物船	コンテナ船 タンカー ばら積み船（穀物） ばら積み船（鉱石・石炭） ばら積み船（木材チップ） プロダクトタンカー LNG船 LPG船 重量物運搬船 モジュール輸送船 自動車運搬船 RORO貨物船(Roll-on Roll-off Ship) 冷蔵物・冷凍物運搬船	**（佐世保重工業）** ・タンカー ・ばら積み船（穀物） ・ばら積み船（鉱石・石炭） **（三菱重工業長崎造船所）** ・クルーズ客船（豪華客船） ・LNG船 ・LPG船 ・コンテナ船
艦船	海上自衛隊艦艇船等		**（三菱重工業長崎造船所）** ・護衛艦 ・潜水艦

（出所）池田良穂（2008：32-58）に依拠しながら筆者にて、加筆・修正を行った。

　長崎県内の主要造船企業3社の建造実績を見れば、新造船事業での船種（船の種類）が異なっていることがわかる。大島造船所は、ばら積み船（穀物・鉱石・石炭）に特化した建造を行っている。ばら積み貨物船のことをバルクキャリア（バルカー）という。大島造船所は、バルクキャリア専門の造船所といえる。佐世保重工業は、ばら積み貨物船を得意としながらタンカーの建造でも実績をあげている。三菱重工業長崎造船所では、クルーズ船・LNG船・LPG船・コンテナ船といった商船の建造を行ってきた。また、防衛関係である海上自衛隊の艦船の建造を行ってきた。

　長崎県内の主要造船企業3社の佐世保重工業・大島造船所・三菱重工業長崎造船所におけるそれぞれの経営の概要を見ていこう。

4. 長崎県内の主要造船企業3社における経営の概要

(1) 大島造船所

　大島造船所は、正式名称を株式会社大島造船所という。創業が1973(昭和48)年2月7日であり、長崎県西海市大島町に本社および工場がある。2016(平成28)年10月時点で、同造船所の従業員数は約1,300名、協力会社の従業員が約1,650名となっており、約3,000人の雇用を生み出している。大島造船所はバルクキャリア建造に特化する造船専業メーカーである。

　大島造船所は2017(平成29)年1月～12月の1年間に38隻の船を竣工(完成)させており、竣工隻数では同年度今治造船グループに次いで日本第2位の造船所となっていて、また、2016(平成28)年3月期の売上高は1,348億円となっている(海事プレス社、2018.4:26)。

　大島造船所はバルクキャリアを大量建造することで、船1隻あたりの建造コストを低減させることを重視している。つまり良い船を早く安くつくることに努力をしている。このことは、大島造船所の経営方針の中にある「超多数隻連続建造を推進。生産性世界一を目指しています」にも表れている(大島造船所、2016.10)。また、同造船所では大量建造のための方法として、1つのドックで4隻同時建造を行っている(大島造船所、2016.10)。

　大島造船所は、船をつくるための主要な設備であるゴライアスクレーンに、「地域と共に」、「明るい大島　強い大島　面白い大島」を表記している。これらの表記から理解できることは、大島造船所は西海市と一体になって発展していくという会社としての強い思いを持っている。大島造船所は、地域密着型でかつ世界に通用する造船会社を目指している。

　また大島造船所では、船づくりに必要な溶接作業の現場で女性が活躍している。船づくりの作業現場は圧倒的に男性が多い中、女性の活躍が台頭することは、今後の造船企業の競争力を考えた場合、必要性が高いものである。

（2）佐世保重工業

　佐世保重工業は、正式名称を佐世保重工業株式会社といい、通称をSSK（会社設立時の名称である佐世保船舶工業からきている）という。会社設立が1946（昭和21）年10月1日であり、長崎県佐世保市立神町に本社および工場がある。佐世保重工業は、旧佐世保海軍工廠より設備と技術を受け継いでいる。2017（平成29）年6月15日現在、資本金84億1,400万円、同造船所従業員数732名、協力会社であるSSK協力事業協同組合47社（構内部会28社、外注部会14社、納入部会5社）で約1,200名の従業員がおり、合計で約2,000名の雇用を生み出している。新造船事業では、最近は、バルクキャリア（ばら積み船）とタンカーを建造している。佐世保重工業も大島造船所と同様に、造船専業メーカーである。

　佐世保重工業は、2014（平成26）年10月1日より株式会社名村造船所（東証一部上場、以下：名村造船所）の完全子会社となっており、現在では名村造船所グループ（名村造船所・佐世保重工業・函館ドックで構成）に属している。名村造船所グループは、2017（平成29）年1月〜12月までの1年間で、新造船隻数26隻、竣工量124万総トンの実績を残しており、日本の造船所では第6位に位置している（海事プレス社, 2018.4：26）。

　佐世保重工業は、2018（平成30）年6月28日に竣工（完成）させた11万5千トン型タンカー（油送船MINERVA ZENOBIA）を、発注者に引き渡した。このタンカーは親会社の名村造船所が設計したものを、佐世保重工業で建造したものである。受注と設計は親会社の名村造船所が行い、建造は佐世保重工業が行うという役割分担のもとでの船づくりが今後も行われていくであろう。これが佐世保重工業の船づくりの特徴の一つである。

（3）三菱重工業長崎造船所

　総合重工企業である三菱重工業株式会社（以下：三菱重工）の造船事業の拠点となっているのが、三菱重工業長崎造船所である。三菱重工は、1884（明治17）年に創立され、この時に長崎造船所として造船事業を開始した。三菱重工は、2018

（平成30）年1月に造船事業を三菱造船と三菱重工船舶海洋に分社化している。

　三菱重工業長崎造船所の工場は、長崎市内に3ヵ所（飽の浦町・香焼町・幸町）、諫早市に1ヵ所（津久葉町）ある。同造船所は、これまで建造するうえで高度な技術を必要とするクルーズ客船（豪華客船）やLNG・LPG船といった高付加価値船に力を入れてきた。その理由として、船価競争（船の受注価格競争）に巻き込まれにくい船種（船の種類）を、主力の建造船として選択してきたことにある。

　また、三菱重工業長崎造船所は、艦船として護衛艦の受注・建造に力を入れてきた。艦船の新造は、国の防衛計画にもとづき行われる公共工事の性質を有している。すなわち艦船の新造は国民の税金を用いて行われる。例えば海上自衛隊艦船である護衛艦新造は年間1隻のペースで行われる。今後も同造船所では、護衛艦新造の受注獲得に努力をしていくであろう。

　三菱重工では2017（平成29）年以降、中手造船企業の今治造船所・大島造船所、準大手の名村造船所とのアライアンス（協力関係）を行って競争力を高めようとしている。三菱重工は、よい船を開発・設計できる能力が高いが、今治造船所・大島造船所・名村造船所は船を安く早くつくる能力が高い。新造船の設計は三菱重工が行い、建造は中手・準大手の造船所が行う形で競争力を高めるという考え方もある。このことは、総合重工大手の企業である三菱重工と造船専業メーカーである今治造船所・大島造船所・名村造船所が協力して、品質（Quality）の高い船を短い期間（時間、工期）で建造することで、競争相手である中国・韓国の造船企業に対抗していくという意味がある。特に三菱重工業長崎造船所と大島造船所および名村造船所の子会社である佐世保重工業は、長崎県内の造船所であることから三菱重工を軸としたアライアンス（協力関係）によって同県内造船企業の競争力を高めるための新たな取り組みが始まったといえる。

（4）まとめ

　長崎県内の主要造船企業である大島造船所・佐世保重工業・三菱重工業長崎造船所における経営の概要を述べてきた。これまで触れてこなかった内容を加

えたうえで、3社における経営の概要を整理したものが図表3である。

図表3 大島造船所・佐世保重工業・三菱重工業長崎造船所における経営の概要

造船企業	造船所概要	事業展開の特徴
大島造船所	・創業1973(昭和48)年2月7日 ・本社および工場所在地:長崎県西海市大島町 (2016(平成28)年10月現在) ・資本金56億円 ・従業員数約1,300名、協力会社従業員数約1,650名 ・2015年(平成27)年度は、年間40隻の船を竣工(完工)させた。	(大島造船所の経営方針—資料「株式会社大島造船所」2016(平成28)年10月より—) ・[地域と共に]をモットーに、長崎県の地場企業としてこの地で造船業を極めます。 ・経営精神は「大家族主義経営」で社員・家族を地域を社会を大事にします。 ・バルクキャリアに特化、深化し更に高付加価値船にも取り組んでいます。 ・超多数隻連続建造を推進。生産性世界一を目指します。 ・本業は「造船」ですが、鉄構・農産事業などにも積極的に取り組んでいます。 ・当社は「明るい大島 強い大島 面白い大島」を実現する。「特色ある世界造船所」を目指す。「小さな世界企業」を目指す。
佐世保重工業	・会社設立1946(昭和21)年10月1日 ・旧佐世保海軍工廠の設備、技術を受け継いでいる。 (2017(平成29)年6月15日現在) ・資本金84億1,400万円 ・従業員数約732名、協力会社(SSK協力事業協同組合:47社)従業員数約1,200名 ・2014(平成26)年10月1日より株式会社名村造船所(本社:大阪市、工場:佐賀県伊万里市、以下:名村造船所)の完全子会社となっており、現在では名村造船所グループ(名村造船所・佐世保重工業・函館ドックで構成)に属している。	・新造船事業では、最近は、バルクキャリア(ばら積み船)とタンカーを建造している。 ・2018(平成30)年6月28日に、親会社の名村造船所が設計し、佐世保重工業で竣工(完成)させた11万5千トン型タンカー(油送船MINERVA ZENOBIA)を、発注者に引き渡した。新造船の受注と設計は親会社の名村造船所が行い、建造は佐世保重工業が行うという役割分担のもとでの船づくりが行われた。 ・新造船事業以外では、商船・艦艇(艦船)・特殊船などの改造・修理を行う修繕船事業を行っている。 ・佐世保重工業と名村造船所(工場:佐賀県伊万里市)は、地理的に接近していることから両社の設備の使用・人材の配置を効果的に行うことで、受注の増加を目指している。

三菱重工業長崎造船所	・創立1884(明治17)年 ・工場は、長崎市内に3か所(飽の浦町・香焼町・幸町)、諫早市に1か所(津久葉町)ある。 ・三菱重工は、2018(平成30)年1月に造船事業を、三菱造船と三菱重工船舶海洋に分社化している。	・新造船事業では、高度な技術を必要とするクルーズ客船(豪華客船)やLNG・LPG船といった高付加価値船に力を入れてきた。 ・艦船として護衛艦の受注・建造に力を入れてきた。今後も護衛艦新造の受注獲得に努力をしていくことが予想される。 ・2017(平成29)年以降、中手造船企業の今治造船所・大島造船所、準大手の名村造船所とのアライアンス(協力関係)を行って、競争力を高めようとしている。

(出所) 2016(平成28)年12月15日株式会社大島造船所訪問時における資料「株式会社大島造船所—地域と共に—」2016(平成28)年10月他、筆者聞き取り調査により作成した。

5. 長崎県の造船業が将来に向けて競争力をもつには何が必要か?

　長崎県の造船業が強くあるためには、つまり将来に向けて競争力をもつには何が必要かについて考えてみよう。長崎県の造船業が強いことの最大の意味は、同県内の造船企業の新造船受注力が高いということである。中国および韓国の造船企業との競争に優位に立てる受注力があれば、受注隻数を増加させることができる。受注隻数の増加は、船をつくる機会が増えることである。長崎県の造船企業が新造船の受注を増やし、同県内でつくる船の隻数を増やせば、人材が集まり、船づくりでの技術が向上し、技能を温存することができる。

　競争力(受注力)を高めるためには、新造船の発注者である海運会社などの船主のニーズに対応した船舶の設計を、スピード感をもって顧客(船主、海運会社)に提示できるかどうかが鍵になる。したがって、造船企業には高い能力をもつ設計人材が必要になる。

　競争力(受注力)を高めるためには、自らが製造(生産)する船に対する顧客(船主、海運会社)の信頼がなければならない。このためには日常より、高い品質(quality)の船舶を建造すること、そのために高い技術・技能を備えた人材を確保・育成できること、生産計画に基づいた計画どおりの船づくりができること、新造船の発注者である船主に対する交渉力があることを実現しなければならない。これらの要素

はすべて、長崎県の造船業が将来に向けて競争力をもつために必要なことである。また、これらの要素を高いレベルで実現していくのは人材の力である。

　これまで述べてきたとおり、造船業はすそ野が広い産業である。長崎県も「造船業は、造船所・造船会社だけではなく、多くの関連事業者の協働によって成り立つ重厚長大型の加工組立産業であることから、造船関連事業者の集積による産業クラスタが既に形成されており、基幹製造業の中核として地域経済に大きな存在感、影響力を有している」(長崎県2017、27頁)と説明を行っている。長崎県のこの説明からも、将来に向けて長崎県の造船業が競争力(受注力)をもつためには、同県内の造船企業・地元協力企業・舶用機械・機器メーカーなどの企業(組織)の垣根を越えて、新造船事業に関わるすべての関係企業(組織)の人材確保・育成を計画的・戦略的に行っていかなければならない。

　いまもなお、世界の人口は増え続けている。世界の人口増加を背景に、穀物などの食糧、鉱石・石炭などの資源に対する物流は今後も必要であり、モノを運ぶ船に対する需要が失われることもない。今後も船は必要とされるのである。問題なのはその必要な船を将来にわたり誰がつくるのかなのである。

　本格的な人口減少時代を迎えた日本社会において、船づくりの現場をささえる人材の確保と育成は簡単なことではない。これまで、男性が多かった船づくりの現場で、今後は多くの女性が活躍できるように、造船現場における職場環境の整備が緊急の課題になっている。長崎県の造船業が将来に向けて競争力をもつために、造船業においても女性活躍推進を本格的に検討する必要がある。

付記

本稿は、科学研究費補助金基盤研究費(B):研究課題番号16H03679、研究代表者:國部克彦(神戸大学)、研究分担者:澤邉紀生(京都大学)・松嶋登(神戸大学)・宮地晃輔(長崎県立大学)他8名の成果の一部である。

謝辞

　一般社団法人日本中小型造船工業会事務局長の相本伸幸様に、造船人材育成のテーマを中心に2度（2017（平成29）年3月31日および同年9月4日）にわたるインタビュー調査をお引き受け頂き、今後の造船人材の方向性にご示唆を頂きました。また、ダイハツディーゼル四国常勤顧問管理部長の白石俊郎様並びに同社相談役の内野晴行様には今治地域の造船業について多くのご示唆を頂きました。この場をお借り致しまして御礼を申し上げます。

注

1　佐世保重工業の船づくりに参加をする地元の協力企業の集まりにSSK協力事業協同組合がある。SSK協力事業協同組合には47社の企業が参加している。

参考文献

池田良穂（2008）『船の最新知識　タンカーの燃費をよくする最新技術とは？驚きの方法で曲がる「舵のない船」とは？』SBクリエイティブ.

大島造船所（2016）「株式会社大島造船所―地域と共に―」平成28年10月.

海事プレス社（2018）『海事プレス増刊号SEA JAPAN 2018』平成30年4月.

国土交通省海事局（2017）「資料2-1 造船市場の現状」平成29年12月.

長崎県（2017）『長崎県産業人材育成戦略　平成29年3月』長崎県産業労働部産業政策課.

長崎県のホームページ（2018）「ながさき海洋・環境産業拠点特区について」, https://www.pref.nagasaki.jp/bunrui/shigoto-sangyo/kogyo-kagakugijutsu/tokku-kogyo-kagakugijutsu/tokku1/, 長崎県新産業創造課, 2018（平成30）年10月9日最終アクセス.

長崎税関調査部調査統計課（2017）「特集2016年　船舶の輸出―長崎県が"全国第1位"―」平成29年3月22日.

佐世保における商店街アクティベーションの概況

経営学科　馬場　晋一

1. シャッター通りのアーケード街

　現在、シャッター通りと呼ばれる中心市街地などの商店街が増え、約1万2,000ある全国の商店街も、1年間に約200が消滅しているという。商店街の空き店舗率も6.87％（1995年）から8.98％（2006年）へと上昇している。地域によっては50％の空き店舗率を超える場所もざらにある。なぜこのようなシャッター通りと呼ばれる中心市街地が増えたのか。それは、「地域産業空間のさまざまな機能・役割」という概念を無視して、いきすぎた市場原則を推し進めたことと商業空間の観光地としての価値を軽視しすぎたことが大きな原因と言える。

　シャッター通りの存在は、単なる人口減少や過疎化とった形式的な問題だけが議論されているわけではない。地方都市の「コンパクトシティ」化の失敗例として、しばしば語られる。その失敗の多くは、都市機能の合理化により、居住地と商業地の区別の厳格化によって、買いやすさや身近さといった消費者心理との乖離（心離れ）が原因であり、それは売り手と買い手の「心」を無視した地域再生の取り組みとして地域の商工業者に警鐘を鳴らす。

　本稿が取り上げる佐世保市は造船および港湾の町として有名だが、第3次産業比率が高く、「商業の町」といえる。観光人口は400万人／年であり、ハウステンボス、九十九島の観光資源を持つ。また、国の「エコツーリズム」指定13都市のうちのひとつである。佐世保市は平地が少ないため主要な産業集積は中心部の

市街地「まちなか」に集約されており、国が現在進めている「コンパクトシティ」構想を先取りした街並みである。

　しかし、地域活性の取り組みのためには、消費者目線の企画、地域のニーズに根差した信頼関係の構築、およびPR活動が必要となる。商店街を構成する企業(enterprise)は、多くは自営業者であり、文字通り中小企業(SMEs：Small medium enterprises)であって、会社(company)ではない。その事業は、十分に合理化と組織化が進んだ現代の大企業の活動とは、多くの部分で異なる。それは、オーナー店主が自ら創業、または代々で経営し、常連客との信頼関係もとに営業活動を行い、地域と密接に関係を構築しながら日々の事業(business)を営む性質のものである。

　そうした自営業者の組合により構成された佐世保の商店街は、四ヶ町、三ヶ町とJR佐世保駅からやや離れた旧市街地にあり、佐世保の市街地「まちなか」の中心に位置する商店街である。JR佐世保駅方面から入口に入ると比較的昔から経営している店舗が立ち並び、本島町付近から島瀬町付近までファッションビル、書店、雑貨店、レストラン、ファストフード、カフェ、その他各種の専門店が並ぶ。

　佐世保駅から市役所までの直線ルートに位置する佐世保の中心街であり、四ヶ町および三ヶ町は、アーケードでつながっており、その長さ960m、店舗は約200店舗が軒を並べる。

　この佐世保のアーケードは「屋根が続いているアーケード」という意味で日本一の規模である。中心市街地の一つである島瀬町にはイオンが営業している。しかし、空きテナントは大小60店舗あまり存在し、若者の都会進出や街の過疎化に繋がっている。佐世保市は、目下、少子高齢化に悩まされる街の一つであり、若者を佐世保に引き留めておくための対策が、商店街の衰退防止のために急務であるといえる。

　また、交通アクセスの利便性については、佐世保市内の交通機関の利用料金はやや高額である。公共交通機関を利用する人も少なくなり、料金を上げざるを得なくなっているのだろう。市街地には駐車場が目立つ。またバスも遠回りをして

市街地へ向かうため、時間がかかってしまう。そうした状況から佐世保市街地へのアクセスは自家用車が主流である。こうした中、人口減少に歯止めをかけ、空き家、空き店舗の充足を狙い、佐世保の商店街の活性化を先導する人材や自助努力の不足が挙げられる。佐世保の商店街には、「まち元気向上委員会」というものがある。まち元気向上委員会とは、福岡に本拠を置くトラストパーク株式会社がCSR活動としてスポンサーとなり、市と協力する形で、三ヶ町、四ヶ町、させぼ五番街、戸尾町商店街、佐世保商工会議所、長崎県立大学、長崎国際大学から集った委員により構成されている委員会である。佐世保の中心市街地を盛り上げようということできた。まち元気協議会が出来たのちに、「まち元気プラン」が作成されそのプランを実行する委員会である。筆者および、県立大学の学生も、その一員となり、SASEBOまちなかスタンプラリーと土曜夜市のイベントの開催にあたり中心となって活動させていただいた。筆者が、この委員会の集まりで感じたことがある。それは、「佐世保の街を本気で変えよう、変えたい！」という気持ちである。

　また、委員会の運営そのものについても、さまざまな問題もあるが、その一つは、委員の高齢化である。運営委員会では年々若者が減り、委員会のひとたちの高齢化も進みなかなか活動するのが難しくなっている。その点を考慮し、SASEBOまちなかスタンプラリーは、「まち元気向上委員会」の新組織が中心的な役割を担い、その実行メンバーの若返りが図られた。委員の若返りにより、佐世保市の市民全員が当事者意識をもって、地域活性化に対する自覚を持ち、少しずつ、一歩ずつ確実に改善して活気ある街を取り戻せたらいい。これらの行政、商工業者による組合、株式会社としての民間企業、および学生による「産官学民」が一体化した委員会が織りなす、地域活性のPDCAの一連の取り組みを、仮に本稿で「アクティベーションモデル」とし、そのモデルの実際の成果をまとめるのが、本稿の目的である。

2. SASEBOまちなかスタンプラリー

(1) SASEBOまちなかスタンプラリーというイベントについて

　佐世保の商店街の活性化のモデルを考えるため、長崎県立大学の経営学科の学生と筆者は、滞在時間の延長、つまり、できる限り長く、商店街を周遊し、ショッピングやスポット散策が可能になるようなイベントの企画に努めた。

　当イベントは、2015（平成27）年から始まっているイベントであるが、2017（平成29）年度より、筆者と県立大学の経営学科が、プロモーション活動に参画することになった。主な活動は、協賛企業の獲得とイベントの企画である。

　活動のきっかけは、佐世保の街中の商店街の買い物客が減少したことである。理由として1つ目に、近年よく耳にするようになった「少子高齢化」がある。日本全体からみても少子高齢化は分かるが、特に大都会ではない佐世保市では少子高齢化の影響を受け、人口が減少している。2つ目に、郊外型商業施設の出店である。商店街に足を運ばずに商業施設へと顧客が流れていったのが原因である。こういったまちの課題をまちの価値に変えようということからできた「SASEBO町元気協議会」が、2014年10月に「まち元気計画」を策定し、まちなか・商店街の賑わい、元気さを維持向上させるべく取り組んでいる事業の1つとして当イベントが存在している。私たちのような地元の大学生、四ケ町商店街、三ケ町商店街などの佐世保の中心市街地の方々と協働でこのイベントを実施している。

　イベントの内容としては、四ケ町商店街、三ケ町商店街、戸尾商店街、五番街、えきマチ一丁目などの商店街に設置された7ヵ所のチェックポイントを回ってシールをもらうというものである。そのシールをもらうためには7ヵ所それぞれにある問題を解かなければならない。

　チェックポイントで出題される問題は、各チェックポイント付近にちなんだクイズ形式の内容となっており、実際に参加者が行ってみなければわからない内容になっている。

　参加者が、その地点に行くことによって、まだ知らなかった佐世保の魅力というものを知ってもらうことになる。

7ヵ所全て周回し終えた参加者には、「コンプリート賞」を進呈し、佐世保バーガーやソフトクリームなどの景品が必ず1つもらうことができる。また、周回に至らなかったとしても、ランチクーポンといって商店街の中にあるお店の割引券がもらえ、ガラポン抽選会という抽選会に参加することも可能となった。さまざまな企業から協賛金をいただき、また新聞やテレビなどといったマスメディアにも注目されるこのイベントは、佐世保のまちに賑わいをもたらすきっかけとなっている。毎年、周遊時間を延長させるためにはどうしたらいいのか、まちの魅力を発信するためにはどういったクイズを出したらいいのかといったことを前回の反省をもとに工夫を凝らしながら取り組んでいる。

(2) 学生による広報活動について

本学の学生の企画によるスタンプラリーの活動においては、イベントの企画部分において、とりわけ、広報の企画活動および、イベントの運営を中心に行ってきた。地元のテレビ局、ケーブルテレビでのPR活動を中心に実施し、協賛企業の獲得に努めた。約60社の地元企業、金融機関への営業活動と広報に努めた。

広報活動とはパブリックリレーションズ（public relations）を指す。PRと略して言われることが多い。国・企業・団体などの組織体または個人が、市民に対して情報を伝搬し、情報や意見を受け入れることを指す。自身に対して理解や信頼を獲得しようとする目的で行われる概念である。しかし、これはあくまで一般的な解釈としての意味であり、企業の広報活動における目的や考えはさまざまであり、また、その活動内容も企業によって大きく異なるが、その目的は、「社会とのコミュニケーション」を改善し、ステークホルダーが望む方向に向かって戦略を練り、判断することが企業経営である。

広報活動はそうした実態の改善の成果を発表して社会の反応を見極め、企業はさらなる改善に取り組み続けなければならない。つまり、メディアに報せる武器として、その特性やテーマに合わせて情報を加工している。一般紙は広い範囲に情報を届けてくれる大砲のような役割であり、ブロック紙や県紙は中距離砲、業界

紙はピストルのように小さな的を射抜くようなものである。これらの例を見て、広報とは必要な情報を必要な範囲に発信し、社会の反応を見極めて改善をする必要があるということがわかる。

目下、県立大学の学生は、これらアーケード街の活性化のために、当イベントの広報活動として、web媒体の活用を行った。

ネット広告は低予算、ターゲティング、効果測定という3つのポイントがある。ま

図表1　第4回 SASEBOまちなかスタンプラリーでの参加者アンケート

アンケートのご記入をお願いします。該当する□にチェックをお願いします。

ご家族で小さなお子様と一緒に回られた場合は、保護者の方一名のご記入でお願いします。
エントリーNo.

Q1 当イベントをどうやって知りましたか？
□テレビ　□ラジオ　□新聞　□雑誌　□チラシ　□ポスター　□広報させぼ
　　　　　　　　　　　　　　　　　　　　　　　（市政だより）
□ホームページ　□Facebook　□Twitter　□メール　□知人・家族の紹介　□その他

Q2 本日まちなかへ来た目的は何ですか？
□当イベント　□ショッピング　□食事　□映画　□学校・習い事　□仕事
□観光・レジャー　□その他

Q3 本日まちなかへ何で来られましたか？
□自家用車　□タクシー　□バス　□JR　□松浦鉄道　□自転車・バイク　□徒歩

Q4 気になったお店はありましたか？（ はい ・ いいえ ）Was there a interested store?
→はいと答えた方へお聞きします。I will ask the person who answered yes.
それはどんなお店でしたか？ What kind of store was that?
（　　　　　　　　　　　　　　　　）
例）スイーツがおいしいお店　等

Q5 まちなかにあったらいいなと思えるお店があればご記入ください。
What kind of store do you think there should be?
（　　　　　　　　　　　　　　　　　　　　）

当イベントに参加して
いかがでしたか？　□とても満足　□満足　□どちらともいえない　□不満　□とても不満

ご意見やご感想をお聞かせください。

性別　男性　女性
年齢　□10代未満　□10代　□20代　□30代　□40代　□50代　□60代　□70代以上
お住まいの地域　□市北　□中央　□市南　□市外
参加機器　□うちわ型　□スマートフォン型
参加人数　大人　　人　子供　　人
参加者　□家族　□親戚　□友達　□恋人　□知人　□取引先　□その他

アンケートのご記入ありがとうございました。またまちなかに遊び来てください♪

ず、低予算というものは実際に私たちが行った専用アカウントを作りそこで広告をするということや、大手サイトのバナー広告などでも数千円から始めることが出来る。次にターゲティングはターゲットとする潜在的顧客に対し、広告を出稿できるということである。最後の効果測定は広告をユーザーが見て、そのサイトにどれだけアクセスしたのかが素早く理解できるようになっているというものである。ネット広告はバナー広告や検索連動型広告、PPC広告などさまざまな種類があり、予算やターゲットをしっかりと見定めて活用する必要がある。

　また、イベントの完成度を高めるため、市民の参加者からのアンケートを取集し、PDCAサイクルの充実に努めた。

（3）結果（データ・数値・アンケート結果）

　各会場スタートごとの回遊時間平均は三ヶ町では松浦公園会場が2時間45分、佐世保玉屋会場が2時間43分、四ヶ町では佐賀銀行前会場が2時間29分、京町くっけん広場会場が2時間38分、戸尾商店街会場が2時間36分、えきマチ1丁目会場が2時間39分、させぼ五番街会場が2時間31分となった。そしてイベント中全体の参加者の市街地滞在時間は2時間40分となった。

　今年度のSASEBOまちなかスタンプラリーの目標は、商店街の周辺での参加者の滞在時間の延長である。

　これに関しては、例年と比較し、今年度は当初の目標であった平均回遊時間2時間30分を大きく上回る結果となった。

次に、私たちがイベントに参加した人に、イベントや佐世保のまちなかに関するアンケート調査を行った際のアンケート結果である。結果は、以下のとおりである。

　これは、今回のイベントの参加者の満足度を表す表とグラフである。昨年に比

図表2　参加者の満足度

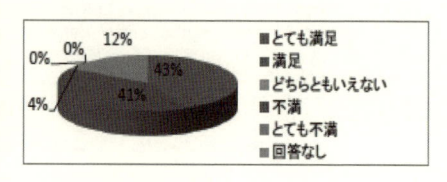

	2017年		2018年	
とても満足	251名	46.8%	250名	42.8%
満足	223名	41.6%	238名	40.8%
どちらともいえない	10名	1.9%	25名	4.3%
不満	2名	0.4%	0名	0.0%
とても不満	0名	0.0%	0名	0.0%
回答なし	50名	9.3%	71名	12.2%
	536名	100%	584名	100%

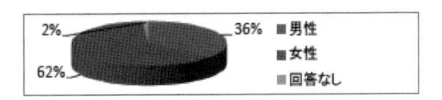

図表3　H30年　SASEBOスタンプラリー参加者の属性（年齢·性別）

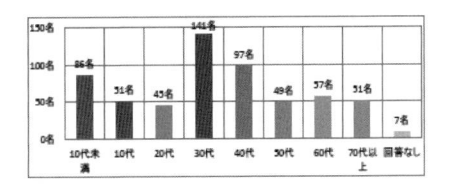

べ、満足以上の回答者の割合が減少しているのがわかる。しかし、それでも8割以上の参加者から、「とても満足」、あるいは、「満足」という回答を得た。

　アンケートの回答数は、584名と、昨年より48名増えた。性別で見ると、女性が多く、年代で見ると30代が多い。このことから主婦層の参加が多いという分析ができる。反対に、10代、20代の若者層の参加者が前回と同様、少ないことがわかる。

　続いて、参加人数の構成は、一番多いのは、大人2名の参加であり、次に多い

図表4-1　H30年　SASEBOスタンプラリー参加者の属性（サマリー）

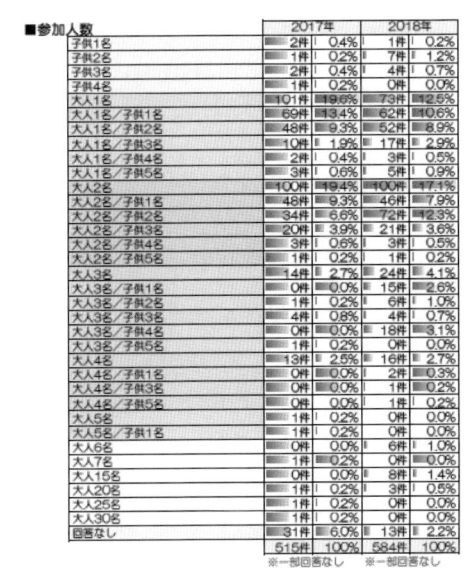

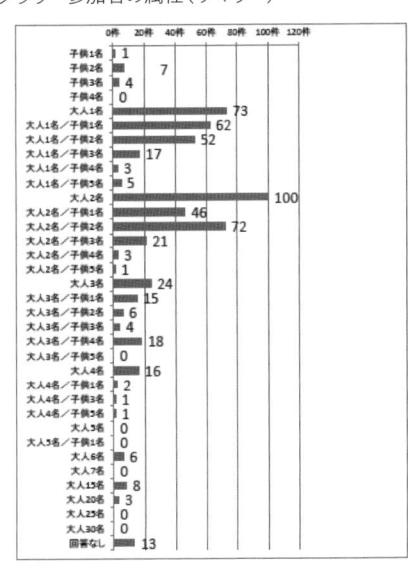

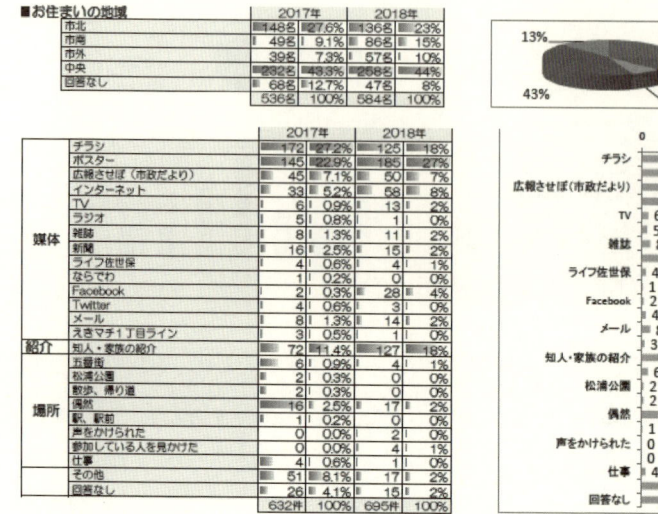
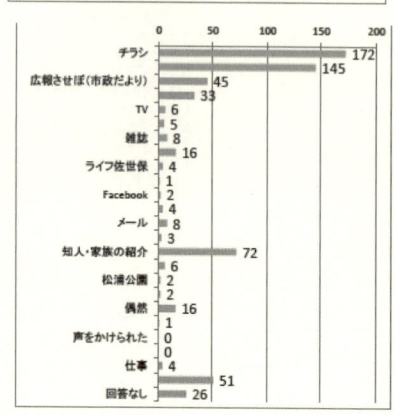

図表4-2　H30年　SASEBOスタンプラリー参加者の属性（サマリー）

のは大人1名、続いて、大人と子供の複数ずつの構成が多かった。その多くは、家族層だとみられる。家族での参加は前回同様一番多いが、前回より100名弱の参加者が増加している。

　参加者に、商店街を訪れた目的を尋ねたところ、当イベント目的で来られた方が多かったが、ショッピングをされるついでに当イベントに参加された方も20.3％、140名となった。

　地域活性化において最も重要となるのは地域に住む住民と店舗の心の距離、信頼関係が第一である。

　しかし、地域の中で企業が信頼を得るのはコストも資金も必要である。また、小規模事業の経営者は資金が脆弱であり、これらの人々だけでは活性化をすることはかなり労力と資金がかかる。そこで、商店街全体として、行政、商工会議所、民間企業、また、本学のような研究機関、学生と多方面にわたり、周囲の企業と協力することで、各々の負担は軽減され、地元企業にとっても、顧客との信頼維持を目的としたイベントの実施、CSR活動につながるような形が生まれメリットは多いと考える。地域に人を呼び込み、賑わいが生まれる可能性がある。

佐世保の市街地「まちなか」で行われる地域活性化イベントスタンプラリーの最終目的は、佐世保の「まちなか」への来客を増やし、その顧客を継続して獲得することである。これを実現するために、まずはイベントを継続して開催することが必要である。一回のイベント開催は、一時的な顧客増加に過ぎないが、続けることにより商店街の人々は、顧客とのコミュニケーションを重ねて図ることができ、信頼関係を築いていくことができるだろうと考える。顧客との信頼関係は、リピーターを増やすだけでなく、口コミで他地域に知名度を広げるメリットも生まれる。ただ、今回のイベントには未だ多くの課題が存在している。その課題はその都度発見し、改善され、継続される必要がある。

図表5　佐世保市街地「まちなか」の滞在目的

	2016年		2017年		2018年	
当イベント	522	55.7%	381	60.5%	444	64.5%
ショッピング	124	15.6%	103	16.3%	140	20.3%
食事	52	6.5%	46	7.3%	49	7.1%
映画	10	1.3%	3	0.5%	5	0.7%
学校・習い事	1	0.1%	14	2.2%	6	0.9%
仕事	4	0.5%	6	1.0%	3	0.4%
観光・レジャー	35	4.4%	10	1.6%	17	2.5%
ウォーキング	3	0.4%	5	0.8%	0	0.0%
その他	30	3.8%	39	6.2%	14	2.0%
回答なし	14	1.8%	23	3.7%	10	1.5%
	795件	100%	630件	100%	688件	100%

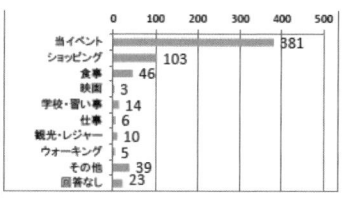

■本日まちなかへ何で来られましたか

	2016年		2017年		2018年	
自家用車	319	46.2%	216	40.3%	292	50%
タクシー	2	0.3%	3	0.6%	0	0%
バス	129	18.7%	95	17.7%	83	14%
JR	20	2.9%	8	1.5%	10	2%
松浦鉄道	7	1.0%	9	1.7%	4	1%
自転車・バイク	6	0.9%	12	2.2%	6	1%
徒歩	183	26.5%	162	30.2%	177	30%
回答なし	25	3.6%	31	5.8%	12	2%
	691件	100%	536件	100%	584件	100%

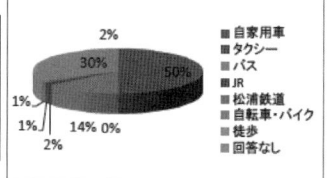

（出所）トラストパーク株式会社「まちなかウォーキングスタンプラリー(参加者アンケート)」より筆者作成。

　アンケート調査により、今回の当イベントの良かった点、改善点が見えてきた。参加者へのアンケートの実施は、直接参加者の声が聞けるため、今後のイベントをよりよく改善し、継続するためにも、効果的なものであると考える。

3.まとめとして

　今回の活動およびレポート作成を踏まえて、まず第1節では、商店街を中心としたアクティベーションモデルの一つとして、SASEBOスタンプラリーを取り上げた。
　地域活性化を図るには、地域住民の地域をより良い方向に変えたいという志

が最も重要である。そもそも地域活性化は2つの分類に分けることができ、今回、私たちが加わったイベントの型は、地域密着型というものである。それは、過疎化の街と顧客の関係を築き、結びつきを強くし、地域の賑わいを図るものである。地域密着型での地域活性化は、店主と顧客という小さい関係から始まるために、テレビやマスコミからの発信が少ないため、地域外への宣伝・広告が難しい。そこで、地域内で拡散し、その街の住民にその街のイベントに来てもらうかが重要となる。

　その街が賑わうことで、地域住民の口コミが広がるだけでなく、そこの地域のメディアが注目し、外部へ発信する可能性があるからだ。小さな信頼関係が重なることによって、街に人は増え、次第に地域の賑わいや、経済効果は上昇すると考える。結果として地域活性化において、まずは、地域の人の行動が必要不可欠であると考える。その点、今後はクラウドファンディングの活用等による資金調達は有効な手段の一つと考えられる。

　末筆であるが、このような地域活性の取り組みに参画させていただいている経験は、筆者にとって大変に有意義であり、当活動の実施に当たり、ご協力いただいている関係各位に改めて感謝の意を表するものである。

参考文献

足立基浩(2010)『シャッター通り再生計画』ミネルヴァ書房.

土肥健夫(2010)『地域商店街活性化マニュアル』同友館.

高瀬武典・萩尾千里(2007)「関西活性化と組織の自律性」関西大学経済・政治研究所関西活性化研究班編『社会変動と関西活性化』関西大学経済・政治研究所.

久繁哲之介(2012)『コミュニティが顧客を連れてくる』商業界.

第IV部
グローバル化の中でのビジネス

中小企業の海外進出の現在(いま)を読み解く[1]
―九州中小企業経営者へのインタビュー調査を通して―

国際経営学科　江崎　康弘

　総人口、生産年齢人口の減少と少子高齢化の加速が併行して進む国内市場では、市場規模が縮小に向かっている。国立社会保障・人口問題研究所調査の人口統計資料2017によると2016年の人口は約1億2600万人だが、2055年には約9700万人、つまり2900万人も人口が減少することが予想されている。さらに、約9700万人のなかで39％の約3800万人が65歳以上の高齢者となり、労働力の低下と人口減が同時に発生し、国内市場の縮小は避けがたい事象となっている。

　一方、新興国諸国、中国、そして今後はとくにASEANでは、人口増とともに急速な経済成長が予測され、市場性が期待されている。人口減少および高齢化率が顕著な地方に取って、グローバル化が地方経済創生の鍵を握っていると言っても過言ではない。本稿では、中小企業を中心に海外事業進出の課題をあげるとともに、海外進出に積極的に取り組んでいる九州の中小企業数社の経営幹部および長崎県の関連行政機関へのインタビュー調査を通して、中小企業の海外進出の成功の鍵へのインプリケーション(含意、予測)を提示することを目的とする。

1. 現状認識

　日本貿易振興機構(ジェトロ)では、同機関のサービス利用企業約1万社を対象にアンケート調査を実施した。当該結果は「2017年度日本企業の海外事業展開に関するアンケート調査結果」としてまとめられているが、中小企業の中国や

ASEAN諸国などアジア地域への進出意欲が高いことが当該結果に示されている。一方、バンコクの日本貿易振興機構（ジェトロ）や邦銀などの関係者からのヒアリングでは、進出する中小規模企業も確かに多いが、撤退する中小企業も相当数になっている[2]（図表1）。

図表1　タイの日本食レストランの出店数・閉店数推移

2015年度	バンコク					地方				
業種／業態	前年計	新開店	退閉店	本年計	本年比	前年計	新開店	退閉店	本年計	本年比
日本食	361	61	31	391	108.3%	227	67	32	292	113.6%
すき／しゃぶ	142	28	18	152	107%	159	57	30	186	117%
ラーメン／中華	208	37	32	213	102.4%	103	26	13	116	112.6%
焼鳥／居酒屋	194	43	12	225	116%	38	3	5	36	94.7%
焼肉／BBQ	123	41	13	151	122.8%	53	33	11	75	141.5%
寿司／海鮮	79	12	8	83	105.1%	7	1	3	5	71.4%
Hotel内和食	53	1	1	53	100%	26	–	2	24	92.3%
洋食／パスタ／バーガ	73	8	18	63	86.3%	10	0	2	8	80%
牛丼／天丼／豚丼	36	4	2	38	105.6%	4	15	0	19	475%
豚カツ／天ぷら	40	15	5	50	125%	2	2	0	4	200%
蕎麦／うどん	36	18	13	41	113.9%	5	5	2	8	160%
喫茶珈琲／ケーキ	27	20	4	43	159.3%	2	1	0	3	150%
カレー／オムライス	35	6	4	37	105.7%	6	1	3	4	66.7%
鉄板／お好み焼き	25	7	6	26	104%	5	0	1	4	80%
宅า配専業	11	2	–	13	118.2%	1	–	–	1	100%
総合計	1443	303	167	1579	109.4%	648	211	104	785	115.8%

日本食レストラン海外普及推進機構（ＪＲＯ）調べ

（出所）http://sabaijaicons.com/restaurantbussiness.html

2.中小企業の海外進出の課題

　海外進出が大企業だけのものと思われていた時代が終焉し、中小企業も海外直接投資を伴った海外進出を加速してきている。これは、Digima(2017)によれば、中小企業の経営者において、

①インターネットの普及で、海外企業から商品に関する照会を直接受けることが増え、国内市場一辺倒から海外市場に関心を抱きはじめた。

②停滞する国内市場の不安や懸念から海外市場に活路を見出したい。

③アジアマーケットが熱いと聴き及び、自社もぜひそのマーケットで勝負をしたい。

④商社や代理店を通じて、海外へ商品を販売しているが、思うように売れない。

などの考えを持つようになったことが大きな要因であるとしている。

　しかし、丹下・金子(2015)および帝国データバンク[3]によると、海外進出する日本企業の約4割は進出先でうまくいかず撤退を考えている。ASEANの邦銀やコン

サルタント事務所からは、日本企業が現地の商習慣に対応できなかったことが本質的な問題であるとの指摘を受けたが、そのヒアリング内容と2018年4月に佐世保で開催した地元企業を対象とした海外進出セミナーでのアンケート結果より、中小企業の海外進出の課題として次のとおり整理した。

(1) 現地情報

中国やASEAN諸国では、法規制、税制や外貨規制などが地域・都市間で相違があり、また相手国の事情で頻繁に変更されることがある。法律条文に英文がなく、さらに判例が明文化されておらず、政府や行政の主張が都度変化するのである。

すべての情報を事前に集めることは現実的ではないが、それでも進出予定国やその近隣国、さらには地政学などの世界情勢を調べるのは海外進出を成功裡に導くために必要不可欠なことである。

(2) 商習慣

海外は日本とは異なる国や地域であり、日本での商習慣をそのまま持ち込んでも通用しない。国が異なるということは文化、宗教や人種が異なり、そして商習慣も異なるのである。特に、宗教の問題が大きく、イスラム教では「ハラル」という宗教上の規制があることが知られている。加えて、「日本製品は品質が良く、メイドインジャパンは売れる」という考えもリスクがある。何を販売するかを検討する際には、販売予定先の現地市場を十分調査することは当然である。

さらに、海外へ進出する際は現地人の雇用が伴うが、その場合、現地人への理解が重要となる。新興国では、会社への忠誠心が低く、転職を繰り返すことも日常茶飯事である。単一民族、単一言語、単一国家である日本が世界の中では例外であり、日本の常識が世界の非常識ともいえる。

（3）人材

　海外進出には、多くの有意な情報に加えて資金や人材が必要となる。現地での会社設立のノウハウ、法規制や税制の知識、市場調査から販路拡大・確保などのマーケティング、そして中国やASEANでは英語を話せる人材は限られており、現地顧客や従業員との間で言葉の壁を越えて円滑なコミュニケーションを図るには現地語（中国語—北京語、広東語、タイ語やベトナム語など）が話せる人材の確保が必須となる。

（4）現地パートナー

　川端(2014)によれば、中小企業は経営規模が小さく経営資源（資金、人材、ノウハウ）の制約が大きく単独での海外展開は非常に困難である。このため、中小企業の海外進出では、現地に精通する最適なパートナーを見つけることが何よりも重要である。

3.事例研究

（1）重光産業

　中国で最も成功している日本の外食チェーンが、味千ラーメンのブランドを持ち熊本に本社を置く重光産業である。国内市場が停滞するなか、同社はいち早く海外展開を図り成功している。2019年1月現在の世界店舗数は840店であり、うち国内76店、海外に中国661店、東南アジア40店、米国・豪州32店など764店となっている。同社の成功要因として、以下の点をあげることができる。

①**現地に任せる経営**:食習慣やマーケティングなどの現地事情は、現地の人が一番精通しているとして、経営は現地に任せ、日本の本社は味を守る、ブランドを守るなどの管理に専念している。

②**現地のニーズをつかむ**:「食を通じて文化交流の実現」を目指し、熊本の伝統の味を守りつつ、現地の食文化に合致したメニューの開発を行った。

③**利益を過分に追及せず**:一定額のロイヤリティを本社に納めると、残りは現地の

オーナーの手元に残る仕組みを採用している。

(2) 協和機電工業

写真1.浄水装置
(出所)K-RIP(九州エネルギー産業推進機構)提供。

長崎市に本社を置く海水淡水化をコアとする水処理プラント企業で、2014年度実績は売上120億円、経常利益4億円、従業員数694名となっている。同社が積極的に展開しているベトナムでの水環境案件を以下に紹介したい。

①事業目的:水源に合わせた浄水装置(写真1)の販売と、運用保守サービスの提供を、ベトナム現地法人及び現地パートナー企業と共に実施する。現地のパートナー企業に対しては、技術移転を行い、ベトナムの水環境の向上につなげる。

②事業内容:ホテルや学校、オフィス、工場、養殖場などに最適な中小型の水処理設備を提供する。水源は、河川水、井戸水や海水など、地域の状況に応じて対応する。また、地域内で分散する設備の管理をオンラインで実施することで、安定的な運用保守の実現を目指す。

③事業化への課題:2015年に本社100%出資のベトナム現地法人を設立するなど海外直接投資を展開している。中期計画で"下請けから元請けへの転換"、"商圏拡大"、"提案型の民需展開"そして、"新事業としての海外事業展開"を謳い、九州発のグローバル水インフラ企業を目指すことを表明している。

(3) ワイズグローバルビジョン

沖縄県うるま市の浄水器メーカーで、トランク収納の可搬型小型海水淡水化

装置を開発した。低価格化のため、大半の部品は海外から安く購入し、自社で製造するのは基幹部品の逆浸透膜[4]を入れる容器などだけとしている。販路開拓に向け、社長自ら国内では漁船に売り込むため沖縄や九州の漁協回りをし、海外では水や環境に関する展示会へ出展している。同社の柳瀬社長によ

写真2　簡易型低価格海水淡水化装置
（出所）K-RIP（九州エネルギー産業推進機構）提供。

れば、「従来は家庭用・個人用浄水器の国内販売が中心だったが、海水淡水化装置の販売が順調に伸びる今後は海外向けが7割を占めると予想している。同装置を用いた飲料水販売をインドネシアで始めた他、台湾での携帯型浄水器販売も計画する。早期に全体の売上高を20億円に伸ばし、2020年までに上場を果たしたい」と話す。

　以下はベトナムでの同社ビジネスプランだが、新興国市場共通であろう。

①**事業目的**:簡易型低価格海水淡水化装置（写真2）を活用した水不足および水汚染問題の解決を図る。現地で使われている現行水質より品質の高い水を提供することで、消費者の安心につなげる。特にヒ素や水銀などが混入している汚染水を飲むことに起因する各種病気の予防、加えて水を潤沢に使用出来るため、消費者の水に対するストレスを軽減できる。

②**事業内容**:販売先は村や町単位での地方政府を想定している。もし財政面で機器購入が困難な場合は、水販売案にて柔軟に対応する。いずれの販売方法の場合でも、信頼のおける代理店を獲得する必要があり、代理店候補の獲得を望んでいる。

③**事業化への課題**:技術屋の会長と売り子の社長の2人が組み「世界中の水問

題を個人レベルで解決」することを社是に、ユニークな水関連製品の製造販売を行うベンチャーである。同社の規模と製品特性を勘案し、ベトナムで信頼のおける代理店を獲得することが最重要事項である。大手商社出身で国際ビジネスに精通した社長がいるので、懸念はないと思うが、やはり現地販売代理店の選定には十分留意しなければならない。なお、特許やブランドなどの知的財産権の問題、とくにデッドコピーされた偽造品を発注し、正規品と勘違いした購入者から、不良品を理由に責任追及や損害賠償を訴求されるリスクがあり、対応方針を事前に検討しておくことも肝要である。

(4) 長崎県行政の対応

　県内企業の海外展開を支援する行政の対応について本節で述べたい。

①**経営支援体制**:長崎県では2018年4月に地場企業支援の強化や新産業創造の推進、経営支援の一元化、県内定着の促進といった視点から産業労働部を再編し、「新産業創造課」、「経営支援課」および「若者定着課」を新設した。経営支援課が海外ビジネス展開の支援を行っている。

②**人材確保**:一方、県内に不足する新商品開発、販路拡大、海外展開、生産性の向上などに関するプロフェッショナル人材を県外から雇用することをコーディネートする「プロフェッショナル人材戦略拠点」が整備された(図表2)。

　プロフェッショナル人材とは、企業の成長戦略を具現化していく人材で、受入企業で役員や管理職で登用される人材を指しているが、具体的には、首都圏の大企業で国際ビジネスの知見を持つ50才台の人材と県内企業とのマッチングを図ることが目的である。

③**今後の課題**:政府が中心となり中小企業の海外展開に注力している。長崎県の関連部門では、国際ビジネスに経験がある民間企業出身者を採用し、その任に当たらせている。ただ、海外展開を成功させるには中長期的な対応や支援が必要であり、一定のメンバーの固定化が必要となろう。

　さらに、中小企業が海外展開時に直面している事項として、契約条項に対する

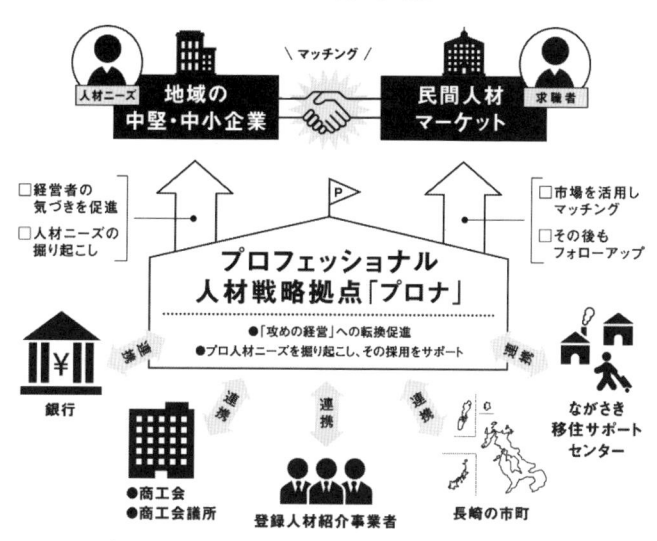

（出所）「プロナ活用ガイド」（2017:3）長崎県プロフェッショナル人材戦略拠点。

アドバイス、特にビジネスを進める前提で、譲歩してはいけない点、譲歩してよい点や打開策など国際ビジネスの現場での経験に基づいたコンサルテーションを望んでいることが佐世保での海外進出セミナーでのアンケート結果でも如実に出た。県内に加え九州の法律事務所や日本貿易振興機構（ジェトロ）でのこれへの対応には限界があり、長崎県が中心となり国際ビジネス契約交渉の経験豊富な人材を首都圏の大企業との連携により確保し、プラットフォーム化を図ることも一考である。その中の人材から、長崎県内企業への転職を進めるのが、現実解であろう。

4.まとめとインプリケーション

　一般に中小企業の経営者は、狭い地域での価値観に捉われ、ガラパゴスや蛸壺状態に陥り、既に海外で成功している企業からの情報が入りづらく、海外進出がさらに遅れる傾向がある。しかし、事前の準備や周到な経営戦略を持たず、海

外展開をすることは無謀に他ならず、短期間で進出先からの撤退を余儀なくされるのである。経営資源が限られている中小企業の海外進出の課題、課題を解決して海外進出を成功裡につなげている重光産業、今まさに海外展開を行っている協和機電工業とワイズグローバルビジョンの民間企業3社の事例紹介および、長崎県行政の対応状況を本稿で述べてきた。最後に、中小企業の海外進出の留意点として2つをあげておきたい。

（1）目的を明確にする

　海外へ進出するためには相当の資金が必要で、投資を無駄にしないためにも目的を明確にすることが重要である。人材の確保や販売の拡大など、目的によって進出前に調査する項目や戦略も変更される。このため事前に目的を明確にして、それに沿って進める必要であり、自社だけで判断しないことが賢明である。

（2）リスクをしっかり把握する

　海外進出はメリットも多いが、リスクも数多く存在する。想定される大きなリスクとしては、「人件費の上昇」「為替の変動」などがあり、これらの変化で進出した後に想定以上のコストがかかることもある。また法制度が日本とは異なるために、日本で行っている販売手法が実地できないことや、国民感情によってはデモやストライキなども存在するので、海外進出する際はその国についての緻密な調査が必要である。

　なお、海外進出を考えている多くの中小企業の経営者からヒアリングした結果では、一部を除き、海外要員・グローバル人材の必要性もさることながら、本質論として非常に脆弱な考え、つまり甘い考えで海外進出を考えている経営者が大半であった。長崎県プロフェッショナル人材戦略拠点などを利用した海外要員・グローバル人材の確保に加え、中小企業の経営者自身が海外事業のハードルの高さを理解すると共に相応の“覚悟”が必要である。もちろんASEAN諸国などでは経済成長が今後も期待されビジネスチャンスは大いにあるが、ビジネスリスク

も同等以上にあることを忘れてはならないのである。

注

1 本稿は、2018年4月6日に税理士法人ウィズラン主催で、アルカスSASEBOで開催した地元中小企業経営者を対象とした海外進出セミナーで筆者が講演した内容を元に作成した。

2 出所：http://sabaijaicons.com/restaurantbussiness.html

3 出所：http://diamond.jp/category/s-kaigaitettai

4 ろ過膜の一種。水を通過させ、イオンや塩、有機物、ウイルスなどの溶解物を透過させない特性を持つ膜である。

参考文献

江上剛(2014)『負けない日本企業：アジアで見つけた復活の鍵』講談社.

江崎康弘(2016)「アジア新興国インフラビジネスと日本企業のグローバルリスクマネジメント体制」『長崎県立大学東アジア評論』第10号.

江崎康弘(2018)「中小企業の海外進出の課題と成功への鍵」『長崎県立大学論集(経営学部・地域創造学部)第51巻第3号.

江崎康弘(2018)「中小企業によるベトナム環境プロジェクト―九州環境エネルギー産業推進機構(K-RIP)ミッションの概要と今後の課題―」『東アジア評論』第10号.

小川孔輔(2009)「マーケティング技術と実務知識の日本から東アジア諸国への移転研究」科学研究費補助金研究成果報告書.

沖縄銀行総合企画部編(2017)『おきぎん調査月報』2017年2月号.

川端基夫(2014)「日系外食企業の海外進出に果たすサポーティング・インダストリーの役割」『商学論究』第62巻第1号.

黒田秀雄(2016)『わかりやすい現地に寄り添うアジアビジネスの教科書』白桃書房.

重光克明(2011)「熊本発味千拉麺が中国に広まった理由」『経営者通信』2011年4月.

角 忠夫(2013)「ものづくりとサービスビジネスの融合」『開発高額』Vol.33, No.1.

丹下英明・金子昌弘(2015)「中小企業による海外撤退の実態」『日本政策金融公庫論集』第26号.

中小企業海外展開支援関係機関連絡会議(2014)「海外展開成功のためのリスク事例集」

Digima～出島～(2017)「日本企業が海外進出で『絶対にやってはいけない3つのこと』」2017年6月15日号.

三井物産戦略研究所国際情報部アジア室 (2012)『アジアをみる眼』共同通信社.

物流の理論と実際

国際経営学科　山本　裕

1. 物流とは何か

(1) 物流の概念

　近年リバイバルでベストセラーとなった本に「君たちはどう生きるか」（岩波文庫他）がある。その漫画本は200万部を突破したとあるが（2018年3月現在）、本来は硬派のクラシックで、シリーズのなかでは倫理を担当することになっていた。その中に、オーストラリアの粉ミルクが日本の消費者の手に届くまで、いかに多くの繋がりに依存しているか述べられている。現在の物流では、サプライチェーン・マネージメント（Supply Chain Management）とよばれるが、それは製造業では製品をつくる原材料の調達から消費者に届く販売までの一連の経済活動が、あたかも一つの鎖

図表1　サプライチェーン・マネージメントのフローの例

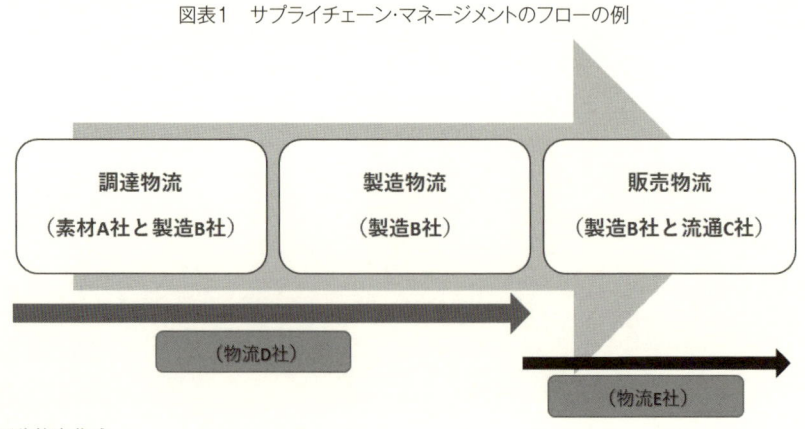

（出所）筆者作成。

166

でつながっている様子を表している。

「きみたちは」が書かれた戦間期の定期船は在来船で、本船荷役は天候にも左右されたため定時性に劣り、航海日数も長くなった。現在の定期船であるコンテナ船のスケジュールを調べると、オーストラリアのシドニーから台湾の高雄港経由で神戸港到着まで20〜21日となっており（APLのホームページ参照）、速達性が向上している。

物流はさまざまな経済活動を支える縁の下の力持ち。派生産業である一方、1990年代のロジスティックス(logistics)やその後のサプライチェーンの概念は、経営全体の大きな関心事ともなっている。各部門（事業部）の最適化から全社的な最適化へ、それが今日のサプライチェーンでは取引のあるステーク・ホルダー全体での最適化が目指されている。

(2) 物流の機能

それでは具体的な物流とは何か。交通経済学では、人流と物流に分けて考察することが多い。さらに、海・陸・空で考えるとわかりやすい。人流は旅客が対象で、物流は貨物の流動である。学生に最も身近な物流の例は宅配便でこれは陸運のトラック輸送でもあり、鉄道貨物輸送も同じ陸運に含まれる。海運も同じ輸送機能としては分かりやすい。飛行機に乗ると旅客が預けるトランクは座席の下のベリー（おへそ）と呼ばれる部分に積まれており、余裕があれば一般貨物もこの部分に積まれる。また、空運にはフレーターとよばれる貨物専用機をもつ事業者や、空の国際宅配便といえるアメリカのFedExやUPSのようなインテグレーターも存在する。これらの輸送機能は物流機能の一つであり、輸送コストは物流コスト全体の6割ほどを占めるとの報告もある（JILS2016年度物流コスト調査報告書【概要版】：5ページ）。

保管も大切な物流機能の一つである。製造前の原材料や完成後の製品は流通の過程で一時的に倉庫に保管されることがある。倉庫は工場の敷地内の立地もあるが、小売業者や卸売業者がもつ物流センターの場合もある。さらに、輸入製品が店頭に並ぶまでに国内の仕様に合わせ、ラベルを張り替えるなどの流通

加工も行われる。これら3つに加えて荷役(にやく)と梱包・包装、情報の6つが物流機能と考えられている。

2.物流の課題

(1)利便性と物流

　学生にとってコンビニエンスストアと宅配便はたいへん身近な存在である。日本の流通はその多くを欧米の先進事例に習って導入し、それを日本の風土や商慣習に合うように改良を重ねてきたと言ってよい。コンビニも宅配便もはじめはアメリカの例を模倣したが、それを大きく発展させたのは日本である。今では日本式のコンビニはアジアはもちろん、近年はヨーロッパでもよく見かけるようになった。アジアでは品ぞろえも日本メーカーの商品が多く入っている。

　コンビニの数は現在全国で5万5465店舗(JFAコンビニエンスストア統計調査月報2018年4月度)で、大規模災害の折には、支援物資の支給場所ともなり(災害物流)、社会インフラとよべる存在となっている。商品の小売りだけではなく、公共料金の納付や宅配便の受付け、チケット販売など多くの機能も持つようになった。

　宅配便は身近な存在と先に指摘したが、これはネット通販と深く関係している。ネット通販は本1冊や水(ボトルウォーター)も注文でき、その利用件数は毎年右肩上がりで現在では約40億個に達している(2017年国土交通省発表)。かつてのトラック輸送はB2B(法人取引)が主流であったが、多くのネット通販はB2CやC2C(個人取引)となっている。このネット通販が宅配便の件数を大きく押し上げ、幹線トラックや配達トラックのドライバー不足を招き、2017年10月には最大手の事業者が法人顧客に対して大幅な値上げを実施したとされる。このようにネット通販と宅配便との関係は深く、ネット通販の利用者への配送はラストマイル、商品の物流センターなどでの出荷や入庫、仕分け作業はフルフィルメントとよばれる。

(2)モーダルシフトと物流効率化の工夫

　ところで、少子高齢化が進み労働人口が減少する中で労働集約的な一面をも

つ物流業界は厳しい局面に立たされることになる。本来は温室効果ガスの削減が目的であったモーダルシフトが現在では幹線トラックのドライバーの負担を減らすためフェリーの利用が促進され、その結果、平日のカーフェリー（九州・阪神航路など）では車両（トラック、トレーラー）の予約が取りにくくなっている。ちなみにモーダルシフトの定義は500km以上の長距離トラック輸送を単位当たりの温室効果ガスの排出が少ない鉄道や海運に転換することである。トラック輸送を鉄道に転換すると排出量は約10分の1に、海運への転換は6分の1に削減できる（2017（平成29）年国土交通省九州運輸局資料）。パリ協定に基づいて日本は2030年までに2013年度比で26％の削減を、運輸部門に限っては6200万トンのCO_2削減が必要とされている。

図表2　輸送モード別の物流の特徴

	速達性	輸送量	輸送料金	温室効果ガス排出量
海運	×	○	○	○
トラック（陸運）	△	×	△	×
鉄道貨物（陸運）	△	△	△	○
空運	○	×	×	—

（出所）筆者作成。

　日本のCO_2排出量のうち運輸部門（自家用車を含む）からの排出は17.4％、貨物自動車だけで運輸部門の35.8％（日本全体の6.2％）を占める（2017年前掲資料）。ドライバー不足の対策としては、フェリー利用のほかにも長距離運転を途中交代する中継輸送の導入などがあり、アメリカではすでに高速道路でのトラックの自動走行の実証実験も行われた。

　2015（平成27）年10月からは宮崎県の西米良地区で、路線バスが貨客混載で宅配便輸送が、2016（平成28）年1月からは熊本県の五木地区でも同様な輸送が本格実施されている。また、新潟県では旅客鉄道を使った混載も始まっている。このような取り組みは異なる荷主が混載する共同物流と同様、物流効率化と考えることができ、輸送密度が小さな地域、とくに過疎地域での宅配便や公共交通機関の持続可能な方策として評価されていい。

3.物流を調査・研究する

(1)世界経済とコンテナ輸送との関係

　戦後、資源の乏しい日本は加工貿易を中心に復興を図ってきた。製品の輸出は玩具や陶器・陶磁器類、繊維製品などの軽工業品からはじまり、その後ラジオやテレビ、カメラや複写機などの家電製品と光学機器、化学品や工作機械、自動車の完成車や部品を経て、今日では半導体や付加価値の高い素材製品の輸出が国内には残った。労働集約型であるセットアップ（組み立て）産業の多くはアジアや中国にシフトされている。世界の多くの製品輸出は今日ではコンテナ船で行われており、世界の輸出との相関も図表3で確認できる。ちなみに、世界のコンテナの荷動きを説明変数として最小二乗法で世界輸出量との関係を求めると、補正後の決定係数は0.761で相関が高いことがわかる。

図表3　世界輸出量とコンテナ荷動きの伸び率（単位:%）

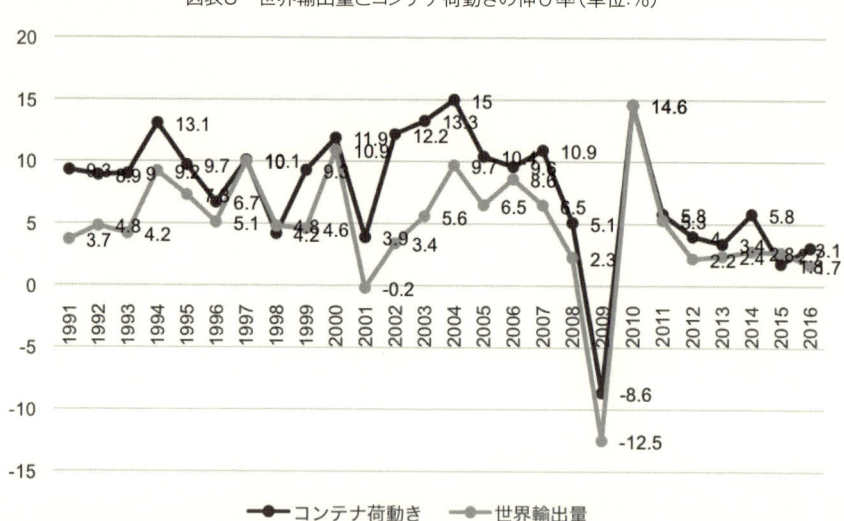

（出所）日本郵船調査部「世界のコンテナ輸送と就航状況2016年版」日本海運集会所(p.4)をもとに筆者作成。

　定期船事業（コンテナ船事業）は、コンテナ船の建造や用船以外にもコンテナターミナルの長期専用借用（コンセッション）契約や荷役機器類、トレーラー・シャーシ（荷台）などに莫大な設備投資を必要とする資本集約型産業でもある。複合一貫輸送

(インターモダル)を可能とし、国際物流に大きな変革をもたらせたコンテナ革命の嚆矢は1956年のアメリカでの内航輸送に求められる(レビンソン(2007))。その後アメリカと欧州間の大西洋航路、アメリカと日本・香港・台湾との太平洋航路(北米航路)に定期船航路が開設され、世界的に普及するようになった。かつて神戸港は世界で2番目のコンテナ取扱量を誇り阪神・淡路大震災直前の1994年の取扱いは292万TEU(20フィートコンテナ換算)と世界第6位であった。近年の港湾政策である、国際コンテナ戦略港湾により、西日本の貨物は阪神港(神戸港・大阪港)への集約も進んだが、本来の目的である東西基幹航路(北米航路、欧州航路)の維持拡大につながったとは言い難い。

　世界のコンテナ取扱量の順位は1位が上海で3700万TEU、2位はシンガポールの3100万TEU、5位が韓国・釜山で2000万TEU、13位が台湾・高雄で1000万TEU。日本は東京が470万TEUで39位、神戸が280万TEUで59位となっている(国土交通省　2016年速報値)。日本全国での取扱量は2000万TEUほどで、釜山港は一つの港でその全量に相当する貨物量を扱い、また、中国には1000万TEU以上の港が7つもある(香港を含む)。釜山港は自国の貨物に加えて、中国や日本の貨物をフィーダー(支線)で運び、北米航路などの基幹航路に積み替えるハブ港の機能も負っている。このような配船形態はハブアンドスポークと呼ばれ、海運に限らず空運や通信などのネットワーク産業に共通した展開となっている。

(2)バルク貨物とはなにか

　日本が原油をはじめ多くの資源や食糧を輸入に依存していることは明らかである。とくに2011年3月の東日本大震災のあとは原発が止まったため、火力発電所のエネルギー源となる石炭とLNGの緊急輸入が続き、貿易収支も赤字に落ち込んだ。原油はタンカー、LNGは専用船で運ばれ、その他の鉄鉱石と石炭、アルミナ・ボーキサイト、リン鉱石、穀物の5大乾貨物はバルク・キャリア(バルク船)と呼ばれる船で運ばれる。バルク貨物への対応は、国際バルク戦略港湾の指定港湾で港湾整備が進んでいる。

（3）運賃の科学

　あらゆる商品やサービスには価格（対価）が付いている。市場における最も効率的な価格は需要と供給の均衡点、ミクロ経済学が教えるところでは需要曲線と限界費用曲線の交点が資源配分的には最も効率的な価格となる。それでは、市況産業でもある海運の運賃は、実際にはどのような要因で決まるのであろうか。海運市場における需要とは貨物量であり、供給とは船腹（船のスペース）である。これに船の燃料（現在では重油であるが、産業革命以降は石炭の時代が続いた）も重要な要因となる。ノーベル経済賞をとったティンバーゲンとクープマンスはこれらの要因から最小二乗法を用いて運賃指標を分析している。

　　1. Tinbergen(1934): OCF = 1.7CGO − 1.6VSL + 0.4FUE

　　2. Koopmans(1939): OCF = 0.66CGO − 0.29VSL + 0.46FUE

　ただし、わかりやすくするために、ここではOCF(Ocean Freight Rate)を運賃指標、CGO(Cargo Moves)を貨物量の指標、VSL(Vessel Capacity)を船腹供給指標、FUE(Fuel Charge)を燃料炭価格指標とした。係数は変えていない。ティンバーゲンとクープマンスは異なった資料を使っているが、単純とはいえ、同じようなモデルを作っているのは興味深い（佐波(1962)：231〜235ページ）。両方の式の符号からは、貨物量が増えると運賃の上昇、船腹の増加は運賃の下落、燃料炭価格の上昇は運賃の上昇を招くことがわかる。

　図表4は現在の定期船航路の欧州航路と北米航路のスポット運賃の時系列グラフである。リーマンショック前後では大きく上下しているが、欧州航路の運賃の振れがより大きく、定期船事業は航路によっても運賃の変動が異なる市況産業であることがよくわかる。

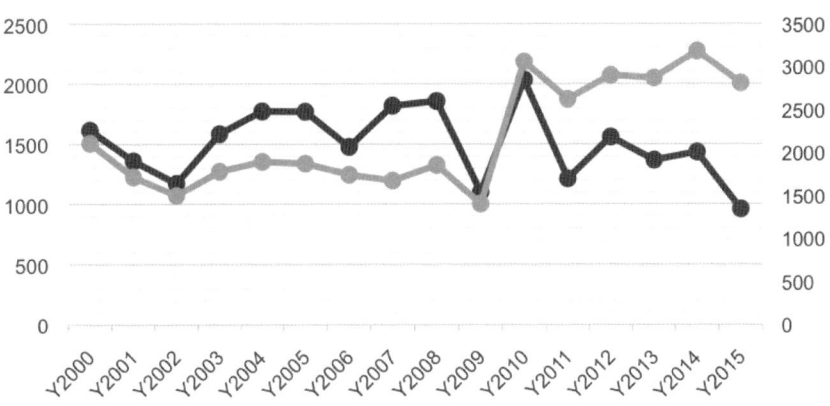

図表4　定期船航路の運賃の変動

（出所）海事センター「主要航路のコンテナ荷動き量と運賃指数（2017年ファイル）」より筆者作成。通貨単位はUSDで左軸は欧州航路、右軸は北米航路のTEUあたりの運賃を示している。

4.物流を学ぶにあたって

　物流の範囲は広範で、宅配便の配送もあれば、完成自動車の専用船での輸出入や、大陸国家ではパイプラインによる液化天然ガス（LNG）の輸送も物流である。製造業と異なって物流サービスは発生と同時に消費される即時材の特徴ももつ。また、物流の起点や結節点となり、不特定の貨物が利用する港湾や空港、鉄道ターミナルは公共性が高く、行政のインフラ整備への依存も大きい。日本は海外と定期船航路を持つ地方港が60ほどもあるが、これは26倍ほどの面積を持つ中国を除けば世界一の多さである。

　一方で、物流は個人利用者を対象として一律にコモディティー（商品）化された宅配便を除くと、利用者である製造業者や流通業者のニーズは多様で、テイラーメイド的な対応も求められる。筆者は海運会社で国際物流に20年以上従事したが、物流は事業者がもつ船や航空機、トラック、倉庫などのハードに物流マンがもつ知恵や経験と情熱をどのように重ねることができるかで、提供できる物流サービスの多さと質が決まると考えている。本節は物流ビジネスの実際を商学や経済学の理論に立ち戻りながら描いてきた。物流は実務志向が強い学問で、なおか

つ、製造業から流通業まで多くの業界で汎用性が高い。学生諸君にはしっかり基礎を学んでいただきたい。

参考文献

本論に関係する物流と交通の基本書と資料、研究書、ノンフィクションの物語を挙げておく。

国土交通省九州運輸局(2017)「物流産業の現状とこれからの物流政策」, 長崎県立大学「物流講座」資料.

斉藤実・矢野裕児・林克彦(2015)『物流論』中央経済社.

佐波宣平(1962)『海運動学入門』海文堂.

白砂堤津耶(2012)「入門・回帰分析」『経済セミナー』No.668, 日本評論社.

竹内健蔵(2018)『交通経済学入門[新版]』有斐閣.

中田信哉(2012)『ロジスティックス入門[第2版]』日本経済新聞出版社.

丸山雅四祥(2017)『経営の経済学[第3版]』有斐閣.

宮下國生(2011)『日本経済のロジスティックス革新力』千倉書房.

山本拓・竹内明日(2013)『入門 計量経済学』新世社.

山本裕(2012)『国際海運と内外港湾の競争力』長崎県立大学経済学部研究叢書17.

Rivoli, P.(2005) *The Trarels of T-Shirt in the Global Economy:An Economist Examines the Markets, Power, and Politics of World Trade, Wiley*, (雨宮寛・今井章子訳)『あなたのTシャツはどこから来たのか?』東洋経済新報社, 2006.

Levinson, M.(2006) *The Box:How the Shipping Container Made the World Smaller and World Economy Bigger*, Prinseton Univ Press.(村井章子訳『コンテナ物語』日経BP社, 2007.)

国際金融市場と地域経済

国際経営学科　石田　和彦

　読者の皆さんは、「国際金融市場」という言葉を聞いて、どのようなイメージを持たれるであろうか。国際金融センターであるニューヨーク・ウォール街の高くそびえる摩天楼や、荘厳な石造りの建物が並ぶロンドンの「シティ」などの風景を思い浮かべる方が多いであろう。あるいは、アジアの金融センターであるシンガポール（残念ながら、アジアの金融センターは東京ではない…）のやや奇抜な高層ビルという方もおられるかも知れない。そして、そこで働く人々言えば、「ファンド・マネージャー」とか「ストラテジスト」などと言った、何をやっているのかよくわからない職種につき、上等なスーツに身を包み、何億、時に何十億という年収を稼ぎだす人たちと思われているようである。

ニューヨーク・ウォール街。

シンガポール・マリーナベイサンズ。

いずれにしても「国際金融」などというのは、日本国内でも金融市場のある東京などからは離れた地域に暮す私たちの日常生活からはかけ離れたところにあり、どこか遠い世界で自分たちとは関係のない出来事が日々展開されていると思っておられる方が多いのではないだろうか。筆者は大学で「国際金融論」という科目を担当しているが、受講する学生の多くも、最初はそう考えている様子である。しかし、実は「国際金融市場」は、決して日常から遠いところにあるのではない。むしろ、そこでの出来事は、直ちに私たちの生活や地域の経済活動に影響を及ぼすものであり、特に、金融市場での出来事が実物経済活動（モノやサービスを作る・売る・買う）を振り回す、いわゆる「マネー経済化」という現象が進む中では、その影響はますます大きくなっている。だからこそ、国際金融市場に関する正しい知識や理解が不可欠なのである。本稿では、そのことを少し具体的にみていきたい。

1.外貨両替～一番身近な国際金融取引～

　最近は海外でも使用できるクレジットカードやキャッシュカード等が増えて来たので、海外旅行に行く際にも、ドルに代表される外国通貨（以下、外貨）の現金を以前ほど多く持って行く必要はなくなっているが、それでも、空港からのタクシー代、チップ、少額の買い物等のために、日本を発つ前に銀行に行って、いくらかの円を外貨の現金に「両替」しておくのが通例であろう。外貨両替を行っている銀行は、ドルやユーロ（ヨーロッパのEU加盟国のうち19ヵ国が導入している共通通貨）などの代表的な外貨の現金（紙幣）をある程度の額手元にストックとして保有しているので、銀行の外貨両替の窓口に行けば、ほぼ直ちに円の現金を相当額の外貨の現金に両替することができる。

　しかし、銀行の手元にストックされている外貨は、どこから来たのであろうか。その原理をわかりやすく考えるために、経済学ではよく行う仮定であるが、この両替以外には何ら取引がなかったとし、ドルへの両替の場合でみてみよう。他に取引がないのであるから、銀行の手元にはドルの現金はない。従って、銀行は円からドルへの両替に応ずるためには、まず、ドルの現金を準備しなければならない。外貨

の両替業務を行っている銀行は、こうした場合に備えて、アメリカのどこかの銀行と契約を結び（「コルレス契約」という[1]）、その銀行にドル建ての預金を置いている。そのドル預金を引き出して、ドルの現金に換えて日本まで運ぶことで、はじめて手元にドルの現金が用意できる。では、コルレス契約先のアメリカの銀行はどのようにしてドルの現金を入手するのかといえば、その銀行がアメリカの中央銀行である連邦準備銀行[2]に置いている準備預金を取り崩して、ドルの現金を引き出して手元に用意することになる。

　無論、現実には、アメリカの銀行は日々の多数の取引に必要なドルの現金を常時ある程度準備しているし、外貨の両替業務を行っている日本の銀行も、常に一定のドルは予め手元に置いている（現実には、ドルを円に両替した顧客、すなわち、外国人観光客等からドル現金を入手することもある）ので、外貨への両替の度にこのような取引が生じる訳ではないが、原理的には、銀行の窓口で円を外貨に交換するだけで、その裏側では、アメリカの中央銀行まで関係するこれだけのお金の動きが発生する訳で、それは立派な「国際金融取引」なのである。

　外貨が必要となるのは、海外旅行だけではない。企業が行う貿易取引にも外貨が関係している。企業が海外からモノを輸入するケースを考えてみよう。輸入相手はアメリカの企業であり、取引はドル建てで行われるとする[3]。輸入を行う企業は、通常、まず銀行から輸入資金を借入れる。この取引は普通円建てで行われ、企業が銀行に置いている預金口座に円が入金される。しかし円建て預金のままでは輸入先企業に代金を支払うことはできないので、銀行を通じて円をドルに交換して、そのドルを輸入先企業がアメリカのどこかの銀行に置いている口座に振り込むことになる。振込が無事に行われ、企業が輸入したモノを受け取れば、企業間の貿易取引は終了である。

　しかし、すべての取引がこれで完結した訳ではない。日本の銀行は振込先であるアメリカの銀行に振込額相当のドルを支払わなければならない。いわば、振込の「後始末」である。この振込の後始末は、通貨がドルであるので、各銀行がアメリカの連邦準備銀行に置いているドル建ての準備預金の口座を通じて行われる。

しかし、日本の銀行はアメリカの連邦準備銀行に直接口座を保有していないので、外貨両替のところでも登場したアメリカでのコルレス契約先銀行を通して、間接的に振込の後始末をすることになる。すなわち、少なくとも銀行が3行とアメリカの中央銀行が絡まなければ、貿易取引は円滑には行うことはできないのである。逆に日本の企業がアメリカに輸出を行った際には、多くの場合、輸出代金がドルで振り込まれてくる。日本の企業はドルを受け取っても、通常、それを原材料の仕入代金や従業員の賃金等の支払いに充てることはできないので、銀行を通して円に交換して、円建ての預金口座に入金してもらうことになる。ここでも、振込の後始末は必要で、日米の銀行とアメリカの中央銀行が絡む国際金融取引が発生する。

いまはグローバル化の時代である。地域の中小企業等といえども、直接海外と貿易取引を行っている企業は少なくない。海外旅行に行く人も多く、また、逆に海外から地域を訪れる旅行者が、日本の銀行の窓口で外貨を円に両替することも日常的になっている。こうした海外との身近な取引が、原理的にはすべてその裏側に複数の国の銀行や海外の中央銀行が絡む国際金融取引を伴っているのであり、「国際金融市場」は決して私たちの日常から遠く離れたところにある訳ではない。

2. 外国為替相場

さて、前節では、海外旅行の際の外貨両替や企業の貿易取引を例に取って、「円と外貨の交換」ということを述べたが、その際の交換比率である、例えば1ドル＝○○円というのが、「外国為替相場」である。外国為替相場は、日々のニュースや新聞でほぼ必ず取り上げられるので、読者の多くがどこかで目にしているはずである。因みに、本稿を執筆している2018年11月時点では、1ドル＝約114円となっている。これは、単純化して言えば、円をドルに両替する際には、1ドルを入手するために114円を用意する必要があるということである。

ただし、新聞やニュース等で目にする為替相場の数字は、実は、銀行間の取

引に用いられる交換比率である。一般の人々や企業が銀行で外貨両替や外貨での送金を行う際には、これに銀行の手数料が付加される。例えば、ニュースでみた外国為替相場が1ドル＝約114円の際に、銀行の窓口で円の現金をドルの現金に交換しようとすると、1ドルにつき117円程度を用意しなければならない場合が多い[4]。この場合、例えば、海外旅行に1,000ドルの現金を持って行こうとすれば、117,000円の現金を銀行の窓口に持参する必要があることになる。因みに、この時に、逆に海外からの旅行者が持っているドル現金を円に交換しようとすると、交換比率は1ドル＝111円程度になり、1,000ドルは111,000円にしかならない。いずれの場合も、1ドルについて約3円の手数料を銀行が課していることになる。

　ちなみに、現金ではなく預金口座から振込で海外に支払いを行う場合や、逆に、海外から振り込まれてきたドルを円の預金に交換する場合には、銀行の手数料はもう少し少なくなり、1ドル当たり1円程度が通例である。ただし、これに加えて、国内の場合と同じように、送金手数料が別途課される。

　無論、外国の通貨はドルだけではない。例えば、イギリスの通貨は「英ポンド」、スイスの通貨は「スイスフラン」等である。フランスやドイツは、欧州の19か国に共通の「ユーロ」という通貨を使用している。アジアで言えば、韓国の通貨は「ウォン」、中国の通貨は「人民元」等々である。これらの外貨に対しても、当然ながら、円との交換比率があり、例えば、同じ時点の円とユーロの交換比率は、1ユーロ＝約129円となっている。

　では、この1ドル＝〇〇円といった交換比率はいったいどのようにして決まるのであろうか。これは、「国際金融論」という学問分野の大きなテーマの1つである。しばしばみられる誤解は、この交換比率を「政府（財務省）や日銀が決めている」と言うものである。実は、途上国の中には、政府や中央銀行が交換比率を定めている国もあり、それは「固定為替相場制度」と呼ばれる。しかし、日本をはじめとするほとんどの先進国では、外国為替相場は市場での取引の結果決まるようになっており、政府や中央銀行が特定の値を定めている訳ではない。これは、「変動為替相場制度」と呼ばれている。

では、実際に、外国為替相場はどの程度変動するのであろうか。下のグラフは1980年以降の、円とドルの間の外国為替相場の推移である。

図表1　円／ドル外国為替相場の推移（東京市場、月末値）

（出所）日本銀行時系列データ検索サイトから作成。

　グラフからわかるように、一番数字が大きい時は1ドル＝約278円（1982年頃）、逆に数字が最も小さいのは、1ドル＝約76円（2011年頃）で、その変動幅は極めて大きい。なお、2つの数字を比べた場合、1ドルを入手するために用意しなければならない円の金額は、1982年頃には278円も必要であるが、2011年頃にはたった76円で十分であるということで、1982年頃の方が円の価値が低いことになる。すなわち、数字が大きい方が「円安」で、数字が小さい方が「円高」である。

　変動相場制度の下での外国為替相場はこのように大きく変動しているが、その相場が決定されるのが「外国為替市場」である。外国為替市場の主な参加者は銀行である。第1節でみたように、例えば、海外旅行者に対し円をドルに両替した銀行や、取引先企業の輸入代金の支払いのためにドルをアメリカの銀行に振り込んだ銀行は、ドルを必要としている。いわば、ドルが足りない状態である。一方、

海外からの旅行者が持ち込んだドルを円に両替した銀行や、取引先企業の口座に輸出代金がドルで振り込まれてきた銀行は、その分ドルが余った状態にある。もちろん、実際にはどの銀行も日々多くの顧客と取引を行っているので、円→ドル、ドル→円の交換のどちらもが多数発生しているはずであるが、銀行ごとにそれら多くの取引をネットアウトすれば、ドルが余っている銀行とドルが足りない銀行が生ずる。

この、ドルが余っている銀行とドルが足りない銀行が、余剰や不足の解消を目指してドルの売買取引を行う場が、「外国為替市場」である。そして、この取引を実際に行っているのが、「為替ディーラー」と呼ばれる人たちである。多くの銀行には外国為替取引を行うための「ディーリング・ルーム」というスペースがあり、そこで、多くの為替ディーラーたちが、日々、余ったドルを売ったり、足りないドルを買ったりという取引を行っている。為替相場が大きく変動した時に読者の皆さんがニュース等でしばしば目にするであろう下の写真のような光景は、このディーリング・ルームを写したものである。

市場メカニズムの基本は、需要の方が供給よりも多ければ価格は上がり、逆であれば価格が下がるということである。外国為替市場での為替相場の決定もその例外ではない。ドルが足りない銀行とドルが余っている銀行が市場で取引をし

て、ドルの不足額の方が大きければドルの価格が上がる。すなわち、円安・ドル高になる。逆に、ドルの余剰額の方が大きければ、ドル安・円高である。

　例えば、日本経済全体でみて、輸出の方が輸入よりも多ければ（貿易黒字の状態）、輸出代金が振り込まれて来てドルが余る銀行の方が、輸入代金の振り込みでドルが足りない銀行よりも多くなるので、市場ではドルの価値が下がって円高になる。景気や経済に関するニュースで、貿易黒字→円高としばしば当然のように言われるのは、このようなメカニズムによるものである。

　ただし、近年の世界経済では、これまで述べて来たような海外旅行や貿易といった実体のある経済活動の結果生ずる外国為替取引よりも、「より高い収益率を求めて、海外の資産を購入する」といった投資資金の動きから生ずる取引の方がはるかに大きくなっているので、貿易収支が為替相場に与える影響は小さくなっている。投資資金は、いろいろな通貨ごとの収益率（金利、等）やその見通し、投資先に関するリスクやその噂、等々、さまざまな要因で容易に通貨と通貨の間を動き回るので、それに伴って多額の外国為替取引が生じ、それが外国為替相場を決定しているのが、現代の世界経済の姿である。

3.外国為替相場の地域経済への影響

　以上みてきたような外国為替相場の変動は、実は、私たちの日々の生活にも大きな影響を与えている。海外旅行に行く人が、為替相場の影響を大きく受けるのは言うまでもない。仮に、旅行に使える予算が〇〇円と、円で決まっているとすれば、円高になればなるほど、実際に海外で使用できるドルなどの外貨の金額は多くなるので、よりリッチな旅行ができるはずである。しかし、外国為替相場の影響を受けるのは、海外旅行に出かける人たちだけではない。

　日本はエネルギー資源の乏しい国であるので、エネルギーの大半を海外から輸入する原油などに頼っている。その原油の国際的な取引の多くはドル建てで行われ、取引価格もドル建てで決定されている。例えば、本稿を書いている2018年11月時点での代表的な原油相場（ドバイ原油）は1バレル＝70ドルとなっている。外

国為替相場が1ドル＝114円であれば、円建ての原油価格は1バレル＝約7,980円となるが、仮に円安が進んで1ドル＝150円になったとすると、同じ1バレルの原油の円建て価格は10,500円になり、約32％の値上がりである。この値上がりの相当部分が、ガソリン・灯油価格の上昇や電気代・ガス代の値上げ等の形で消費者に転嫁されることになるので、外国為替相場変動は私たちの生活に直接大きな影響を与える。同様に、食料も、日本は自給率が低く輸入に依存する部分が大きいが、小麦や大豆など国際的に取引される食料原料の価格もドル建てであり、円安になれば、これらを原料とする国内の食料品価格も上昇するであろう。

　外国為替相場変動の私たちの生活への影響は、こうした輸入品を通ずるものだけではない。今は、中小企業も含めて地域の多数の企業が何らかの形で海外との貿易取引関わっている。これらの企業が為替相場変動の影響を受ければ、雇用環境や賃金等を通じて、そこで働く人の生活にも間接的ではあるが大きな影響が及ぶことになる。

　例えば、1ドル＝114円から1ドル＝100円へと円高が進んだと考えよう。この時、海外市場でのドル建て価格が1個1,000ドルの商品を輸出している企業は、1ドル＝114円であれば商品1個当たり114,000円の収入が得られる。しかし、1ドル＝100円になってしまうと、1個当たりの収入は100,000円に減少してしまう。従って、もし、生産費用が変わらないのであれば、企業の収益は圧迫されることになる。この時、企業は、生産費用を引き下げるために、従業員の賃金を引き下げる、雇用者の数を減らす等の対策を取るかも知れない。あるいは、生産費用の削減ではなく、1個当たりの収入を回復させるために、海外での販売価格を引き上げる(例えば、1個1,140ドルに値上げすれば、円建ての収入は円高進行前と同じになる)ことも考えられるが、値上げをすれば海外での需要が減り、結果として生産が減ってしまう。生産の減少は、労働時間の減少(残業時間の短縮など)や雇用者数の削減等の形で、やはり、働く人に大きな影響を与える。仮に、直接輸出を行っている訳ではない地域の中小企業であったとしても、製品の納入先等の大手企業の輸出企業が円高で打撃を受ければ、受注単価の切り下げや受注量の減少等の形で、やはり影響は

避けられない。

　読者の皆さんが日々何気なくニュース等でみているであろう外国為替相場の変動は、決して、どこか遠くの国際金融市場で生じている関係のない出来事ではなく、私たちの生活に直接・間接に大きな影響を及ぼすものであり、しかも、経済のグローバル化の進展とともに、その影響度合いはどんどん大きくなっているのである。

4. 国際金融市場の変動が地域経済に直接影響を与えた例

　国際金融市場の地域経済への影響は、上述したような外国為替相場の変動を通じるものに限られる訳ではない。例えば、2008年に国際金融市場を揺るがせた、いわゆる「リーマン・ショック」というものがある。リーマン・ショックは、元をたどれば、アメリカで「サブプライム・ローン」と呼ばれる主として低所得者向けの住宅ローンで多額の不良債権が発生し、その住宅ローンを投資資産として間接的に保有していた多くの金融機関等が巨額の損失を被ったという出来事である。この時に多くの金融機関が経営破たんしたが、中でもアメリカの大手投資銀行である「リーマン・ブラザーズ」の破たんが最も衝撃的だったため、その名を冠して「リーマン・ショック」と呼ばれている。

　サブプライム住宅ローンの不良債権多発自体は、アメリカ国内での出来事である。しかし、ヨーロッパを中心に多くの海外の金融機関が、それを間接的に保有していたため、影響を受けた金融機関はアメリカだけにとどまらず、多くの、主としてヨーロッパの金融機関でも破たんや経営危機が発生した。それにしても、海外の金融機関の破たんや経営危機など、日本の地域経済からみれば遠い世界の出来事に思えるであろう。

　しかし、現実には、リーマン・ショックの影響で国際金融市場が大混乱に陥った結果として、地域経済にまで大きな影響が及んだのである。下のグラフは、日本銀行長崎支店が公表している長崎県内の企業を対象とした「短期経済観測調査」（通称、日銀短観）の中の企業の景況感の推移を示したものである（業況判断DI＝

図表2『長崎県企業短期経済観測調査』の業況判断DIの推移

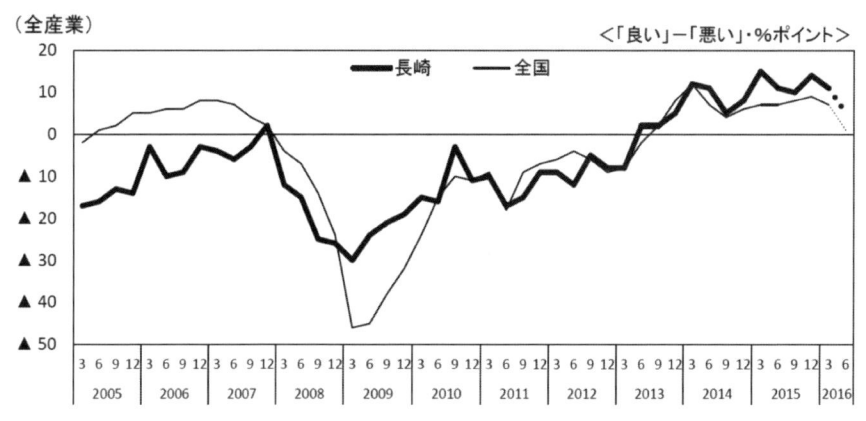

（出所）日本銀行長崎支店『長崎県企業短期経済観測調査』2016年3月。

「良い」と答えた企業の割合-「悪い」と答えた企業の割合）。

　グラフからわかるように、いわゆる「リーマン・ショック」が起こった2008年から2009年にかけては、長崎県内の企業の景況感が、全国ほどではないにしても、大きく悪化している。図表1からわかるように、いわゆるリーマン・ショックの後は円高が進行しているので、為替相場の変動を通じて長崎県内の輸出関連の製造業が悪影響を被ったこともその一因であろうが、円高の進行よりも景況感の悪化の方がはるかに急激である。しかも、長崎県内では、直接輸出に関係しない非製造業の方がウェイトが高いにも関わらず、非製造業も含めて大幅な景況感の悪化が発生している。

　このような事態が発生したのは、いわゆるリーマン・ショックを契機に生じた国際金融市場の混乱の影響で、ほぼ瞬間的に世界経済全体に大きな異変が発生したためである。この時は、国際的な資金決済の困難化に伴う貿易の縮小、消費者の先行き不安に伴うアメリカやヨーロッパでの個人消費の減速、国際金融市場での資金調達が困難になった途上国経済の混乱、等がほぼ一気に生じ、その結果、世界的に急激な景気の悪化が起こった。それが、輸出・生産の急減、個人の消費マインドの悪化などを通じて、ほぼ瞬時に県内経済にまで大きな悪影響を惹

き起こしたのである。

　このように金融市場での出来事が景気や実体経済活動を振り回す現象は、しばしば「マネー経済化」と呼ばれ、経済のグローバル化の進展とともに、その度合いはどんどん高まってきている。従って、国際金融市場が地域経済に与える影響は今後さらに大きくなるはずである。「国際金融」は決して我々の生活から遠く離れたところにある現象ではないのである。

注

1 地方銀行などの場合は、海外の銀行と直接コルレス契約を結ぶのではなく、大手の金融機関等を通して間接的に契約する場合もあるが、原理は同じである。

2 アメリカの中央銀行制度は日本とやや異なり、全国を12の地域に分けて、それぞれの地域に中央銀行の機能を担う「連邦準備銀行」(Federal Reserve Banks)が置かれている。例えば、ニューヨーク連邦準備銀行(Federal Reserve Bank of New York)、シカゴ連邦準備銀行、サンフランシスコ連邦準備銀行、等々。それらを統括し、アメリカ全体の金融政策を決定するのは、ワシントンDCに置かれた、連邦準備制度理事会である。

3 現実的にも、国際的な貿易取引の多くが、ドルを支払通貨として行われている。

4 実際の手数料は銀行によって異なるので、この数字はあくまでも1つの例である。

東アジア進出の地域中小企業の
グローバル人材育成

国際経営学科　齋藤　毅

　近年、先進国である米国やヨーロッパ諸国の一部で保護主義を検討するケースが見られるが、他方では、日本を含む多くの国同士が自由貿易協定(FTA)を結んだりして、お互いの経済的な交流を活発化しようとする動きもある。しかし、日本企業の海外展開、グローバル化は今に始まった話ではない。1985年のプラザ合意以降の円高が進展する中で、地域の中小企業もいろいろな業種が海外展開した。中でも中国、ベトナム、タイ等のアジア諸国へ進出していったのであるが、これら企業の進出先での経営活動を担う人材が、いわゆる「グローバル人材」である。しかし、こうした人材の「確保・育成」は事業展開する海外に限らず、国内でも非常に難しいことである。とりわけ中小企業は「グローバル人材」の「確保・育成」は困難である。というのも一般に中小企業は大企業に比べて資金面などに制約があるからである。それでは、どのようにして中小企業は「グローバル人材」を「確保・育成」しているのだろうか。本稿では、アジア進出の日系企業のグローバル人材育成に関する各種報告書の中から、比較的に内容を知ることができる3社を取り上げ、各社のグローバル人材育成の取り組みを紹介してみたい[1]。

　以下、本稿で取り上げる企業は、A社(80人)、B社(800人)、C社(160人)の3社である。いずれも自動車部品製造業で日本以外のアジア各地で現地生産をしている企業である(図表1)。

　なお、グローバル人材は一般に日本人材(＝日本人)と進出先国のローカル人材

（＝現地人）を指すが、本章では日本人を対象にした制度をとらえている。

　以下は3社の事例について整理したものである。各社についてその要点を説明しよう。

図表1　本章で取り上げた3社の概要

	従業員数	資本金	海外進出の契機	海外で製造した製品の販売先	海外売上比率
A社	80	不明	「生産コストの削減」を追求するための進出	欧米企業に輸出	80％以上
B社	800	3億円以下	取引先の要請に応じて進出を決定	現地の日系企業に販売	非公開
C社	160	3億円以下	単独（＝経営トップの意思）での進出。新たな市場の確保のための進出	現地の日系企業に販売	非公開

1. A社のグローバル人材育成の取り組み

（1）グローバル人材の概要

―A社の中国現地法人（1980年代設立、独資、1,700人）―

　A社の中国に立地するある現地子会社では経営トップを含めた3名の日本人スタッフがいる。この日本人スタッフの主たる業務内容は、「海外子会社の戦略の立案」、「日本本社と海外子会社の調整、方針のすり合わせ」である。ただし、「海外子会社の主体的な運営は行わない」。実際の運営は現地人に任せている。

（2）人材の確保・育成のための施策

　日本人スタッフの主要な役割は、上記のように、「日本本社と海外子会社との調整、管理」であるが、この任務を遂行するためには海外での経験がなければ実施することが難しく、また、そうした人材を育成するには時間がかかる。このため、一般公募や取引先からの紹介等で海外経験を有する大企業製造業出身者を採用することが、人材の確保の主な手段となっている。

（3）近年の変化―中途採用重視と新卒採用重視へ―

　これまでのところ国内外を問わず、社外の即戦力採用が中心となっている。こ

のため、「平均年齢が高くなっており、20～30代の社員の層がやや薄くなっている。そこで、近年新卒採用を開始した。10年くらいの期間を念頭に、中長期的に人材を育成する計画である。「今後同社に求められる人材は、同社の理念、考え方を理解した人材だと考えており、内部で長期的な視点で育成することが有効だと考えている。未だそうした人材育成のための体系的なプログラムは有していないが、朝礼の中で、英語によるスピーチを全社員持ち回りで実施し、英語に対する苦手意識をなくし、少しずつではあれグローバル展開の下地を作る取り組みなどをおこなっている」と関係者は言う。この英語教育を開始したのは昨年からであるが、「更に今年度からは少しずつでも体系的教育プログラムを導入すべく、実施向けた検討を行う予定である」と言う。

2.B社のグローバル人材育成の取り組み

(1) グローバル人材の概要

―B社のタイ現地法人（1990年代設立、従業員数1,200人）―

B社のタイの現地子会社では、およそ1,200名の従業員に対して21人の日本人スタッフがいる。社長1人、管理部門長2人、営業担当者2人、その他工場の責任者（製造・品質担当のスタッフなど）16人の合計21人である。この日本人スタッフの職務は、「現地人の教育・育成、諸事象への判断・指示などマネジメント業務」が中心となっている。

(2) 人材の確保・育成のための施策

グローバル人材の確保は新卒採用、中途採用にとどまらず、外国人採用、等ありとあらゆる手段を通じて行っている。新卒採用の場合、定期的に大卒・大学院卒（技術系）、高専卒、高卒の新卒者を採用しており、そのうち大卒・大学院卒は海外勤務を条件としている。また、入社間もない20代の社員を海外子会社へ短期出張（1～3ヵ月間程度）させている。これにより現地の状況、日本人スタッフの役割などを直接見る機会を提供している[2]。ただし、A社と同様に、海外赴任に関わる体

系的なキャリアパスは整備されていない。

（3）近年の変化―管理職教育の推進―

　これまでの教育訓練の仕組みでは事業のスピードに育成のスピードが追いつかず、人材不足が課題となっているという。海外での事業拡大や現地で求められる業務内容・役割の高度化に伴い、経営者または指導者レベルの業務遂行能力（すなわちマネジメント能力）を持った人材の育成および継続的派遣ができる体制整備が急務になりつつある。いわば、若手社員だけでなく中堅層以上にも何らかの研修制度が必要であるということである。今後は上述の短期出張を経たのち、本格的赴任（出向）に向けた訓練の「場」として、若年期にスーパーバイザーとして3年程度現地へ赴任させ、その後マネジャーとして5年程度の本格的な海外赴任をする仕組みを構築していきたいという。

3. C社のグローバル人材育成の取り組み

（1）グローバル人材の概要

―C社のインド現地法人（2008年以降設立、独資、従業員約100人）―

　C社のインドの現地子会社には、出向者は存在しない。ただし、出張者が置かれる。一般に多くの進出日本企業では中堅社員を駐在（出向）で派遣しているが、C社では「経営、技術までも（経営と技術の両面を）網羅した社員」はほとんどいないために、1. 当該子会社の経営を「現地人」に任せると同時に、2. 中堅で技術はできるが経営事項は未経験という社員など「日本人スタッフ」を3ヵ月間の出張（もしくは5ヵ月間の長期出張）を繰り返すという形でインド現地に派遣している。また、C社の当該子会社の経営トップは「現地人」で、労務管理、営業を担当している。他方、「日本人スタッフ」は技術・品質面と資金面の管理を行っている[3]。

（2）人材の確保・育成のための施策

　A、B社の教育訓練の仕組みでも述べたように、ここでも、体系的教育プログラ

ムは設けていない。C社の基本的な教育訓練の仕組みは以下の通りである。入社3、4年目の若手社員（主に現場の生産に関与する技術者）を2人1組にし、先発と後発に分けたうえで現地へ3ヵ月ずつ出張させ、日本で学んだ技術指導に従って現地人を指導させている。具体的に「海外の現地工場で技術的指導にあたる場合」について言えば、1. 現地人から対処法を相談されれば、その場で判断し行動していかなくてならない。これにより「リーダーとしての判断力」が培われる。2. また、この2人1組の海外出張では、先発で現地へ出張した者が「何を」「どのように指導・教育してきたのか」を後発者に確実に引き継ぐようにしている。これにより若手社員の「リーダーとしての資質」を磨いている。

この他に、語学力向上の取り組みがあり、毎週3回（月曜日、水曜日、金曜日の18時から）、外国人の英会話教師を招き、1時間程度の自由参加型の勉強会を開催している。この費用は会社負担である。

なお、大卒・大学院卒（技術系）を3名程度、高卒を3〜6名程度新卒で採用することにしている。その結果、今のところ「必要な若手人材は確保できている」という。

4. 自動車部品製造業3社の事例からみた
　　グローバル人材育成の特徴

以上の各社のグローバル人材育成の取り組みを要約すれば以下の図表2と図表3の概括表のようになる。図表2は各社のグローバル人材育成の現状を、図表3は、各社が現状をふまえどのような取り組みを実施しようとしているのかを示している。

この2つの図表から各社の取り組みはどのように整理が可能であるのか、その整理はどのように解釈できるのか。以下、できるだけ簡潔に説明しよう。

図表2　各社のグローバル人材育成の概況

会社	人数	人材の確保・育成等の人事諸施策	職務内容
A社 中国 現地法人	経営層3人（出向者）を設定。	1. 中途採用 　海外経験を有する大手メーカーOBをスカウト。	本社と海外子会社との調整、管理。 　ｃｆ. 上は日本人。当該子会社の実際の運営は現地人の経営幹部が担当。
B社 タイ現地法人	社長、管理部門2人、営業2人、工場の責任者16人（製造・品質など）を設定。合計21人の出向者。	1. 新卒採用 　定期的に大卒・大学院卒（技術系）、高専卒、高卒を採用。大卒・大学院卒は海外勤務の可否を確認。海外出向者に対する教育訓練のイメージは、20代の社員を対象に短期出張（1〜3ヵ月）→ 海外出向へ。 　ｃｆ. 加えて海外出向前の研修（＝赴任前研修）も設定。 2. 中途採用もあり。（詳細不明） 3. 外国人（留学生）採用もあり。（詳細不明）	管理業務全般を担当。
C社 インド現地法人	海外出向はなし。ただし海外出張あり。 通常時：常に中堅層（技術系）を派遣。加えて若手社員。人数不明。 特別時：数名の「緊急事態対策チーム」を、随時、派遣。	1. 新卒採用 　毎年大卒・大学院卒3名、高卒3〜6人採用。海外出張者に対する教育訓練のイメージは、入社3〜4年目の若手社員を2人1組で3ヵ月ずつ海外出張（合計6ヵ月）→ 自分で海外出張（最長5ヵ月）へ。図表中の人数の欄の中堅層は技術はできるが管理的業務の経験を持たない者が多い。	技術・品質面と資金面の管理。 　ｃｆ. 上は日本人。当該子会社の社長は現地人。

（出典）本表は、日本公庫総研レポート、厚生労働省委託調査研究事業の関連記事より筆者作成。

会社	現状の仕組み	改革の背景	改革の方向
A社	・国内外を問わず、外部人材を活用。	・社外の即戦力採用が中心となっているため、高齢化問題発生。	・近年新卒採用を開始。中途採用だけでなく、新卒採用を積極的に行い、次世代の人材を育成する計画。 ・朝礼の中で英語のスピーチを全員持ち回りで実施。 ⇒ 経営のグローバル化の下地作り。
B社	・入社してすぐの海外派遣（早期海外派遣）等、若手社員に対する訓練制度は整備されている。	・海外事業の拡大に対して人材育成が追いついていない。特に経営者・指導者レベルの人材不足。	・海外赴任にかかわる体系的なキャリアパスの整備が必要。 1. 若年期にスーパーバイザーとして3年程度現地へ派遣。 2. その後マネジャーとして5年程度の本格的な派遣。
C社	・新卒採用を積極的に行い、日本から出張ベースの派遣を繰り返しながらグローバル人材を確保・育成。 ・月／水／金の18時から自由参加の英語勉強会を開催（会社負担）。	・必要な対策は講じているので、現状では特に問題はなし。	・技術・品質面と資金面の管理。 ｃf. 上は日本人。当該子会社の社長は現地人。

（出典）図表2に同じ。

（1）グローバル人材（日本人スタッフ）の人数の相違について

　グローバル人材の人数は図表2のように、A社の3人からB社の21人まで及び、いずれの企業でも、海外子会社に日本人スタッフ（出向者）が配置されている。C社の日本人スタッフは出張ベースの海外赴任であるために厳密な定義では出向者ではないが、本社の日本人スタッフの誰かが当該子会社に出張し、そこで3〜5ヵ月間程度駐在して本社に戻り、また誰かが当該子会社に出張するというローテーションをしていくやり方を採用しており、したがって常に日本人スタッフの誰かを

配置しているという意味では出向者とみてもよい。

　このように、日本人スタッフを常駐させている点は似ている。相違は海外子会社に日本人スタッフをどれだけ置くかの違いである。例えば同じ自動車部品製造業でも、C社を除いたA、B社の工場規模はほぼ等しいけれど、日本人スタッフの数は大きな差がみられる。A社は3人であるが、B社は21人と桁違いに多い。それぞれに合理的な理由をもつ。例えばB社の場合、日本人スタッフが多めに設定されているが、その理由の一つは、当該子会社の主力販売先が現地日系企業であるためである。というのも生産品を主に現地日系企業に販売する場合、商談等各種のやりとりを外国人に任せるよりは、同じ日本人同士によるやりとりのほうが効率的であるからである。これに対して、A社は日本本国でもなく進出先国でもなく（第三の国・地域である）欧米を中心に輸出・販売を行っている。このため、日本人のお客を相手にやりとりをする必要はないという意味でB社ほど手厚く日本人スタッフを配置していない。一般的に言えば、日本人スタッフの人数は取引先の性格よって決定されるという側面があるということである。

（2）グローバル人材の役割について

　いずれも、海外子会社の社長以下、生産、品質、財務等の各部門の上級管理職が日本人スタッフの主要な役割である（図表2の人数の欄を参照）。

　これら日本人スタッフの職務は本社の経営方針を共有し、海外子会社でそれを着実に展開することである。B社を例にとると、当該子会社での日本人スタッフの職務は、「現地人の教育・育成、諸事象への判断・指示などマネジメント業務」が中心となっている。またA社の日本人スタッフは「日本本社と海外子会社との調整、管理」の業務に従事している（図表2の職務内容の欄を参照）。

　このように日本人スタッフは本社の方針管理を海外子会社で展開する際の中心的な役割を担っている。ただし、C社の場合、当該子会社の経営トップが「現地人」であり、「労務管理」、「営業」を担当している。それ以外の「技術・品質面と資金面の管理」は「日本人スタッフ」が責任をもつ。つまり、経営トップが「現地人」で

あるが、C社の場合、管理項目の主要な柱である、品質、財務面については「日本人スタッフ」に責任を持たせることで、海外子会社が本社の意向を無視して独走することに対して一定の歯止めの管理を行っている。したがって、経営トップが「現地人」であるといっても字義通り「現地人」が海外子会社の管理を行う完全な権限を持っているわけではなく、一定の管理権限は「日本人スタッフ」が握っているのである。

（3）グローバル人材の量的確保の仕組みについて

（ア）新卒採用、（イ）中途採用、（ウ）外国人採用のいずれかのルートでグローバル人材を確保している。上の事例のA社は（イ）の中途採用、B社は（ア）（イ）（ウ）の3つのルート、C社は（ア）の新卒採用という形で人材の確保を進めている。

しかし、例えば同じ（ア）のB社とC社でも、新卒で採用した人々の中から「4〜5年間の海外勤務(＝海外出向)を担当する人材」を確保するのは容易なことではない。各社はこの海外勤務の担い手をどのように確保しているのか。

B社は上に触れたように、大卒・大学院卒、高専卒、高卒と幅広い層から採用しているが、このうち大卒・大学院卒は採用時に海外勤務の可否を確認するようにしており、その際に海外勤務ができないとの意思を表明した応募者は採用しないという方針をとっている。

C社は新人であれ、ベテランであれ、日本人スタッフは全員「赴任(＝出向)させるのではなく、3ヵ月間の出張(もしくは5ヵ月間の長期出張)を繰り返す」という形で派遣している。4〜5年間の海外勤務を担当する人材を確保するのは難しいが、3〜5ヵ月間程度の出張ベースの海外勤務であれば比較的本人や家族からの了解・合意が形成されやすいからである。

これら2社の取り組みは、いずれもグローバル人材を量的に確保しプールするための経営独自の工夫の一例であると言えるだろう。

（4）グローバル人材の教育訓練の仕組みについて

　いずれも、グローバル人材を育成するための体系的な訓練制度はない。中堅層以上、さらにはそれ以上のマネジャー層には海外勤務のための特別の管理職教育は存在しない。他方、若手社員は入社してすぐに海外に派遣（若手社員の早期海外派遣）する仕組みが設置されているが、3ヵ月程度の海外出張をベースにしたものがあるだけである。それ以外の特別の訓練の仕組みは用意されておらず、若手社員の早期海外派遣の次元にとどまっている。

（5）次世代の人材育成に向けた新たな取り組みについて

　上に述べたように、各社の教育訓練面での取り組みは多分に限定的である。各社はこの現状についてどのように受け止めているのか。この点を要約したのがこの節の冒頭で紹介した図表3である。注目すべき点は以下の諸点である。1. 3つの企業は、いずれも従来、どちらかというとその場その場で必要に迫られて行っていた人材育成のあり方の見直し、それによってもう少し日常的にかつ体系的に人材育成に取り組むことができるようにすることを目指している。2. ただし、すべての企業が体系的教育プログラムを導入できるわけではない。このため、例えばC社の事例に示されているように、いわゆる「出向」という概念にとらわれずに出張者「のみ」を派遣し続けるという仕組みを作ること等によって、自社ができない部分は、自社ができる範囲で独自のやり方を考案し、グローバル人材の確保・育成を実現している企業も存在する。ささやかな取り組みではあるが、経営資源に制約がある中小企業のグローバル人材の確保・育成にとって見逃せない重要な取り組みの一つであると理解することができる。

注

1　本章は、齋藤毅(2015)「中小企業のグローバル人材育成の現地点」福井銀行機関誌『福銀ジャーナル』盛夏号、に加筆・修正して改稿したものである。なお、以下の行論の中でとりあげる3社の事例は、主として日本公庫総研レポート、厚生労働省委託調査研究事業の関連記事による。

2　なお、この他に海外赴任前の（海外出向者を対象にした）研修が存在し、帰任者から現地の労働慣

習、生活・文化についてレクチャーしてもらい、新たに赴任する者の不安を軽減することに寄与してもらっている。

3 なお、この他に、日本本社に「インドチーム」と呼ばれる「支援グループ」を設置し、いつでも（インドの現地工場での）不測の事態に対応できるように数名はビザを更新しながら対応している。

参考文献

厚生労働省委託調査研究事業（2014）『日本の「雇用をつくる」人材の確保・育成手法の開発に向けての調査・研究事業』東レ研究所.

日本政策金融公庫・総合研究所（2013）『中小企業のグローバル人材の確保と育成—海外展開に取り組む企業の事例から—』日本公庫総研レポート, No.2013‐7.

タイ経済における現状と課題
―債務の証券化とアンバランスなインフラ投資―

国際経営学科　矢野　生子

　本学では、2016(平成28)年4月より新学部・学科改組を実施し、実学(現場)を重視する実践的な教育方針へと大きく舵を切ることとなった。経営学部でもインターンシップが卒業のための必須科目となっている。特に国際経営学科では「グローバルな人材育成」のために3年次において約3週間の海外ビジネス研修[1]が行われている。この海外ビジネス研修では、就業体験だけでなく、座学も行われている。座学では、当該企業(あるいは機関)の事業内容はもとより、その国の経済状況や商習慣、国民性などについても学ぶことで就業体験の際の重要な基本情報となっている。

　海外ビジネス研修先のひとつであるタイの首都バンコクは、交通渋滞で有名であるが、高速道路やBTS(高架鉄道)やMRT(地下鉄・高架鉄道)が整備され、高層ビルやおしゃれな大型ショッピングモールが次々と建設されている。海外ビジネス研修の座学として企業見学をおこなった「AIRA Capital Public Company[2]」は金融リーディンググループであるが、高層ビル群の中でもひときわ独創的なデザインの巨大ビルであった。

　金融機関のビルが立ち並ぶ様子はあたかも、1980年代後半に「アジアの奇跡[3]」とも呼ばれる急速な経済発展を遂げ、アジアの金融センターとまで称された1997年のアジア通貨危機直前のタイのバブル状態を彷彿とさせる光景であった。実際に、タイでは近年、不動産価格が上昇しており、「不動産バブル」の様相

を呈しているとして危機感を募らせている見方も存在している。

　しかし、そのバンコクでさえ基礎的なインフラである歩道や上下水道などの整備は進んでおらず、歩道のアスファルトは穴だらけで歩きづらい。インフラ投資においてオーバースペックとロースペックが並立しているアンバランスな国である。

　本稿では、アジア通貨危機を経験したタイがそれ以降、どのような経済戦略をおこなってきたかということについて説明し、「住宅ローン」や「消費者ローン」などの「債務の証券化」が再び経済危機をもたらす可能性があること、さらに、タイが抱えるオーバースペックとロースペックが並立しているアンバランスなインフラ整備の理由について考察する。

1.タイの経済状況とアジア通貨危機

（1）タイの概要

　タイ王国は人口6900万人（世界20位：2018年）で、名目GDPは4,553億ドル（世界26位：2017年）とASEAN諸国の中でも高い経済力を維持している。1人あたりの名目GDPについても図表1のように順調な右肩上がりとなっている。

　1世帯当たりの1ヵ月の平均収入は2万6,973バーツ（2017年）であり、10年前の1万8,660バーツと比較すると、1.4倍になっている。所得格差を表す指標であるジニ係数[4]は0.341（所得再分配後）であり、他のASEAN諸国と比べても高く、所得格差が大きいことを示している。また、地域格差も大きく、バンコクと首都圏3県（ノンタブリ、パトゥムタニ、サムットプラカン）の平均収入が4万1,335バーツ（2017年）であるのに対して、北部の平均収入は1万9,843バーツ（2017年）と2倍以上の差がある。

　経済成長率については図表2のようにASEAN主要4ヵ国の中では非常に激しい乱高下を繰り返している[5]。2018年の経済成長率は4.8%であり、失業率は0.7%（日本は2.83%）と経済は上昇局面にあると思われる。日本との歴史も深く、早くから日系企業が進出しており、2016年の日系企業の進出数は553社とASEAN諸国の中でも群を抜いている[6]。

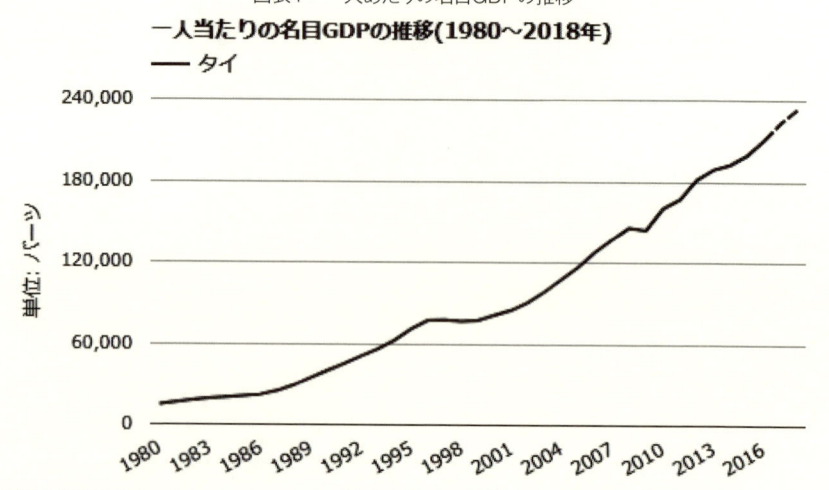

図表1　一人あたりの名目GDPの推移

一人当たりの名目GDPの推移(1980〜2018年)

（出典）三菱UFJリサーチ＆コンサルティング株式会社レポート「タイ経済の現場と今後の課題（2018年6月26日発売）」p.2 図表1。

図表2　ASEAN主要4か国の経済成長率

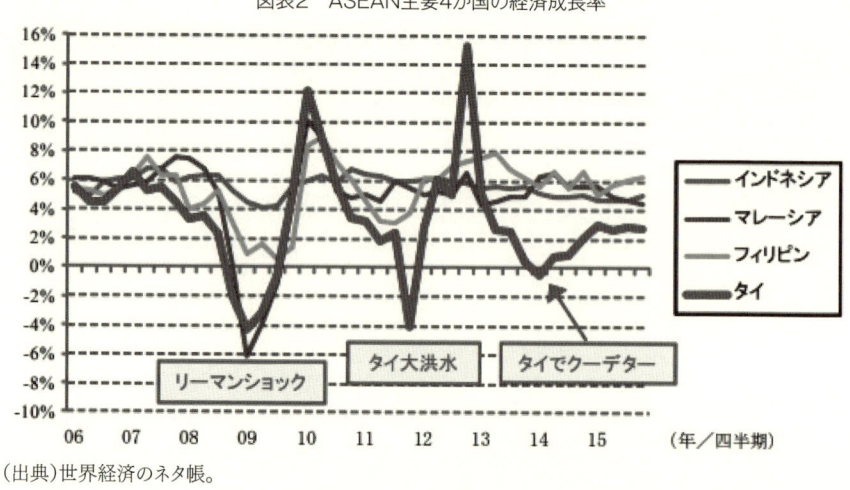

（出典）世界経済のネタ帳。

　人口構成比についても、生産年齢人口（15歳〜64歳）は72.8%となっており、日本の61%[7]よりも高く、まだまだ発展・成長の余地が十分にあると思われる。

　さらに現在、建設ラッシュが進み、不動産価格が上昇している。タイの不動産価格は、2018年には2009年の水準と比較して、戸建て物件で40%、コンドミニアム

は75%、土地は74%の上昇となっている[8]。このような状態について1997年のアジア通貨危機前と同じバブル状態にあるという指摘もある。以下では、1997年に発生したアジア通貨危機の状況について説明し、その後の金融政策が現在の状況を生み出し、リーマン・ショックと同様の危機的状況を含んでいる可能性について考察する。

（2）アジア経済の発展とアジア通貨危機

アジア経済が発展した契機の一つとして、1985年のプラザ合意[9]が挙げられる。この合意以降、急速に円高が進み、為替相場は半年間で1ドル242円から140円前後となった。円高によって日系企業の国際競争力が低下し、物価や労働力が安価なアジア諸国へ進出するようになったのである。

アジア諸国では、日系企業の進出により、税収の増加や失業率の低下が見込めることを期待し、1980年代後半より海外投資増加を目的とした規制緩和が行われた。具体的には、オフショア市場[10]の設立や資本取引に対する税制優遇措置などである。また、投資増加の理由としては、①資金流入を加速するため、金利を高く設定していた。②自国通貨のレートをドルに連動させるドルペッグ制を採用しており、低いリスクで資金を増やすことが可能だった。ことなどが挙げられる。

さらに、1994年にメキシコ危機（テキーラ危機）が発生したことで、これまで南米諸国に投入されていた資本が引き上げられ、この豊富な資金がアジアに流れ込んだのである。このような背景のもとでアジア通貨危機が発生することになるのである。

（3）タイのケース[11]

タイでは1984年10月まで完全なドルペッグ制を採用していたが、11月から自国の通貨を主要な貿易相手国の通貨と変動させるという通貨バスケット方式を採用していた。しかし、ドルによって変動する通貨比率は80%以上を占めており、ドルの影響は非常に大きかった。また、バーツの市場金利はドルの市場金利よりも5%高かったため、投資家は為替リスクを考慮することなしに確実に高い金利を得る

ことが可能となったのである。このような状況の下でタイ政府はバンコク・オフショ
ア金融センターを設立し、海外からの資本投資を誘致したことでタイでは経常収
入を上回るほどの資金が流入することとなったのである。しかも、海外からの資金
流入をさらに加速させるために、現地企業が容易に低利子で海外からの資本受
け入れが可能であった。このような状況下で、タイの残高に占める短期資金の割
合は1993年から40%を超え、マレーシアでも1993年から20%を超えるようになっ
たのである。

　このようにして、タイではプラザ合意以降の円高・ドル安を背景にして輸出の
増大と資本流入が拡大し続け、1990年代前半までバブル状態が続いた。しかし、
1995年以降、円安・ドル高傾向となり、ドルにリンクしていたタイ・バーツは増価し、
次第に輸出競争力を失っていったのである。

　本来、タイの経常収支は赤字であり、それを上回る資本収支の黒字によって外
貨準備を補ってきたのであるが、このような状況下で海外の投資家たちのタイ経
済に対する不安が増大し始め、1996年の不動産投資の供給過剰によるバブルの
崩壊によってタイ国内の銀行が不良債権を顕在化させたことから、逆に資本流出
が発生することとなったのである。また、バブル期におけるインフラ投資などの投
資超過の部分を海外の資金に依存していたため、累積債務問題も深刻化するこ
ととなった。

　このような状況の下で、1997年7月2日にタイはバーツの切り下げを行い、変動
相場(管理フロート)制度へと移行した。これをきっかけにバーツは暴落し、IMFが支
援に乗り出した8月にはバーツの価値は30%以上下落し、経済成長率もマイナス
へと転じたのである。そして、タイで発生した通貨危機はインドネシアやマレーシア
などアジア各国へ波及し、「アジア通貨危機」と呼ばれたのである。

2. アジア通貨危機の金融政策

　南米と比べて経済のファンダメンタルズ[12]の高かったアジア地域においてアジア
通貨危機が発生・拡大した要因の一つとして、金融システムの脆弱性が挙げ

られる。アジア通貨危機後、財務状況 の悪化した金融機関の不良債権処理、資本注入、整理・統合等の金融制度改革が不可避となった。タイの公的金融支援の枠組みは、国際通貨基金(IMF)と日本の主導によって構築され、金融システム改革もその支援条件に沿って推進された。1997年に「証券化規則」を整備し、10月にはファイナンスカンパニー(FC)の再編・不良債権処理を担う金融再生庁(FRA)を設立した。1997年12月には閉鎖したFCの優良債権を受け継ぐラタナシン銀行(商業銀行)を新設し、1998年8月には、民間の資産管理会社(AMC)の設立と不良債権のAMCへの移管がおこなわれた。さらに2003年には、「ABS(資産担保証券化)法」、2004年には「SPV法」が整備された。このような改革とともに多くの金融機関が抱えた巨額の不良債権処理のために「債務の証券化」がおこなわれ、証券化取引が活発となったのである[13]。

　「債務の証券化」の例としてタイでは、1997年に財務省の監督下にある政府系金融機関であるタイ王国SMC(第二次抵当公社)を設立し、住宅ローンを担保とする資産担保証券(Mortgage Backed Securities:MBS)の発行業務等をおこなうようになった。2014年には、日本の「住宅金融支援機構」とタイ王国SMCとの間で連携協定となる覚書を締結している。この目的は、証券化商品の組成のノウハウを共有するほか、両国の住宅金融市場の動向を情報交換し、アジアのMBS市場が今後拡大するのを見据え、協力関係を築くことにあるといわれている。

　しかし、「債務の証券化」はリーマン・ショックのような世界的規模での金融危機を生じさせる要因となる可能性を内包しているのである。

(1)証券化について

　証券化(Securitization)とは、帰属主体(オリジネーター)が保有する原資産(underlying assets)を特別目的事業体(SPV:Special Purpose Vehicle)などへ移転させることによって、キャッシュフローを生み出す原資産を裏づけとして資産担保証券(ABS:Assets-Backed Securities)などの流動性が高い金融商品を発行する技術である。原資産の種類としては、不動産や債権、住宅ローンや、消費者ローン、知的財産権、インフ

ラ事業などさまざまである。

　証券化の歴史は1970年のアメリカにおいて民間金融機関から買い取った連邦住宅局保証付きのモーゲージを裏づけとした不動産担保証券[14]（MBS: Mortgage-backed securities）をジニー・メイが発行したのが始まりである。証券化によって帰属主体（オリジネーター）は保有する原資産を投資家に譲渡することで資金調達や原資産のリスク移転が可能となり、投資家は原資産のリスク負担のみで通常の投資とは異なる商品（住宅ローンや消費者ローン）に対する投資をおこなう事が可能となる。しかし、証券化が高度化・複雑化することにより透明性が薄れ、サブプライム・ローン[15]のような非常に信用性が低くリスクの高い商品に投資し、2008年にリーマン・ショックを引き起こしたのである[16,17]。

（2）住宅ローンの債権化と消費者ローンの債権化

　アジアでは、1997年に発生したアジア通貨危機後に不良債権処理の手段の一つとして証券化の手法が導入された。しかし、もともと金融システムが脆弱だった東南アジア諸国において、証券化に対するルール作りが不十分なままで取引市場を開始した国がほとんどであったのである。

　先述したように、タイでは、タイ王国SMC（第二次抵当公社）を設立し、住宅ローンを担保とする資産担保証券（MBS）の発行業務等をおこなうようになった。現在では、日本の「住宅金融支援機構」と連携協定を結んでいる。1997年以降、証券化取引の中で最大の取引額は政府系のプロジェクトであるDhanarak Asset Development を除くと日本のイオングループとの合弁会社であるAEON Thana Shinsapが137億3500万バーツとなっている。

　また、タイの消費者金融部門においては特に日本企業との合弁が多く、主なものとしては、以下のような企業が挙げられる。

- ・AEON Thana Shinsap（イオングループ）
- ・EASY BUY Public Company Limited（伊藤忠とアコムの合弁会社）
- ・Capital OK Company Limited（オリックス49%出資）

・AIRA&AIFUL Public Company Limited（アイフル49%出資）

これらの企業も消費者ローンを証券化している。

特筆すべきは、タイでは消費者金融から借金をするということについて日本のような抵抗感は非常に少ないということである。むしろ、「自分は消費者金融からお金を借りることができるほど信用がある人間である」という一種のステータスのような扱いすら見受けられるのである。バンコクの中心部にある大型ショッピングモールの中に非常に明るく、おしゃれな消費者金融の支店が並び、買い物客はまるで銀行のATMから現金を引き下ろすように気軽に借金をして、そのままショッピングモールで買い物を続けるのである。この背景としては、AIRA&AIFUL社の説明によると、①タイでは賃金上昇率が高いため、金利が高くても少額の借り入れであればすぐに返済可能であり、さほど負担にはならない。②クレジットカードを利用できない人や銀行からの融資が難しい零細小売店の運転資金など少額の資金需要が非常に高く、低所得者層にとって特に必要不可欠なものである。③手持ちの現金がなくてもすぐに借りることが可能なため、欲しいものがすぐ手に入るようになり、経済全体の消費活動を活性化する良いシステムであると捉えている。

多くの日本の消費者金融会社が合弁企業という形でタイに進出しているのは、そのようなタイ独自の事情からタイを魅力的な市場ととらえ、さらなる市場拡大を狙ったものと考えられるが、合弁先のタイ側としても、与信審査[18]などの与信管理を経験豊富な日本の消費者金融会社に任せ、そのノウハウが学べるというメリットが挙げられる。

このように1997年に発生したアジア通貨危機後、多くの金融機関が抱えた巨額の不良債権処理のために、「債務の証券化」がおこなわれるようになり、証券化取引が活発となった。そして、「住宅ローン」や「消費者ローン」などの証券化が拡大するとともに、タイでは再び、住宅・建設バブルが発生していると考えられる。日本の消費者金融会社などにそのノウハウを学んだとしても、まだ金融システムそのものが脆弱であり、サブプライム・ローンの時のように与信能力に乏しい借り手に融資を続ければ、リーマン・ショックのような世界的規模ではなくても、タイ国内は

もとより再びアジア全体に経済危機が波及しかねないのである。それを防ぐためにも、金融市場の透明性と与信管理などのスキルの蓄積、法整備などの拡充により金融市場を成熟させることが急務である。

3.アンバランスなタイの原因

　タイでは、インフラも活発におこなわれているが、日本のインフラ整備のように全国的に同じレベルのスペックで計画的におこなわれるのではなく、インフラ投資においてオーバースペックとロースペックが並立しているように思われる。高速道路やBTS（高架鉄道）やMRT（地下鉄・高架鉄道）のような交通網が整備され、独創的なデザインの高層ビルが次々と建設されているバンコクでさえ、歩道や上下水道などの整備はあまり進んでいない。中心部から車で少し離れただけで首都バンコクとは思えないほどインフラ整備が遅れた地域が現れるのである。このような、インフラ投資の極端な偏りが起きる理由[19]としては、エンジニア不足が挙げられる。なぜエンジニアが不足しているのかというと、タイでは、大学進学の際に土木・工業系が軽視され、文科系、特に経済・社会学系に人気があるからだといわれている。優秀な学生は大学を卒業すると金融機関に就職し、高額所得者となる。土木系や工業系出身の人材が不足しているため、細やかな都市計画や仕様書が作成できず、インフラは海外の業者に任せるという構図が出来上がってしまっているのである。そのため、地域住民のニーズに沿った基礎的なインフラ整備が進まず、インフラのオーバースペック、ロースペックが発生しているのである。

　日本であれば住民の不満が爆発しそうなものであるが、タイでは、その国民性からなのか「とりあえず生活できるから。まぁ、いいか」と割り切っているところがあるらしい。しかし、それはますます国民生活を二極化させ、所得間格差を拡大することになってしまうのである。

　日本政府（外務省）はこの状況に対して、タイでのエンジニア不足を解消し、技術者を育成するため、日本の高専（高等専門学校）の導入を推奨しているが、その重要性をなかなか理解してもらえないそうである。

経済のグローバル化に伴い、国際資本移動が拡大している現代社会においては金融市場の成熟は必要不可欠であるが、マネーゲーム的側面もあるため、内生的だけではなく外生的な要因で経済危機を招く可能性がある。

　持続的な経済成長を維持するためには、長期的な投資計画が必要である。投資計画とはインフラ整備だけでなく、企業における設備投資や技術開発、教育に対する投資である。「タイには海外から有名な企業の工場がたくさん進出しているが、タイの（有名な）工場はない」と言われている。技術系を軽視し、インフラも製造業も海外に任せた結果である。安価な労働賃金で労働力を確保できるため、日本の自動車産業をはじめとして多くの海外企業がタイに工場を進出させている。雇用が創出されるためタイ政府は積極的に海外企業を誘致しているが、より安価な労働力が確保できる国が見つかれば、海外企業は簡単に拠点を移すのである。

　「借り物」による経済発展ではなく、「自前」の経済発展をするためにも長期的な視点に立ち、教育と技術力の底上げを図るべきであると思われる。

注

1　本学の経営学部国際経営学科では、3年次においてシンガポール、タイ、ベトナムで約3週間の海外インターンシップを体験することが卒業要件の一つとなっている。

2　AIRAグループの一つである「AIRA&AIFUL」は消費者金融のアイフルと2014年に設立した合弁会社である。

3　第二次世界大戦後、急速に発展した国の中でも東アジア諸国は1965年から1991年の間に一人当たりのGNPが5.5%と他地域よりも格段の成長を遂げたことから、「アジアの奇跡」よばれるようになった。世界銀行は日本と、アジアNIEs4カ国（韓国、台湾、香港、シンガポール）と、ASEANのうち3カ国（インドネシア、マレーシア、タイ王国）の8カ国をHPAEs（High-Performing Asia Economics）と説明している。またアジアNIEs4カ国は「アジア四小龍」や「4匹の虎」と称されることもある。

4　ジニ係数は人口の累積比と所得の累積比で得られるローレンツ曲線から所得格差を1〜0の数値で指標化したもの。ジニ係数0の場合は完全平等（全員の所得が同じ）、1の場合は完全不平等となり、数値が1に近いほど所得格差が大きい（所得分配が偏在している）。

5　1997年に発生したアジア通貨危機の影響で1998年のタイの経済成長率は-7.6%まで落ち込んだ。

6　JETROの「2016年度日本企業の海外事業転換に関するアンケート調査」のデータでは、タイの553社に対して、ベトナム384社、インドネシア329社、シンガポール317社となっている。

7　日本では、1995年に生産年齢人口はピークを迎えた。

8 「SEKAI PROPERTY」2018年4月25日版。

9 プラザ合意とは、1985年9月22日、アメリカ合衆国、日本、イギリス、フランス、西ドイツによる5か国蔵相・中央銀行総裁会議（G5）で決定された、ドル安に向けた参加各国の協調行動への合意のことである。

10 オフショアとは、外国の投資家や企業の資産管理を受け入れる金融機関や市場のこと。

11 拙著「国際経済の理論と経験」（2016）　第5章　通貨危機について参照。

12 『ファンダメンタルズ』とは「経済の基礎的条件」という意味であり、9にや企業などの経済状態などを表わす指標である。具体的には、一国の国際収支、経済成長率、物価上昇率（インフレ率）、失業率、財政収支などが挙げられる。

13 日本ではバブル崩壊後に多くの金融機関が抱えた巨額の不良債権処理のために「債務の証券化」が積極的におこなわれるようになった。そのための法規制として「対抗要件法（1998年）」、「資産流動化法（1998年〜2000年）」、「信託業法（改正、2004年）」が整備された。2007年に設立された「住宅金融支援機構」は1950年に設立された住宅金融公庫の権利・義務を承継した全額政府出資の独立行政法人である。「住宅金融支援機構」は、提携する民間金融機関が融資した35年固定金利の住宅ローン債権を買い取り、証券化をおこなっている。現在、「住宅金融支援機構」は、日本における最大のMBS発行体となっている。また、「住宅金融支援機構」は、2014年1月9日に米国政府抵当金庫（ジニーメイ）と「了解覚書（Memorandum of Understanding ： MOU）」を締結している。

14 不動産担保証券（MBS：Mortgage-backed securities）や住宅ローンを原資産として発行するRMBS、債権を原資産として発行する債務担保証券など、原資産によって色々な種類が存在する。

15 サブプライム・ローンとはアメリカにおいて通常、金融機関が融資をする信用力の高い個人向けローン（プライム・ローン）に対して信用力の低い個人向け融資（サブプライム・ローン）を指す。このサブプライム・ローンの登場によってアメリカでは住宅建設ブームが起こり、日本もその恩恵を受けて家電製品などの販売が好調であった。

16 サブプライム・ローンの行き過ぎは1990年代後半化にすでに住宅バブルとして一部の学者から指摘されていた。2006年に入ると住宅価格の上昇率が次第に低下し、それと共にサブプライム・ローンはもともと信用力の低い個人向けの貸付であったため、ローンの延滞率が目立つようになったのである。この住宅バブルの崩壊は2007年の夏頃から問題が表面化し、リーマン・ショックへと続くことになったのである。

17 リーマン・ショックによって、アメリカの大手の投資銀行は次々と破たんしたが、アメリカの保険最大手のAIGが破たんの危機に陥り、世界的規模の金融危機までに発展したのはデリバティブ取引の一種であるCDS（Credit default swap）の存在も大きいと考えられる。

18 『与信審査』とは、金融機関やノンバンクにおいて、取引先に対する信用供与の可否について判断することである。（大辞林 第三版）

19 この点については、本学の海外ビジネス研修の最終日におこなったバンコク在タイ日本大使館での報告会の際に久芳一等書記官からご教授いただいた内容である。最終報告をおこなった学生への総括ならびに座学において有益な情報をいただいたことに心より感謝申し上げます。

参考文献

飯島健(1997)「アジア通貨危機の背景とその影響」環太平洋ビジネス情報 RIM 1997, No.39.

清水聡(2014)「アジアにおける証券化取引の現状と期待される役割」環太平洋ビジネス情報 RIM 2014, Vol.14, No.53.

矢野生子(2016)『国際経済の理論と経験』同文舘.

「図録 タイなど東南アジア諸国の不平等度の推移 – 社会実情データ図録」, https://honkawa2. sakura.ne.jp/8120.html, 2018年10月20日最終アクセス.

JETRO「タイ日系企業進出動向調査2017年」調査結果(2017年10月)https://www.jetro.go.jp/ world/reports, 2018年10月20日最終アクセス.

堀江正人(2018)「タイ経済の現状と今後の展望」三菱UFJリサーチアンドコンサルティング 経済レポート, http://www.murc.jp/report/economy/analysis/reseach/report_180626/

第Ⅴ部
グローバル人材育成のための大学教育

グローバル人材とは

近年、日本において、グローバル化といわれて久しいが、その際に使われるグローバル人材とは、どのような人物像を想定しているのであろうか。

長崎県立大学経営学部国際経営学科で養成する人材像として、次のような内容を挙げている。

「現代のグローバル化している企業経営に必要な経営学の知識・知見と実践力及び語学力とともに海外での実践を通じて国際的な経営感覚を身に付け、グローバルな視点で様々な企業の課題に主体的に対応できる人材を育成します。」

すなわち、ここで挙げられている人材像とは、"グローバルな視点"を身につけた人材を念頭に置いている。では、ここで言う"グローバルな視点"とはどのようなものなのか、また、グローバル人材とは、そして、グローバル人材の育成とはどのようなことなのかを概観する。

1. グローバルとは

"グローバル"と"国際"という言葉の間には、違いがあるのだろうか。グローバル化と国際化、グローバル人材と国際人というように似たような言い方で使用されている。しかし、同じことを表現しているのであれば、どちらかに統一できるはずであるが、多くが使い分けられている。そこで、言語学者ではないが、語義からその意味を明らかにしてみる。

グローバルとは、英語表現をカタカナで表した単語である。本来は"global"という綴りの英単語であり、"globe"すなわち地球という単語から派生し、「地球上の、世界的な」という意味を持つ単語である。

　一方、国際に対応する英単語としては"international"が相当すると考えると、"nation"（国、国家）という単語から派生した"national"（国家の）という形容詞に接頭語である"inter"（～の間の、相互の）がついて形成された単語である。すなわち、国を単位として、国と国の間のこと国家間を意味する単語である。

　グローバルが地球を一つの単位としているのに対し、国際は国を単位として、国と国との間あるいは国と国の国境を越えて行き来するという意味合いがあると言える。

　このように考えるとグローバル化は、地球規模で物事を考え、行動するようになることを意味していると言える。一方で、国際化は、国を基礎に、国家間で国境を越えて行動することになるという意味を持つと考えられる。

　日本では、グローバル化あるいはグローバル人材という場合、海外に出て活躍するあるいは仕事をしていくというイメージが強いが、このような本来のグローバルという単語自身の意味を考えると、一概に単に海外に出て行くということでは捉えきれない。例えば、最近、"内なるグローバル化"とでも言うべき状況が進展している。

2.内なるグローバル化

　近年、「内なるグローバル化」という言葉を聞く機会が増えてきている。これまでのグローバル化というのは、一方的に日本国内から海外へのヒトとモノの移動であったように考えられる。どちらかと言えば、国際化と同じ意味で使われることも多く見受けられた。しかし、前述のグローバルの語義から考えると、地球規模で物事を考え、行動するという点からは、日本から海外という一方通行ではなく双方向であり、国という枠を超えて俯瞰的に考えることが求められる。

　このような視点に立てば、当然、日本国内におけるグローバル化ということを検

討することが必要である。すでにモノの視点では、グローバル化は着実に進行している。身の回りのモノの多くが海外で生産された、あるいは原材料を輸入に依存している製品で埋め尽くされている。日本企業のブランドを冠していても生産は外国である場合もあれば、外国企業のブランドであっても日本国内で生産している場合もある。

　さらに現在進行しているのは、海外からの企業やヒトが今までよりも多く日本国内で活動していることである。このことが、日本というローカルな地域を内なるグローバル化で活性化させることにつながると言える。

　では、どのようなことが起こっているのかを、企業の人材採用の面から見ていく。例年10月1日は日本経済団体連合会の採用活動ルールとしてのスケジュールでは、内定日として各企業で内定式が行われている。しかし、2018年10月1日に株式会社メルカリでは外国籍社員の入社式を行った。今回採用された外国籍社員は9ヵ国44名（うち、インド：32人、台湾：3人、中国・米国：2人など）である。特にインドにおいては、学生向けのハッカソン（ソフトウエア開発コンテスト）を開催するなど積極的に外国籍の社員の採用を進めている。その結果、2018年現在、東京本社で働く社員の国籍数は28ヵ国となっている。

　さらに、2010年代から、日本企業において社内公用語として英語の採用が行われてきている。例えば、楽天株式会社や株式会社ファーストリテイリングでは、いち早く英語の社内公用語化を2012年に行うと表明していた。現状では、完全な公用語ではなく、英語と日本語の使い分けを行うなど柔軟な対応を行い、また一定の基準を設けてはいるが、未達成だとしても降格などの対応は行われていない。しかしながら、この傾向は現在も変わることなく続いている。

　例えば、株式会社資生堂では2018年10月からグローバル本社および資生堂ジャパン株式会社の約2500人を対象に英語を社内公用語として採用している。1人でも外国籍の人材がメンバーにいる場合は、英語が義務づけられるが、日本人同士の場合は日本語の使用が認められる。希望者には語学学校の費用を全額会社負担するとしている。グローバルに海外展開する部門のみならず国内を担

当する部門にも英語を公用語とするのは、訪日客の増加、海外向けネット通販など国内営業においても英語が必須となっている現在の状況がある。

　また、本田技研工業株式会社では2020年を目標として、世界6地域間コミュニケーションにおける「英語公式言語化」を推進している。情報発信側の英語使用、会議文書・資料の英語化を進め、将来的には英語を役職者の認定の要件としていく計画を持っている。

　このような状況が、近年の日本企業では見られるようになってきている。さらに、政府は外国人労働者受入拡大に政策を転換している状況も見られる。すなわち、日本国内に多くの外国籍の人材が日本人とともに働くことが日常となり、多くの訪日客や留学生が日本を訪れるようになっている。また、2016年には訪日客数目標を2020年には4000万人、2030年には6000万人とするなど、政策として打ち出しており、今後も、ますます、日本の内なるグローバル化が進行していくと言える。

3.社会から求められる人材像

　このような現状において、これから社会に出て行く学生に求められる人材像とは何かを考えてみたい。

　先にも挙げたが、長崎県立大学経営学部国際経営学科で養成する人材像としては、「現代のグローバル化している企業経営に必要な経営学の知識・知見と実践力及び語学力とともに海外での実践を通じて国際的な経営感覚を身に付け、グローバルな視点で様々な企業の課題に主体的に対応できる人材を育成します。」としている。

　この人材像について、検討してみたい。「現代のグローバル化している企業経営」において、これまで見てきたようにグローバル化とは単に海外で活動しているという意味のみではなく、国内においても内なるグローバル化をしている企業の経営ということを意味している。その上で、そのような企業経営に「必要な経営学の知識・知見と実践力及び語学力」、「海外での実践を通じて国際的な経営感覚」を身につけるとしている。

前段の経営学の知識及び語学力はグローバル化の社会においては必須といえる。もともと、経営学の知識は現代社会においては、誰もが持ち合わせる必要がある教養の一部だと考える。現代社会は株式会社に代表される組織体が社会を構成していると言っても過言ではない。例えば、行政、学校、病院なども組織体である。個人はその時々で消費者、生活者、地域住民、市民、組織人などと立場が変わったとしても、このような組織体との関わりがなく生活することは不可能である。その組織体の管理、運営などについて研究するのが経営学であるとすれば、経営学の知識を教養と位置づけても問題はないと考える。グローバル化が進行している現代において、経営学は企業の行動を理解する上で必要な知識だと言える。また、語学力もすでに述べているように企業において公用語、準公用語、公式言語などというように必須のスキルとなってきている。

後段の海外での実践から国際的な経営感覚を身につけるとしている点からは、次のようなことを読み取ることができる。ここで国際的という言葉を使っていることから、グローバル人材を養成するとしても、国内での教育だけでは、いきなりグローバルすなわち地球規模での視点をもつことは不可能である。まずは、日本という国を出て実際に海外の国を見て、知って、経験するところから始めることが必要である。その上で、このような知識と語学力、海外での経験が、グローバル人材の基礎になると考えられる。

このような人材像は、現在、社会から求められている人材像の一つと言えるのだろうか。先に述べているが、現在、日本が置かれている状況において、すでに日本企業は国境を越えて、世界各地で生産、販売、サービスなどの活動を行っている。さらに、最近では内なるグローバル化として、国内においても外国籍の人々が定住し就業し、多くの外国からの訪日客を迎え入れていることからもグローバル人材の必要性は明らかである。

4.グローバルな視点

さらに、人物像の中には"グローバルな視点"をもって、企業経営の課題に主体

的に取り組めることが求められている。

　"グローバルな視点"で企業経営の課題に主体的に取り組み思考するとは、どのように捉えるべきか。企業経営においては、研究・開発、生産、販売、金融、サービスなどを地球規模で適材適所を検討することが、現代では必要となってきている。その一例が、メルカリの外国籍社員採用である。IT人材として能力のある社員を採用する場合、日本に限定するのではなく、地球規模で採用条件にかなう人材を採用するためにインドをはじめとした地域で採用活動を行っているといえる。また、製造業では本田技研のように世界各地に生産拠点を持ち、消費地に近い地域で生産を行うことは日常的に行われている。

　では、"グローバルな視点"とは、何を意味すると考えるべきだろうか。すでに語義からグローバルとは地球規模であるとしたが、地球規模の視点というのは抽象的であり、具体性に欠ける表現である。

　それ故に、"global"と"local"から日本で造語されたグローカルという和製英語で表現されるように国境を越えた地球規模の視点と地域の視点の両側面から、様々な問題を捉えていくことが求められている。さらに地球規模で思考し、地域で行動する必要性が高まっている。

　企業経営においても、地球規模でさまざまな問題に取り組む必要があると同時に各地域において最適化することも求められている。自動車産業において、地球規模の視点では、地球温暖化をはじめとした地球環境問題への対応を早急に進める必要があり、ハイブリッド車から電気自動車や燃料電池車などの化石燃料を使用しない製品への移行を行っている。一方で、これからモータリゼーションを迎える地域においては、依然としてガソリンエンジン車の需要があるのも現実である。このような矛盾する問題への対応を行うことが現代企業においては業種を問わず直面していると言える。

　このような問題にグローバルな視点を持って取り組むことが求められ、それに対応する人材が必要とされている。

5.グローバル人材の育成

ここまで、グローバル人材について述べてきたが、体系的に育成が可能なのだろうか。

"グローバルな視点"を持つと言うことは、一朝一夕にできることではないのは言うまでもないことである。では、どのように育成していくことが効果的なのだろうか。

いきなりグローバルな視点を持つことは不可能であると考える。まずは自らが生活している地域を知ることからはじめ、その上で他の地域を知っていく努力と平行して、地域の問題を地球規模の問題と結びつけるような思考を繰り返すことにより、グローバルな視点を獲得することが可能となるのではないかと考える。その意味では、グローカルという概念は重要になってくる。

語学力については、グローバル人材を形成するためには重要な要素ではあるが、あくまでも一つのスキルとして考えることが必要である。語学力を活用して、どのような言葉を発するのか、言葉の内容が重要であることは言うまでもないことである。

そのように考えると、どのような視点で課題を発見し、主体的に対応できる人材の育成が重要となってくる。単に経営学などの専門知識や語学教育のみでは不十分と言える。広くさまざまな事柄に興味を持ち、見聞を広げることが重要な素地になる。そのためには、幅広い教養教育の必要性が浮かび上がる。習得した語学を活用して、何を話すのか。その点が問われることになる。その意味で、基礎的教養は非常に重要であると同時にグローバルな視点で思考する際にも必要とされると考える。

グローバル人材の育成は、特別なことではなく、社会人としての基礎を築き、社会へ出てから自ら学ぶ姿勢を会得することから始まる点は、大学教育における共通目的である。その上で、グローバル人材として必要な思考方法、経営学の知識、語学力などを習得することにより、グローバル人材の卵となることができる。社会に出てから、大学で会得したことを基礎とし、さまざまな経験、新たな知識を吸収して、真のグローバル人材となり得ると言える。

参考文献

東洋経済ONLINE（2018）「メルカリ「インド最強学生」大量入社の舞台裏」, https://toyokeizai.net/
　　articles/-/240595, 2018年11月5日最終アクセス.

資生堂（2017）「「新3カ年計画」（2018年〜2020年）を策定」, https://www.shiseidogroup.jp/news/
　　detail.html?n=00000000002396, 2018年11月5日最終アクセス.

本田技研工業（2018）「インターリージョンの「英語公式言語化」の推進」, https://www.honda.co.jp/
　　sustainability/report/pdf/2018/Honda-SR-2018-jp-079-095.pdf, 2018年11月5日最終アクセス.

日本経済新聞（2018）「揺らぐ10月1日内定、広がる通年採用、海外組は入社（ビジネスTODAY）」
　　2018年10月2日朝刊.

海外ビジネス研修の経緯と現状・課題

　長崎県立大学経営学部国際経営学科では、2018年8月に第1回海外ビジネス研修としてシンガポール、タイ、ベトナム、フィリピンの4カ国6地域へ海外ビジネス研修生（海外インターンシップ生）を34名派遣した。本学科では1年次にフィリピンセブ島における語学研修さらに3年次においては海外でのビジネス研修を教育プログラムの一環として学生に義務付けており、重要な実践科目であると同時に卒業要件の1つにもなっている。

　2014年から開始したこの研修は、試行として過去に4回実施した。その目的は、本学科のディプロマ・ポリシーに即したものであり、いわゆる「グローバル人材の育成を目指す」ことである。すなわち、グローバル社会に対応する人材の育成、社会人基礎力の向上、英語力の向上（スピーキング力、ヒアリング力など）の向上を目指すものであり、3週間をその実施期間としている。

　本稿では、本学で特徴的なプログラムの1つである研修を実施するようになったいきさつや、その経過、概要、今後に向けてのさらなる研修の充実とそれを実現するための教育の必要性やその内容などの課題についても触れることとする。

1. 研修の経緯

　2011年5月安倍政権による新成長戦略実現会議の下に関係閣僚からなる「グローバル人材育成推進会議」が設置され、わが国の成長の牽引力となるべき「グ

ローバル人材」の育成と活用についての仕組み構築が議論・要請された。これを受け本学でも「グローバル人材の育成」に本格的に取り組むこととなった。2011年夏頃から筆者をはじめ関係教職員は事前調査として多くの官庁や大学や機関・企業などに出かけた。調査を進めるほど、社会の流れに遅れずこの波を早く取り込まなければならないと痛感したことをよく覚えている。

多くのヒアリングや視察、あるいは学内での検討会を数え切れぬほど実施し、その意義や現実可能性、有効性、安全性など多くの視点から検討を重ねた。

2014年の夏、試行としての研修第1期生を派遣するにいたり、2018年8月本番を迎えた。

（1）意義・目的

この研修の意義や目的は、すでに述べた通りではあるが、社会から求められている「グローバル人材育成」が最大の目的である。多くのさまざまな国や地域で、宗教や人種の異なる人々と共に切磋琢磨しながら互いの価値観のもとで社会に貢献できる人材育成を旨としている。育った環境や社会状況は大きく異なろうとも、互いを認め合い、尊重しながら1つの方向性を見出していく。現在の複雑な社会を生き抜くためのタフな人材に求められるリーダーシップの養成、それを支えるための総合的な人間力、知識と幅広い教養を身につける事の重要性に気付き、実践していくことも含まれている。

鍛えるスキルとして英語力がある。英語力とは、文法をしっかりととらえ、英語で書く力、聞く力、コミュニケーションする力、そして英語で考え、発する力である。この英語力の向上もこの研修の目的の1つに含まれている。

（2）4回の試行

2014年8月、本学で初の海外ビジネス研修生がシンガポールに向けて大きな希望を胸に南西の空に羽ばたいた。男女合わせて総勢12名のパイオニア達、この第1期生達は、自分たちの使命を明確に認識しそして的確にその任務を終了し

た。すでに社会の第一線で大いに活躍している。

そして第2期生たちは、先輩たちが拓いた道のりを自分達らしいスタイルで拡張していった。研修先、期間も先の1期生とは異なりずいぶんとインターンシップらしくなってきたことを記憶している。またこの2期生達も社会での立ち位置が決まり自分の足で歩きだしている。

第3期生になると、われわれ教職員の出番は以前のように頻繁ではなくなった。先輩研修生の指導の下多くを学び、それをもとに自分達にふさわしい研修を模索しなんとか自分たちの力で研修をやり遂げたいとの強い決意に満ちていた事を思い出す。

第4期生でこの海外ビジネス研修の試行は終了した。試行としての研修が終わる年に新たな挑戦を行った。従来より懸案事項であったタイ・バンコクでの研修開始。ベトナム・ハノイでの研修。今までより長い約3週間に及ぶ研修期間。研修先についてもバラエティがずいぶん豊かになってきた。本学と「包括的な連携推進に関する協定」を締結している日本貿易振興会(JETRO)やダナン人民政府外務局での研修などが始まったのである。そして、11月10〜11日とベトナム・ダナンで開催されたアジア太平洋経済協力会議(APEC)において国際経営学科2年生(当時)の3人をインターンシップ生として派遣(ダナン人民政府　外務局でのインターンシップ生としてAPEC関連研修に従事)、この研修も多くの成果を残し終了した。

(3) 第1回海外ビジネス研修(本格実施)

過去4回にわたり試行としての研修を行いのべ約80名の学生がこの研修を受けて社会へ巣立っていった。過去に多くの先輩が創りあげて来た研修に毎年その年らしいオリジナルな研修プログラムを学生たちが自ら考え実施していくのである。その年ごとにテーマを決め派遣する。「海外へ出る」「海外で働くことを経験する」あるいは「自主性を持って研修に臨む」などがそれである。研修本番前の事前研修、本番、そして研修を振り返るための報告書作成ならびに報告会の実施。いずれにおいても、テーマに沿いながら学生たちは力を出し切って挑戦していた

ことが思い出される。今年は「自主性を持ち、自分たちで考え皆で力を合わせ主体的に動く」とのテーマでの研修であった。

　また今年の研修活動において特徴的であった事は、各国における在外公館での研修報告会の実施と書記官（文部科学省からの派遣）との意見交換会であった。これは、この研修が始まって以来初めての試みであったが、研修生にとっては、大使館という非日常的な空間での報告は、想像以上の緊張を強いられさらに教育の専門家からの質問や意見交換には研修先とは全く異なるそれに大変戸惑っていることが分かった。

2. 研修の振り返り

　2014年の8月から始まった本学の海外ビジネス研修も、4回の試行を経て2018年の夏で本番の研修を無事に終えた。回を増すごとに研修を引き受けていただける研修先がますます増加し、学生たちのチャンスも大いに拡がった。いくつかの点に絞り、振り返ってみる。

(1) 研修前教育

　研修に先立ち、学内で多くの時間を費やした。研修の動機づけ、派遣される国・地域、研修先の企業・機関、業界・業種研究、社会人基礎力の育成、英語力などの講座提供。社会人として身に着けておくべきマナー講座なども行った。

　準備に余念はなかったが、研修本番では事前に準備していない質問や状況への対応がなかなかスムーズにいかなかった。これは、学生の学問的知識や英語力だけではカバーしきれない知識、研修の背景知識とでも言うべき一般的教養の未熟さが原因ではないかと思う。

(2) 研修本番・内容

　研修前に学生と研修先とで研修内容については話し合いを重ね、内容を詰めて研修に臨んだ。課題を学生自らが考え、課題解決のための研修とした研修先

もあった。研修先によりそれぞれ異なるが、必ずしも学生と研修先との思いが一致した研修内容ではなかった点も気になる。これは、事前の意思疎通がうまく取れていなかった結果ではないだろうか。研修時の英語力を見ると、TOEICスコアとの相関関係はあまり見られない。むしろ自分から積極的に聞こう、英語で考え英語で話そうとする気持ちを持った学生が活躍していた。身に付けた英語力を現実にどう生かしていくかが問われるところだ。試行の研修時では、TOEICスコアは研修後降下気味であった。研修本番を迎えその傾向が気になるところだが、その結果はまだ出ていない。

(3)評価

本番の研修では、その評価をルーブリック方式で行った。研修先、同行教員そして研修を受ける学生本人で評価する。この狙いは、学生と他者との評価のずれを、本人が今後の課題として認識し、就職活動時などに活用するためである。

評価も、このルーブリック方式だけではなく多面的な評価も必要であろう。研修先からのヒアリングや、本人との面談、研修前後での自分の中の変化なども聞きながら総合的に評価し判断する必要があるだろう。

3. 課題

課題として、まず、総合的な英語力の継続的学習と高い英語力を現実に活用できる訓練が挙げられよう。学生たちを見ていると、研修前は、研修に参加するため積極的に英語を勉強しTOEIC受験に励むが、研修から戻ると英語は大事と認識しながらも、自ら学ぼう、TOEICスコアを上げようとする学生は多くはみられない。基本的な英語力を高め、他者との繋がりに活用できるようにするための継続的な英語勉強システムが必要であろう。

また、経営や国際経営についての専門知識の修得もますます重要になってくる。学部生を対象としているため、そこには限界があるかもしれないが、大学で学ぶべき学問をより深く追求し、自分の頭で考える。講義による理論の修得を研修に

よる実践の場で生かすために、さらに理論の修得を深める必要がある。

　つぎに、研修生たちのやる気や研修に臨む姿勢の重要性の保持も挙げられる。この研修への動機づけは、なかなか容易ではないが、全員の学生が研修に前向きでやる気が出るようにわれわれ教員が積極的に関与し導く事も有用であろう。

　研修本番を終え、この研修に際し重要なことは専門知識の修得、英語力だけではなく「研修の動機づけ」や「研修にあたって重要なことの確認」そして「有意義な研修にするための教育内容や方法」「教育効果の確認」なども重要ではないかと考えるように至った。

　研修に出た学生たちが、この研修成果を就職活動に生かすことは非常に有意義なことである。しかしながら提供する学科や研修先はそれだけを望みこの研修を行っているのではない。この研修を受けることにより学生たちに気付いてほしいこと、そしてそれをどのように身につけ、今後にいかしていくかなどである。研修前には、用意周到で研修に臨む。しかし研修の現場に出ると準備したことだけでは対応できない事も多々出てくる。そのような時にこそ、学生の本質的で日々培われた能力が試される。もちろんうまく対応できない学生も見受けられる。うまく対応できなかったのはなぜか、自分の何が足りないのか、不足点に対し、今後に向けどのような事を学び、自分なりに考えていったらいいのかなどをしっかりと身につける必要性を実感し実行して欲しい。準備したことだけでは対応が難しかったのはなぜか。それを克服するには、普段より社会で起きていることに興味関心を持ち、日頃から新聞を読み読書を深め、いわゆる一般に言われるところの教養を身につけそれを自分で高める事がいかに重要であるかが分かり行動に移すことではないだろうか。また、通常の講義に対する理解を深めるためにさらに自分で勉学に励む。

　また別の視点からは、研修中のコミュニケーションが不足していたならば、積極的に他者との接点を持つように努力するなどが挙げられよう。

　通常の大学で学ぶ学問とは次元が少し異なるが「人間力の必要性・重要性」

とでもいうべき人として至極当たり前のことを身につける事も忘れてはならないだろう。

　学生たちは、この研修に参加するにあたりまずは英語力を徹底的に鍛えられる。そして、経営や国際経営に関する専門知識を学び、派遣される国や地域について、研修を受ける業界や業種について自主的に調べ知識を深めている。さらには社会人としてのマナーやルールをも身につけて研修に臨む。並大抵の頑張りでは乗り切れない場面も多々見受けられた。

　研修中の学生たちをみると、日頃の努力の結果からか非常に生き生きと積極的に研修を受け、現地での最終報告会では、その成果を英語で報告していた。研修先の方からは健闘を称える言葉もいただいた。しかし、何かが足りない。不足していることは何か。研修前より準備していたことは流暢な完璧に近い英語で報告はできるが、質疑応答になると応えに窮する時も見受けられた。何より、質問の意味をうまく汲み取れず日本語でも応えるのに時間がかかる場面もあった。

　もちろん学部の3年生に多くの事を期待することは、非常に厳しい事ではあろうが、研修を成功させ、それを自分のものにしてしっかりと今後に生かすためには、人として大切なことに真摯にそして丁寧に取り組んでいくことが重要ではないかと私自身が改めて考えるにいたった。他者とのコミュニケーションをうまくとるには、挨拶、マナーやルールの徹底、感謝の心、誠意を尽くす事を普段から実践できること、教養の重要性、学んだ知識と言語の活かし方などを身につけることの大切さ。これらすべてがうまくまとまり合って初めて、研修が自分のものになり今後の自分の人生において研修成果の深みも厚さも生まれてくると考える。

　われわれ大学人は、学生たちそれぞれが教養を深め、専門知識を身につけ得意の言語を通じて相手と相対することが出来るような教育を提供しなければならない。専門の知識を提供し、言語を鍛えあげる教育だけにとどまらず、人間として豊かなグローバル人材を育成するためには基本的な人間力教育はもちろんのこと専門の枠を超え広く横断的な知識を身につける教育。母語以外の言語を自由に操りながら他者の意見や考えを理解し、自分の考えを伝えることが出来る教育

システム・方法を検討・構築し実践できるようにする必要があろう。そうすることによって、本研修は真に学生のために役に立つ研修になるのではないかと痛感している。

　今後は、学生たちが「自分のありたい未来の姿」をいつも思い描きながら「ありたい姿」を目指し、それを達成するために必要な事、何をすべきかについて大学と一体になり深く考え、実行していくことが望まれる。

　文部科学省による「2040年に向けた高等教育のグランドデザイン」によると、教育の質の保証と情報公表──「学び」の質保証の再構築　などの提言がなされている。これは何を学び、身に付ける事が出来るのかが明確であるか、また、学んでいる学生は成長しているのか　などを確認する質保証システムへの転換が大学へ求められていると解釈できよう。

　大学での学びの形に求められるものが、確実に変化してきている。学生自身が「大学で学ぶべきことは何か、何を学ばなければならないのか」「学びを通して身に付けたい能力」「大学での学びに基づく自分の考えを持つことの重要性」学んだ専門知識だけではなく専門を超えた領域にも関心を持ち、身に付けた高く広い教養、言語を活用し社会で活躍する。そのためには、学生自身が、狭い視野ではなく広い視野、複眼的な視野を持つように教育する必要があろう。

　なにより、これからの社会を支えていく有能な人材育成のためには、大学自体もその教育のあり方などを再検討する時期が来たのかもしれない。

　本研修が、学生の未来に役に立ち「自分のありたい未来像」へ向けて有効であるためには、大学がその教育の場の質を高め、学生が成長できているか否か常に確認しながら研修そのものを進化させさせなければならない。

　そのためには、社会の流れに遅れることなく、社会や学生から求められる大学教育や指導内容・方法、システムをいつも見直しながら進めることが望まれる。

　大学はいつも学生と共にある。学生に望まれ役に立つ大学でありたい。学生にはいつの時も質の高い教育現場を提供し、教育の成果を確認しながらSCRAP AND BUILD と繰り返し、真に学生のためになる教育を提供することが重要との

認識のもと、取り組んでいきたい。

＜海外ビジネス研修概要＞

1.研修生詳細

＜2015年度（平成27年度）実績＞

【シンガポール】

	男	女	計
2年	2	3	5
3年		7	7
計	2	10	12

【ベトナム】

	男	女	計
2年	1		1
3年	1	4	5
計	2	4	6

＜2016年度（平成28年度）実績＞

【シンガポール】

	男	女	計
2年	3	3	6
3年	2	3	5
4年	1		1
計	6	6	12

【ベトナム】

	男	女	計
2年			
3年	2	2	4
4年			
計	2	2	4

＜2017年度（平成29年度）実績＞

【シンガポール】

	男	女	計
2年	1	2	3
3年			
計	1	2	3

【ベトナム】

	男	女	計
2年	4	3	7
3年	1	3	4
計	5	6	11

【タイ】

	男	女	計
2年		2	2
3年			
計		2	2

＜2018年度（平成30年度）実績＞

【シンガポール】

	男	女	計
3年	2	6	8

【タイ】

	男	女	計
3年	5	1	6

【ベトナム】

	男	女	計
3年	7	16	23

【フィリピン】

	男	女	計
3年	1	＊	1

2.研修直前現地座学

国連HABITAT、現地日本政府系機関、現地企業、日系企業

シンガポール：JETRO、日本商工会議所、自治体国際化協会、NEC、福岡銀
行シンガポール駐在所

ベトナム：国連HABITATO,JICA,JETRO、日本商工会、福岡銀行、郵船ロジス
ティックス、takagi、東京海上日動、イオン、佐川急便

タイ：JICA、JETRO、福岡銀行

3.研修先

現地政府機関、日本政府系機関、現地企業、日系企業、日本語語学学校など。

戦前上海の海外ビジネスマン養成校
—東亜同文書院—

国際経営学科　谷澤　毅

　グローバル社会の到来を背景として、近年国際的に活躍する人材の養成を目的とした学部や学科、コースなどを設置する大学が増えている。筆者が勤務する大学(長崎県立大学)でも、2016年の学部学科の再編を契機として国際社会学部と経営学部国際経営学科が設けられ、グローバル人材の育成に力が注がれている。

　高等教育機関に見られるこのような動きは、確かに21世紀になって盛んになった。とはいえ、国際人の養成を目的とした組織はそれ以前から存在し、早くも20世紀初頭にそのような趣旨のもとで開学した高等教育機関もあった。上海に存在した東亜同文書院がそれである。

　この章ではこの東亜同文書院に光を当て、高等教育機関としての特徴や教育内容などについて述べていく。おもに藤田佳久(愛知大学名誉教授)の著書『日中に懸ける－東亜同文書院の群像－』(中日新聞社)をはじめとする研究成果に依拠しながら、時代背景やこの学校を取り巻く諸状況なども含めて見ていくことにしたい。

1. 設立のいきさつ

　東亜同文書院は、海外で活躍する日本人ビジネスマンの育成を目的として1901年に上海に設置された。まずは私塾的な色彩の強い高等教育機関として開院した同院は、やがて文部省が定める専門学校に認定され、さらに1939年には大学(旧制)への昇格が認められた。終戦後の1946年に閉校されるまで、東亜同

文書院は、いわばエリートビジネスマン養成のための名門校とでもいえる立場を維持したのである。

　その設立のいきさつから見ていくことにしよう。

　東亜同文書院設立の母体となったのは、東亜会と同文会という日中（日清）関係の展望を目的とした2つの組織である。東亜会は1897年の設立、同文会は翌1898年の設立である。双方ともに、「中国との関係を深め、強化することで日本の国際的な地位を確保しようと考えていた」ものの、その進め方には違いがあった。とはいえ、目指すべき方向性に関しては共通する部分があったので、両会は同年1898年のうちに合併、東亜同文会が誕生した。会長となったのは、我が国と中国を同種同文と見なしていたアジア主義者の近衛篤麿。当時貴族院の議長を務めていた篤麿は、のちの総理大臣近衛文麿の父である。

　さて、1899年に欧米へ視察のために外遊した近衛篤麿は帰路中国に立ち寄り、日清間の交流を深めるためにはビジネスマンなど民間人が互いの地で学ぶことがその一助となるのではないかとの考えを深めた。早くもそれは、東亜同文会を母体として同年1899年に東京同文書院が、翌1900年に中国・南京に南京同文書院が開設されることにより実現した。しかし、同じく1900年に山東省を根拠地とする秘密結社義和団が反乱（義和団の乱）を本格化させると、排外主義を標榜するその勢力の南京への波及が懸念され、南京同文書院は上海への移転を決定、校名を東亜同文書院と改めて翌1901年に上海で開院した。確保された土地は黄浦江左岸、2010年に開催された上海万博会場の南西部にあたる場所である（のちに仮校舎を経てフランス租界西端の虹橋路に移転）。

　こうして東亜同文書院は誕生したが、実はその源流を探るうえでもう一つ忘れてはならない系譜が存在する。荒尾精が設立した日清貿易研究所の系譜である。アジア的視野を持った軍人荒尾精は、中国で岸田吟香の支援を受けるなどして情報の収集・調査にあたっていた。その経験から、荒尾は通商関係の発展を見越して日清貿易に従事する実務家の養成が急務であり、そのための教育機関を上海に設立することを構想するにいたった。荒尾の熱意に打たれてこの構想

に賛同するものも多く、日清貿易研究所が1890年上海に開設された。

　この学校は日清貿易に従事する実務家を養成するための、いうなればビジネスマン養成校でもあったが、日清戦争の勃発(1894年)とともに日清貿易研究所は解散を余儀なくされてしまう。我が国でアジアを侵略の対象と見る機運が高まるなかで、荒尾はあくまでも中国との友好を思い描いていたが、1896年に急逝してしまう。荒尾の商業教育に込められた理念は、ともに日清貿易研究所の運営に携わった盟友根津一へと受け継がれる。

　根津一と荒尾精はともに陸軍士官学校の出身である。中国への関心、中国との関係重視という点で両者は共通しており、ともに日清貿易研究所で教育に携わった。『清国通商綜覧』という中国の百科全書的ともいうべき大冊の作成・刊行にともに携わったこともあった。それゆえ、荒尾精なき当時、中国との関係強化を思い描く中国通、軍人とはいえ人格形成を重視する教育者として根津が近衛篤麿から東亜同文書院の運営を依頼されたのは自然といえよう。1901年、東亜同文書院の開院とともに根津一は初代院長に就任した。

2. 時代背景

　東亜同文書院が設けられた頃の上海はどのような都市であっただろうか。現在上海は中国最大の経済都市の座を占めているが、古い歴史を誇る中国の中で上海が都市としての発展の波に乗るのはかなり最近のことである。1842年、イギリスとのアヘン戦争で敗北した清朝が南京条約にもとづき五港のうちの一つとして開港し、まずはイギリスの、やがてはフランス、アメリカ、そして日本の租界(居留地)が設けられ、上海は貿易・金融都市として大きく発展していく。

　上海という都市が独特の光彩を打ち放ち、都市文化の面でも世界的にも知られた存在となるのは20世紀になってから、とりわけ1920年代から30年代にかけてのことである。当時欧米の主要都市は、大衆消費社会の到来を背景として人々が近代的な都市生活を謳歌する「モダン都市」の時代を迎えていたが、アジアでは独特の風俗やファッション(チャイナドレス)の流行とあいまって上海が代表的なモ

ダン都市となり、「東洋のパリ」と呼ばれるようになった。欧米主要国の租界があったことも影響したことであろう。ロシア革命後は多くのロシア人、そしてユダヤ人さえも上海に引き寄せられた。ナイトライフの充実とショービジネスの発達は各種誘惑の温床となり、地下組織も数多く暗躍したことから当時の上海は「魔都」とも呼ばれた。

むろん、こうした都市文化隆盛の背景に貿易や金融をはじめとする経済発展があったことは言うまでもない。まずもって上海はビジネス都市であり、欧米や日本から多くのビジネスマンが上海に足を運んだ。長崎・上海間にも定期航路が開設されていた。国際的な経済の動きを見据えながらビジネスの実際を学ぶうえで、上海はまたとない都市であった。

しかし、国家間の関係に目を移せば、また違った光景が見えてくる。

弱肉強食とでもいえる19世紀から20世紀初頭にかけての時代、アジアへの進出をもくろんでいた欧米諸国にとって中国市場は格好のターゲットだった。古い歴史を持ち高水準の文明を築き上げてきた中国はアジアの大国である。その中国がアヘン戦争でいとも簡単にイギリスに敗北してしまったことは、日本人に少なからず衝撃を与えたことであろう。これ以降日本は、欧米諸国に対して警戒を抱くとともに強大な欧米文明の吸収を通じて強国化を目指そうという機運が高まっていく。中国を見る目にも変化が生じた。見上げる対象から見下す対象へ、そのようなまなざしの変化のなかで日清戦争は戦われた。

日本人の大方の中国観が変化するなかで、東亜同文書院の成立に貢献した荒尾精、根津一、そして近衛篤麿の3人は、あくまでも対等な立場での中国との関係強化を訴えた。これら広くアジアを展望する良識人の熱意に支えられて東亜同文書院は誕生したのである。

3. 教育内容

1901年4月25日、東亜同文書院の入学生、公費生51人と私費生58人は全員東京へ召集され、華族会館（旧鹿鳴館）で招見式（入学式）が挙行された。これはこの

後も継続される伝統行事になったという。すなわち、書院生の出身地は農村が多いので、彼らをいきなり国際都市である上海に連れていくのではなく、まずは東京での入学式ののち、東京・大阪の一流旅館に宿泊させ、都会のあり様と先端産業を見学させるという教育的配慮がなされたのである。学生募集に関しては、府県ごとに官費で入学生を選別する方法がとられ、やがて各府県が2名前後を選抜して書院へ送り込むという方法が全国に広がっていった。

　あらためて東亜同文書院の開設目的を確認すれば、その要旨は、「日清の学生に内外の実学を教育して英才を育て、清国に富強をもたらし、日清間で協力し、清国および東アジアの安定を図る」とまとめられるであろう。外国語と実用諸学を教え、国家の有用な人材を育成することが目指されたのである。のちに中華学生部が開設されるまで学生の主体は日本人であった。

　カリキュラムの内容はどのようなものであったか。当初学科は、政治科と商務科の2つが設けられていた。共通科目には倫理、英語、法学、民法、商法、経済学の他、支那語、支那制度など中国にまつわる諸科目があり、大方の学生が属していた商務科では、商業学、商業算術、簿記学、商業実践、商品学、支那商業地理などの科目が、また政治科では欧州近世経済史、国際公法、国際私法、行政法、財政学、支那政治地理などの科目が設けられていた。一時農工科も設けられたことがあったが、これはすぐに廃止されてしまった（1922年）。

　特徴としては、両学科とも語学を重視していたことが挙げられる。3年の課程で、「全学年にわたり支那語が毎週11時間、英語が同7時間課せられた」という。「語学以外は清国の商業を主体に経済、制度、法律などを学ぶ貿易実務者養成のための基礎科目」から成り立っていた。このような科目構成からも、東亜同文書院が「日本で最初のビジネススクール」であったということが見て取れるであろう。

　1917年に完成した虹橋路の新キャンパスでは、施設の充実も図られた。事務室や研究室、図書室、講堂からなる本館以外にも、教室棟、学生寮棟、食堂、学生クラブ棟、浴場棟、医務棟、教職員住宅などが配置されたのである。グラウンドも整備されたので、各種スポーツクラブの活動も盛んにおこなわれるようになった。

中華学生部の設置が決まると、そのための校舎も新設された。日中間で互いに手を携えてアジアの地位向上を目指すという東亜同文書院の当初の理想にさらに近づいたのである。

　さて、東亜同文書院には語学教育の充実のほか、もう一つ教育面で大きな特徴があった。それは、学生に卒業論文作成のための大規模な調査旅行が義務付けられていたことである。

4.大旅行

　1905年、卒業直後の東亜同文書院二期生5人が院長の根津一に呼び出された。そこで5人は、根津からいきなり西域地方への調査旅行の依頼を受けたのである。本来、これはイギリス政府から日本国政府に向けた依頼であった。日本と同盟を結んだイギリスが、ロシア勢力の西域への拡大を懸念していたことが依頼の理由であったとはいえ、我が国の外務省には西域地方での調査研究に関するノウハウはなかった。そこで、東亜同文書院になんとか善処するよう要請がなされたのである。

　依頼を受けた5人は互いに別のルートで調査旅行を開始、途中悪路や病などの困難に見舞われたものの2年間をかけて調査は実施され、その成果は日本人にとっての初めての西域調査報告書としてまとめられた。この成功は学生たちに自らの可能性を自覚させ、大きな希望と夢を与えたことであろう。しかも折よく、この調査の成果を評価した外務省からは謝金が与えられることになった。これが資金となって、大掛かりな調査旅行へと思いを馳せる学生たちの希望がくみ取られることになった。1907年から最終学年生を対象として一班4〜5名、3ヵ月前後に及ぶ調査旅行が開始され、その成果は調査報告書としてまとめられ、それが卒業論文として認められた。調査報告書の多くは、書院当局の「予想をはるかに超えたすぐれた内容と水準」に達していたという。かくして、学生によるこの「大旅行」はカリキュラムに組み込まれていき、最終学年生にとっての最大行事として定着していった。

この大旅行で学生たちは具体的にどのような経験を積んでいったのであろうか。

　藤田佳久によれば、学生たちの移動手段はほとんどが徒歩であったという。長江や黄河沿いのルートでは船を利用することもあったとはいえ、旅費を浮かせるために甲板客となり、雨が降れば当然濡れてしまった。宿泊施設が完備されていない当時、安宿がなければ農家の馬小屋に泊まり、野宿する場合もあった。南京虫対策が必須であった。食事は、当番の学生が朝から農家を訪ねて食材を集めて自炊したり、店頭で饅頭や稀飯(かゆ)などを手に入れるなどした。中国農民との交流は、学生たちの中国への愛着をさらに高めたことであろう。

　学生たちは、県境を通過する際には県知事にあいさつする必要があった。知事の中には日本留学の経験者もおり、匪賊が多発する一帯では学生たちに護衛兵を提供してくれたこともあった。とはいえ、外国人への監視が厳しかった当時、警察による深夜のパスポートや荷物のチェックに学生たちはわずらわしさを隠していない。

　学生たちは危険な目に合う場合もあったものの、大旅行において事故で命を失った学生はいなかったという。結局、戦争のさなかである1943年まで大旅行は続けられた。この間、参加した学生の総数は約4500人、移動したコースの数は約700に及んだという。調査対象となった地域は中国本土を中心としてその東北部(満州)からウラジオストク、東南アジアにまで達した。調査対象となった分野は、「当初の商業や経済・産業活動から教育、民情、文化、飢饉、人口、交通、都市、村へと広がり、今日でいう総合的な地域研究の領域へ発展した」。これは類をみない「世界最大規模の調査であった」と藤田佳久は評価する。

　さて、藤田の研究によれば、大旅行は4つの時期に区分できるという。第一期は、1907年から「拡大期」として始まり、日本人の知らない地域へと調査地域の拡大が図られた時期に当たる。第二期は、1920年代から満州事変(1931年)までが含まれ、ビジネススクールの要素に研究色が加わり書院が周囲の期待に応えていくこの時期を、藤田は「円熟期」と位置付ける。この頃から学生は調査報告書だけでなく日誌も作成するようになり、これは後輩のためのガイドブックとしても位置付

けられた。

　第三期は「制約期」とされ、満州事変の翌年から書院が大学に昇格した1939年ころまでが該当する。日中関係の悪化は、東亜同文書院の教育に確実に負の影響を与えていた。満州事変直後はビザの取得が難しくなったことから、調査旅行は満州国を中心に行われるようになった。後に再び中国本土が調査の舞台となったとはいえ、1937年に盧溝橋事件が勃発すると書院からの指示により旅行を中断する班が出現したほか、戦闘の激化により学生が一時長崎市の仮校舎へ移動、校舎焼失により上海交通大学の校舎を借用したうえでの授業再開などの影響が出た。戦火の拡大により、普段の授業や大旅行への制約が拡大しつつあるさなかの1939年、当時の東亜同文会会長　－一時書院の院長も務めた－　近衛文麿のもとで東亜同文書院は「大学令」に基づき大学へと昇格した。

　しかし、大旅行は大学昇格とともに第四期「消滅期」を迎えてしまう。調査旅行はゼミナールを単位として行われるようになったとはいえ、戦況の悪化により期間が短縮されたうえに水準も確保できず、成果をまとめる余裕もなかった。勤労動員や繰り上げ卒業、そして学徒動員を免れることができなかったのは、東亜同文書院大学も他の大学と同じである。1945年の日本の敗戦の後、東亜同文書院大学の校舎とキャンパスは中国政府に摂取された。

5. 戦後の再評価

　19世紀から20世紀への境目にもなると殖産興業政策が実を結び、我が国の経済はそれまでにない発展を見せるようになった。その経済を支えたのが企業で働くビジネスマンであり、その育成を図るために東京・大阪・神戸をはじめ、日本の主要都市に官立の高等商業学校が設けられていった。東亜同文書院の開学年(1901年)は、ヨーロッパ留学中の高等商業学校教員が日本の商業教育の充実と商科大学設置の必要性を連名で訴えた、いわゆる「ベルリン宣言」発表の年と奇しくも一致する。そのような中で、東亜同文書院は、私設とはいえ、海外(特に中国)で活躍するビジネスマンの育成のために設けられたのである。

じつは戦後、東亜同文書院の存在は闇に包まれてしまったことがあった。大旅行の目的が中国の実態を探るスパイ活動にあったのではないか、そもそも東亜同文書院自体がスパイ養成校であり、軍部と通じて植民地経営のための人材を養成する学校だったのではないかという誤解が広まったのである。かくして、卒業生の多くは書院に関して口を閉ざしてしまい、そのためもあって「幻の名門校」との評価が一時期定着した。

　しかし、近年では東亜同文書院のありのままの姿を明らかにしようとする研究が進み、書院の特徴がさまざまな観点から明らかになりつつある。例えば教育内容について見ると、その内容は実学重視のビジネススクールとはいえ実践的科目だけに限られていたのではない。当初から地理・歴史系の科目も含まれ、大学昇格に際しても、経済史、東洋思想史、中国文化概論など「すぐには役に立たない」科目も配置されていた。一方、「大旅行」は現代の教育観からすれば、学生任せの手抜き教育、無責任な面倒見の悪い教育の実例として批判の対象となってしまうことだろう。しかし、冒険・調査旅行はサバイバル能力やコスモポリタン（国際人）としての意識を身につけるまたとない機会となり、何より学生たちのあこがれ、ロマンをかき立てた。学術的に見ても大旅行の成果は貴重である。学生たちがまとめた調査報告書ほど20世紀前半の中国社会を詳細に記録した資料は他にないからである。

　武井義和によれば、かつては書院の「影」の面をいわば断罪するような評価を下す作業が中心であったが、1990年代以降は資料に基づき客観的・学術的に書院の実態を解明しようという動きが見られるという。その意味で東亜同文書院に関する研究は、武井も述べるように「古くて新しい研究分野」と言えるのかもしれない。

　なお、東亜同文書院は1946年に解散の後、その精神・組織ともに同年設立認可を受けた愛知大学（愛知県）に継承され、現在に至っている。

参考文献

榎本泰子(2009)『上海―多国籍都市の百年』中公新書.

武井義和(2007)「東亜同文書院に関する先行研究の回顧と今後の展望」『オープンリサーチセンター年報』第1号, 愛知大学東亜同文書院大学記念センター.

橘木俊詔(2012)『三商大 東京・大阪・神戸―日本のビジネス教育の源流』岩波書店.

西所正道(2001)『「上海東亜同文書院」風雲録―日中共存を追い続けた五〇〇〇人のエリートたち』角川書店.

藤田佳久(2000)『東亜同文書院・中国大調査旅行の研究』大明堂.

藤田佳久(2001)「東亜同文書院卒業生の軌跡―東亜同文書院卒業生へのアンケート調査から」『同文書院記念報』Vol.9, 愛知大学東亜同文書院大学記念センター.

藤田佳久(2011)『東亜同文書院生が記録した近代中国の地域像』ナカニシヤ出版.

藤田佳久(2012)『日中に懸ける―東亜同文書院の群像』中日新聞社.

未就職卒業者とキャリア教育

経営学科　代田　義勝

　本章では、未就職卒業者を出さないために大学でのキャリア教育に何が必要かを考える。そのために、まずは、未就職卒業者の比率やその推移、就職活動を断念してしまう時期および理由、そして未就職卒業者の特徴について確認する。さらに、就職活動の2つの流れについて確認する。そして、それらを踏まえた上で、未就職卒業者を出さないためにキャリア教育で必要なことを整理、提言する。

1. 未就職卒業者とは

（1）未就職卒業者はどのくらいいるのか

　2016年の文部科学省の「学校基本調査」によれば、2016年3月の4年生大学卒業者のうち、就業者は74.7%、進学者は11.0%、一時的な仕事に就いた者は

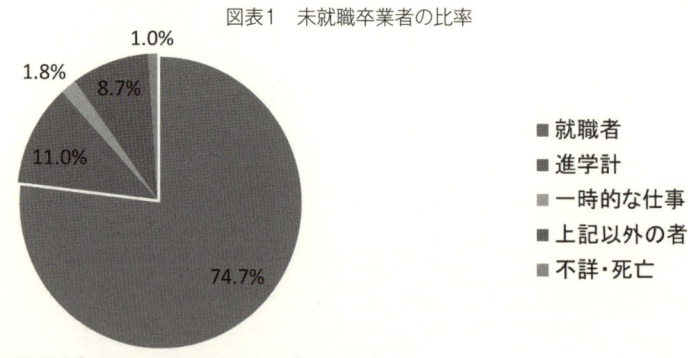

図表1　未就職卒業者の比率

1.0%
1.8%
8.7%
11.0%
74.7%

- ■ 就職者
- ■ 進学計
- ■ 一時的な仕事
- ■ 上記以外の者
- ■ 不詳・死亡

（出所）文部科学省「平成28年度 学校基本調査」より作成。

1.8%、就職も進学もしていない者は8.7%、そして不詳・死亡の者は1.0%であった（図表1）。

　これらのうち就業者と進学者に入らない者を未就職卒業者とすると、一時的な仕事に就いた者1.8%と就職も進学もしていない者8.7%、不詳・死亡の者1.0%を合わせた11.5%が未就職卒業者で、その数は6万4,602人であった。ちなみに、長崎県立大学の2016年3月卒の未就職卒業者数は49人（一時的な仕事に就いた者2名、就職も進学もしていない者47名）で卒業者に占める割合は奇しくも11.5%であった。

　全国で10人に1人強の卒業者が未就職卒業者となっている。それではこの数字は多いのか少ないのか。文部科学省がキャリア教育に本腰を入れ始める2003年時に大学4年生であった2004年3月の未就職卒業者から最近の未就職卒業者までの割合の推移を確認してみる（図表2）。2004年3月では実に卒業者の28.7%が未就職卒業者であった。10人に3人弱である。2002年1月から始まる小泉景気（三橋規宏・内田茂男・池田吉紀, 2015）を背景に2008年3月までは未就職卒業者の割合は順調に下がっていく。しかしながら、リーマンショックの影響が急速に広がっていくと再び増加に転じ2011年に再び20%を超える。

図表2　未就職卒業者比率の推移

（出所）各年度 文部科学省「学校基本調査」より作成。

（2）どこまで就職活動を進め、なぜ止めてしまうのか

　それでは、なぜなかなか内定を獲得できない学生が就職活動を止めてしま

うのか。また、いつ断念してしまうのか。まだ未就職卒業者が20％を超えている2005年に労働政策研究・研修機構(2006)が全国の大学4年生を対象に実施した調査を手掛かりに確認する。

調査はその年の10月から11月に実施され、その時点でまだ「内定企業がなく、就職活動をしていない」学生の割合は19.9％であった。そのうち大学院進学や大学編入を希望する者や公務員や教員を希望する者等を除いた「就職希望者」と「未定・迷っている」者の割合はそれぞれ13.1％と11.7％であった。

これらの学生はどれほど就職活動をしたのか。就職を希望しながら就職活動を停止してしまった者について見ると、その77.6％が就職支援サイトへの登録をするなどの何らかの就職準備活動を行っているが、就職活動まで進んだ学生はその約6割に留まっている。また、就職準備活動にしろ就職活動にしろ8月以降に新たにスタートする学生はほとんどいない。

未定または迷っていて就職活動をしていない者についても、その70.5％が就職支援サイトへの登録をするなどの何らかの就職準備活動を行っているが、やはり就職活動まで進んだ学生はその約6割に留まっている。また、就職準備活動にしろ就職活動にしろ8月以降に新たにスタートする学生はほとんどいない。

つまり、8月以降は、大学ガイダンスへの参加から就職支援サイトへの登録へ、あるいは、就職支援サイトの登録から企業説明会への参加へ、企業説明会への参加からエントリーシートの提出へ、エントリーシートの提出から人事面接へと、就職準備または就職における一連の活動プロセスにおいて7月までにたどり着いたステップから次のステップに踏み出すことができなくなっている。労働政策研究・研修機構は、この状況、とりわけ未定または迷っていて就職活動をしていない者について「就職希望者の過半数が内定をもらっている7月ごろから、活動が低下しているのではないかと考えられる、周囲に内定情報が広がる中で、今年の就職への希望を持てなくなるということもあるだろう」(労働政策研究・研修機構,2006:57)と分析している。

（3）未就職卒業者の特徴は

　では、未就職卒業者はどのような特徴を有しているのか。リーマンショック後、再び未就職卒業者の割合が急速に増加し始め20％を超えた2010年に労働政策研究・研修機構(2010)が全国の4年制大学キャリアセンターを対象に調査を実施している。この調査を手掛かりに確認する。

　この調査では、未就職卒業者の割合の大きさによって大学を3つの大学群に分類している。すなわち、未就職卒業者が10％未満の大学群、10％以上30％未満の大学群、そして30％以上の大学群である。そして、未就職卒業者が30％以上の大学群は比較的設立年次の新しい小規模な私立大学に多くなっている。

　さて、「大学キャリアセンター担当者（就職部）の感じる未就職卒業者の特徴」であるが、行動上の特徴として「多い」と回答した比率が高い順に並べると、「就職活動をスタートするのが遅い」(33.6％)、「自分の意見や考えをうまく表現できない」(30.3％)、「教員や職員にほとんど相談しない」(25.8％)、「何をしたらいいか分からない」(25.4％)、「自信がない」(24.0％)、「エントリーシートが書けない」(22.7％)、「こだわりが強い」(17.8％)となった。

　未就職卒業者が30％以上の大学群では、上記の7つの特徴中「教員や職員にほとんど相談しない」を除く他の6つにおいて、3つの大学群の中で「多い」とする比率が最も高くなっている。また、特に、「エントリーシートが書けない」、「こだわりが強い」、「就職活動をスタートするのが遅い」、「何をしたらいいか分からない」の4項目については他の2つの大学群に比べて「多い」とする比率が抜きん出て高く有意差が確認されている。本章では、さしあたって未就職卒業者が30％以上の大学群で特に課題となるこの4項目の特徴に絞って対策を考える。

2. 就職活動の「早期」と「晩期」

（1）本流としての就職活動はどうなっているのか

　企業の採用活動スケジュールは、2018年4月時点で、広報活動開始日が卒業前年次の3月1日以降、選考開始日が卒業年次の6月1日以降、正式内定日が

10月1日以降となっている。このスケジュールに至る経緯を海老原（海老原, 2018a、海老原, 2018b、海老原, 2018c）と難波（難波, 2014）にしたがって簡単に整理する。

　現在の広報活動開始日→選考開始日→正式内定日の3つのポイントを明確にするスケジュールが意識的に設定されるようになったのは2014年4月〜翌年3月が卒業年度となる学生（図表3の2014年度学生）からである。

　まず、1997年まで遡る。それまで長期にわたり続いてきた日経連と大学との「就職協定」がこの年廃止される。それ以後5年にわたり事実上企業の採用活動は自由化する。日経連では「就職協定」に代え「倫理憲章」を策定するものの、これは内定を最終学年の10月1日以降とすることのみを定めたにすぎず、企業は選考活動をどれだけでも前倒しすることが可能となった。この採用活動の自由化は企業間の採用活動の早期化競争に拍車をかけ、結局企業側も大学側も双方が疲弊する結果となった（海老原, 2018a）。自由化は混乱をもたらしただけであった。

　また、この時期、学生が就職活動で利用するメディアが紙媒体からインターネットに変わっていく。1996年にはリクナビの前身が就活サイトを立ち上げ、しばらくはリクルートブックも併用されるが2003年にそのサービスを停止する（難波,2014）。

　自由化したがって早期化への反省を踏まえ、2002年に経団連の「倫理憲章」は選考活動開始日に言及し、選考活動のスタートが最終学年の4月1日以降となる。海老原（海老原, 2018a）によれば、4月1日面接解禁は会社説明会が3年生の春休みに集中するため学業を妨げることが少ない比較的良いスケジュールであった。

　広報活動の開始時期については、2013年以前は規制がなく、大手就活ナビ会社が卒業前年次の10月1日に就職サイトをオープンさせていたが、それが事実上の広報活動開始日となっていた。2014年度学生が就職活動を開始する2013年に初めて全国求人広告協会の申し合わせにより卒業前年次12月1日に広報活動の解禁日が設定されることとなった（海老原,2018c）。

　ここに至って、初めて、広報活動開始日→選考開始日→正式内定日の3つのポイントを明確にするスケジュールが意識的に設定されるようになった。しかし、

その後、図表3に整理しているように、政府が学修時間の確保と留学の推進のため就活の後ろ倒しを要請し、選考開始日が4カ月後ろ倒しされ8月1日となったり、この後ろ倒しが就職活動長期化をもたらしたとの反省から一転2カ月前倒しされ6月1日となったりした(海老原,2018a、海老原,2018b)。また、広報活動開始日も2015年度学生からは卒業前年次の3月1日にとなり3カ月後ろ倒しとなった(海老原,2018c)。

図表3　1997年以降の企業による採用活動スケジュール

最終学年年度	広報活動開始日	選考活動開始日	正式内定日
1997年〜01年	規制なし	規制なし	卒業年次10月1日
2002年〜13年	規制なし	卒業年次4月1日	卒業年次10月1日
2014年	卒業前年次12月1日	卒業年次4月1日	卒業年次10月1日
2015年	卒業前年次3月1日	卒業年次8月1日	卒業年次10月1日
2016年〜	卒業前年次3月1日	卒業年次6月1日	卒業年次10月1日

(出所)海老原(2018a)、海老原(2018b)、海老原(2018c)を資料に作成。

(2)就職活動の「早期」と「晩期」

前項で確認したように、就職協定の廃止による混乱、そして就活メディアの転換過渡期を経て、広報活動開始日→選考開始日→正式内定日の3つのポイントを明確にするスケジュールが意識的に設定されるようになった。具体的には、広報活動開始(就職サイトのオープン→学生によるエントリー→企業説明会の開催)⇒選考活動開始(面接の実施、内々定者の決定)⇒正式内定といった一連の流れである。就職活動という場合、ほとんどの学生がこの流れを想起するにちがいない。大学のキャリア教育でもキャリアガイダンスでも、マスコミでも語られるのは常にこの本流とでもいう流れだからである。

この本流とは別のもう1つの就職活動に着目したのは大島(大島,2010)である。図表4にあるように、就職活動の本流の場合、すなわち、就職サイトへのエントリーを起点とした内定獲得は3年生の3月に出始め4月〜5月がピークとなる[1]。6月以降はそれと入れ替わるように本流とは別の就職活動、すなわち「公的支援機関」や「就職部＋教員」の斡旋による就職活動が学生の内定獲得を後押しする。

「就職部＋教員」では6月、10月、3月に内定獲得の山があり、「公的支援機関」では9月、11月、3月に山が来る。大島はこの就職サイトをエントリーの起点とした就職活動を「早期」の就職活動、その後の「公的支援機関」や「就職部＋教員」の斡旋による就職活動を「晩期」の就職活動とした。

図表4　入職経路別現職の内定時期

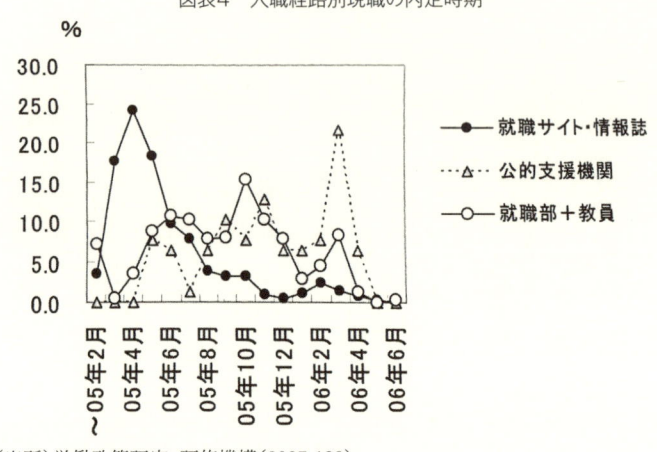

（出所）労働政策研究・研修機構（2007:128）。

　さらに大島は「早期」に内定を獲得できなかった学生が、「晩期」に大学就職部の斡旋を受けた場合、「早期」と同等の良好な内定を獲得できることを明らかにしている。しかも、その場合、「早期」の就職活動に失敗し特段大学就職部の選抜を受けない学生であっても良好な職に恵まれるとしている。

3.大学におけるキャリア教育で必要なこと
―未就職で卒業させないために―

（1）若干の整理

　1.では、未就職卒業者の比率やその推移、就職活動を断念してしまう時期および理由、そして未就職卒業者の特徴について見てきた。確認できた知見を整理すると、未就職卒業者比率は2016年3月の4年生大学卒業生で11.5％であった。景気、直接的には時々の大卒求人倍率に大きな影響を受け悪化すれば20％を

超える比率となる。また、断念する時期と理由であるが、例えば、未定または迷っていて就職活動をしていない者では、7月ごろから「周囲に内定情報が広がる中で、今年の就職への希望を持てなくなり」(労働政策研究・研修機構,2006:57)、8月以降は一連の活動プロセスにおいて7月までにたどり着いたステップから次のステップに踏み出すことができなくなる。その結果、未就職卒業者となってしまうのであるが、その特徴は、「エントリーシートが書けない」、「こだわりが強い」、「就職活動をスタートするのが遅い」、「何をしたらいいか分からない」であった。

また、2.では、まず現在の本流とされる就職活動の流れが確立した経緯について確認した。それから、もう1つの就職活動である「晩期」の存在と重要性について見た。就職活動の本流については、就職協定の廃止による混乱、そして就活メディアの転換過渡期を経て、2014年4月〜翌年3月が卒業年次となる学生から広報活動開始日→選考開始日→正式内定日の3つのポイントを明確にするスケジュールが意識的に設定されるようになった。また、この本流を「早期」とすると、「早期」で就職活動全てが終わるわけではなく「晩期」も「早期」と同等の良好な内定を獲得できる機会となっていることが確認できた。

(2)大学におけるキャリア教育で必要なこと

最後に、学生を未就職で卒業させないために大学におけるキャリア教育で必要なことをまとめておきたい。

第1に、就職活動は複線型になっていることを当初から伝えること。キャリアガイダンスにおいてもキャリア教育においても、いわゆる本流あるいは「早期」の流れのみを伝えがちである。しかし、「早期」に内定を得られないとしても「晩期」にも多くの良好な内定獲得の機会があることを伝えておくべきである。そのためには「晩期」の流れを整理しスケジュール化すると同時に「晩期」成功例の蓄積・整理・類型化も必要となる。

第2に、こだわりはピンポイントの仕事に持つのではなく根っこのところで持つように伝えること(児美川,2016)。未就職卒業者の特徴は、「こだわりが強い」、「何を

したらいいか分からない」、「エントリーシートが書けない」、「就職活動をスタートするのが遅い」であった。「こだわりが強い」と「やりたいことがわからない」は視野の狭さが原因である。こだわりを1つの会社、1つの業界だけに持つのではなく、自分がそのこだわりを持つに至ったその根源にある価値観にまで目を向けそこを大事にすることで仕事の選択肢は大きく広がる。また、「やりたいこと」にこだわらず、「やれること」や「やるべきこと」まで視野を広げることでやはり仕事の選択肢は大きく広がる。視野を広く持てるようになれば、「エントリーシートを書ける」可能性も広がるし、「就職活動がスタートできる」可能性も出てくる。

そして第3に、もう1つのキャリアデザイン論を伝えること。もう1つキャリアデザイン論とは計画的偶発性理論(Krumboltz,2004)である。従来のキャリアデザイン論であるキャリアプランニング論が自己理解や職業理解を通じてキャリアビジョンを掲げそこへの到達を目指すものであるのに対して、計画的偶発性理論はあらゆる方面に関心を向け、まずは行動することに重きを置き、キャリア上のチャンスの発生頻度を高めることを目指す。未就職卒業生の場合、「エントリーシートが書けない」、「就職活動をスタートするのが遅い」といった特徴があるが、初年次にこのもう1つのキャリアデザイン論である計画的偶発性理論を伝え、行動重視の姿勢を身に付けることができれば「エントリーシート」も苦にせず書くことができ、「就職活動」も遅れずスタートできるはずである。

注

1 2006年3月卒の学生、すなわち2005年卒業年次学生の場合についてである。この時期、図表3からも明らかなように選考活動開始日は4月1日以降である。

参考文献

Krumboltz, J.D.and A.S. Levin,(2004) *Luck Is No Accident,* Impact Publishers, Inc.(花田光代・大木紀子・宮地夕紀子訳『その幸運は偶然ではないんです!』ダイヤモンド社, 2005.)

海老原嗣生(2018a)「就活を『自由化・通年化』しても、うまくいかないこれだけの理由」日経BizGate, 2018年10月8日, bizgate.nikkei.co.jp, 2018年12月8日最終アクセス.

海老原嗣生(2018b)「就活ルール、『後ろ倒し狂騒曲』は最悪の結果を招いた」日経BizGate 2018年

10月15日, bizgate.nikkei.co.jp, 2018年12月8日最終アクセス.

海老原嗣生(2018c)「就活ルールに妙案は？実は『就職ナビの規制』こそがカギ」日経BizGate 2018
　年10月18日, bizgate.nikkei.co.jp, 2018年12月8日最終アクセス.

大島真夫(2010)「大学就職部の斡旋機能とその効果」苅谷剛彦・本田由紀編『大卒就職の社会学』
　東京大学出版会.

児美川孝一郎(2016)『夢があふれる社会に希望はあるか』ベスト新書.

難波功士(2014)『「就活」の社会史』祥伝社新書.

三橋規宏・内田茂男・池田吉紀(2015)『新・日本経済入門』日本経済新聞出版社.

労働政策研究・研修機構(2006)『大学生の就職・募集採用活動等実態調査結果Ⅱ「大学就職部/
　キャリアセンター調査」及び「大学生のキャリア展望と就職活動に関する実態調査」』.

労働政策研究・研修機構(2007)『大学生と就職―職業への移行支援と人材育成の視点からの検討
　―』労働政策研究報告書, No.78.

労働政策研究・研修機構(2010)『大学における未就職卒業者支援に関する調査』(速報).

コンラッド・アジア・英語

経営学科　岩清水　由美子

　ジョウゼフ・コンラッド(Joseph Conrad, 1857-1924)は、『闇の奥』(*Heart of Darkness*)、『ロード・ジム』(*Lord Jim*)、『西欧人の眼に』(*Under Western Eyes*)等の小説で、世界的に有名な英国の現代作家として知られている。しかしながら、コンラッドの母語は英語ではない。ヨゼフ・コンラード・テオドール・ナレンチ・コジェニオフスキー(Jozef Teodor Konrad Nalecz Korzeniowski)という本名が示すように、19世紀半ばのロシア領ポーランドに生まれた、ポーランド人である。このような背景をもつコンラッドが、どのようにして「文学」という言葉によって構築された芸術によって、世界中の人々の心を捉えることができるようになったのだろうか。ここでは、コンラッドと英語の関係について述べながら、外国語を学ぶことの意味について考えてみたい。

1. コンラッド略伝

　コンラッドは、1857年に東ポーランドのベルデュツェフという村で、シュラフタと呼ばれる地主階級の一人息子として生まれた。しかしながら、1772年、1793年、1795年と3度にわたるロシア、オーストリア、プロシアによるポーランド分割のため、ポーランドという国は、第一次世界大戦の終わりまでは存在しなかった。コンラッドの父アポロは、創作や翻訳も手がける愛国的なインテリであったが、ロシアに抵抗する蜂起活動のため、コンラッドが幼い頃流刑となった。コンラッドが7才の時、

母エヴェリーナは極寒の地に同行する中、肺結核で亡くなり、アポロもコンラッドが12歳の時に結核で亡くなっている[1]。孤児となったコンラッドは、母方の叔父タデウシュの下で養育されるが、14歳の時突然船員になりたいと切り出し、強く反対されている。しかしながら2年後、ようやく叔父の賛同を得て、単身マルセーユへと向かった。陸に囲まれたポーランドに生まれ育ったコンラッドが、なぜ船員を志望したのか、その理由は今も謎である。コンラッドは、フランスの船員として3年間過ごした後イギリスに渡り、その後イギリスの船員として、東南アジア、南太平洋、オーストラリアから西インド諸島、アフリカにいたるまで世界を駆け巡ることになる。ほぼ20年にわたる船員生活の中で、下級船員から一等航海士を経て、1886年には船長資格を取得している。同年、ロシア帝国の臣民であったコンラッドは、イギリスに帰化を許可された。この間、コンラッドが船員として寄港した場所で見聞きしたことは、世界各地を舞台とする彼の作品世界に色濃く反映されている。1893年、コンラッドはフランスからアメリカに向かう移民船の一等航海士となるが、移民が集まらなかったため、1894年、同船を去ることになる。コンラッドが船員として最後に乗船した船は、アドワ号であった。

　船員として世界中を航行する中で、コンラッドは仕事の合間をぬって小説を書いていた。アドワ号を下船した3カ月後、処女作『オールメイヤーの阿呆宮』を完成したコンラッドは、フィッシャー・アンウィン社に原稿を送り、その原稿は、翌年同社から出版された。作家ジョウゼフ・コンラッドの誕生である。その翌年には、共通の知り合いの紹介を経て、英国女性ジェシー・ジョージと結婚している。船員から作家へと転身を遂げたコンラッドは、以後30年にわたり英語で小説を書き続け、その作品は世界中の人々に読まれることになる。それらの作品は、発表されて百年以上が経過した今も世界中の研究者によって研究され、さまざまな言語に翻訳されている。コンラッドの最も有名な小説『闇の奥』は、日本では現在4つもの翻訳があり、その人気が今も続いていることを証明している[2]。

2. コンラッドとアジア

コンラッドは、イギリスの船員として働いた時代、イスタンブール、西インド諸島、シドニー、シンガポール、ジャワ、ボルネオ、コンゴと、世界各地を旅したが、中でもアジアへの航行はかなりの部分を占めている。そして、コンラッドがこれらの地で体験、見聞したことは、『オールメイヤーの阿呆宮』『ロード・ジム』「台風」「青春」「陰影線」「フォーク」『勝利』など、作品世界の構築に大きな影響を与えている。

コンラッドの最初のアジアへの航行は、おそらく1881年のバンコク行きであろう。石炭輸送船パレスタイン号に、二等航海士として乗りこんでいる。しかし、強風で帆を失ったため、一行はファルマス港に戻っている。翌年再度出航するが、ジャワ沖で石炭が発火したため、コンラッドは船から離れ、シシー号でシンガポールに移動している。更に1883年には、リヴァーズデイル号でインドに向けて出発し、マドラスで下船し、翌年にはボンベイでナーシサス号の二等航海士となり、同船で半年間勤務している。1887年には、ハイランド・フォレスト号に一等航海士として乗船し、ジャワのサマラングに向かっている。しかし、コンラッドはこの間怪我をしたため、下船してシンガポールで静養した。この時コンラッドは、シンガポールで8ヵ月ほど過ごしている。その後、ヴィダー号でシンガポール付近の沿岸での航海に従事している。そしてこの間、コンラッドは、オランダ領東ボルネオのベラウを訪れている[3]。

このようなコンラッドがアジアで過ごした時期は、作品の舞台設定、人物造型、主題に大きな影響を与えている[4]。例えば、コンラッドはシンガポール滞在中にボルネオを訪れているが、処女作『オールメイヤーの阿呆宮』では、ボルネオの東岸にあるマレー人の部落に住むただ一人のオランダ人、オールメイヤーが破滅していく姿を、印象的に描いている。オールメイヤーは、恩人リンガード船長がスールー諸島(フィリピン南西部に位置する)の海賊との戦いで拾った少女と結婚することになるが、白人としての優越感の強い彼は、マレー人である妻を見下し、嫌悪感しか抱いていない。娘ニーナはシンガポールで教育を受けるが、ヨーロッパで暮らすという夢を押しつける父を捨て、バリ島の酋長の息子デインと出奔する。作品中の風

景描写はアジア的な雰囲気をたたえていて、オールメイヤー夫妻の関係には、白人と非白人の文化的な衝突が描かれている。背景には、イスラム教徒とキリスト教徒の宗教的対立も描かれている。

　船火事を扱った「青春」は、自伝的な色彩の強い作品で、コンラッドの初めてのアジア行きの体験が生かされている。ここでコンラッドの小説におなじみの語り手マーロウは、二等航海士としてバンコクに向けて出航するが、若い頃の経験について回顧している。老朽船ジュディア号に乗り組んだマーロウはインド洋に入り、ジャワ岬をめざす中で、積荷の石炭から煙が漏れていることに気づく。ボートに乗り移ったマーロウは、ジャワ島をめざして漕ぎだすが、初めて東洋を見た時の感慨が、ロマンティックに語られている。

　また『ロード・ジム』では、シンガポールと思われる港を出たパトナ号の衝突事件をめぐって、乗客を裏切って船を捨てて逃げた、一等航海士ジムの罪の意識と運命の変転を描いている。パトナ号事件は、1880年に起こったジェダー号事件を下敷きにしているし、ジムの船上での怪我は、コンラッド自身のハイランド・フォレスト号での怪我を思わせる。海難事故や船上での事件を描く時の筆致は、船員として長く船に乗った者でなければ描けないリアリズムで描かれている。また、東南アジアの海や森などの自然描写には、東洋的なロマンティシズムが溢れている。商船の船員として航海する中で、コンラッドが異郷の地で見聞したことが作品世界には息づいていて、彼の文学の魅力を形作っている。船員として経験したことが、小説を書くという、ジャンルの全く異なる次の仕事に見事に生かされているのである。

3.コンラッドと英語

　当時の知人に宛てた書簡から分かるように、コンラッドはフランス語を早くから習っていたため、ほとんど母語に近い位習熟していたが、20歳でイギリスに渡るまで、英語はほとんど知らなかったようだ[5]。フランス語が彼にとって最初の外国語であり、英語は成人してから知った二番目の外国語であった。そのような母語でない言葉で小説を書きながら、多くの読者に読まれ、古典として研究され続けて

いるのだから、ポーランドと英語は同じヨーロッパの言語であり、日本語と英語ほどの距離はないとしても、コンラッドは、言葉の天才であったと言っても過言ではないだろう。

育った背景が示すように、コンラッドは、いわゆる正規の学校教育の中で英語を学んだのではない。イギリスに渡ったコンラッドは、商船の海員として世界各地に船荷を運びながら、そのような生活環境の中で、言わば仲間との共同生活の中で、実用的な英語から習得していったことが推測される。従って、彼が最初に覚えた英語は、船に関する言葉であったようだ。海を舞台としたコンラッドの初期の作品には、「船首艙」(forepeak)、「小型帆船」(brigantine)、「右舷」(starboard)、「左舷」(larboard)など、船に関する用語が多くでてくる。

英語との出会いが遅かったにもかかわらず、コンラッドの英語の上達はかなり早かったようである。1890年のコンゴ行きの前後に知人に宛てた手紙が残っているが、それらの手紙は、彼の英語がかなり熟達した、自然な英語であったことを示している。しかしながら、どのような言語であれ、外国語の習得は容易なものではない。コンラッドの作家デビューは37歳と遅く、英語と出会ってから17年が経過していたが、英語のネイティブから見ると、彼の書かれた英語、特に初期の作品の英語には、外国人の癖があると言われている。私の知り合いのアメリカ人によると、ちょっとごつごつした英語のように感じられるようだ。同時代の作家H・G・ウェルズは、コンラッドの「話す英語は変だった。必ずしも拙いわけではないが、政治や文化の問題を論じていると、ときどきフランス語が飛び出して語彙の不足を補うのだ。しかし、それもかなり変だった」と書いている[6]。また、『オールメイヤーの阿呆宮』の原稿を読み、出版社に推薦したエドワード・ガーネットは、「『島の流れ者』の原稿を朗読してくれたとき、なにしろ発音の誤りがひどいので、なかなか意味がとれなかった」と語っていたという(中野、22ページ)。コンラッドのこのポーランド語の訛りは(フランス語の訛りも入っていたかもしれないが)、後年まで続いたようだ。この点について中野は、コンラッドの職業柄、話し言葉の習熟には教育のある人間と話す機会が少なく、書く英語の上達にはもっぱら目で読む書物が基になったという、やむ

をえない矛盾が原因だったのだろう」と述べている（中野、22ページ）。

　英語とポーランド語は、同じ西洋の言語ではあるが、発音はかなり違っている。2011年にポーランドを訪れた際、初めてポーランド語を耳にしたが、音声的には、ドイツ語やロシア語に似ているように思えた。その時出会った、あるポーランドの研究者の英語はドイツ語のようで、かなり聞き取りにくかった。だからコンラッドに訛りがあっても、不思議ではない。国際学会で出会う英文学の研究者でさえ、お国訛りがある。日本人は日本人の英語だし、フランス人はフランス人の英語、インド人はインド人の英語、中国人は中国人の英語なのだ。多かれ少なかれ、皆、母語の影響を受けている。しかしながら、コンラッドは後年アメリカに旅行した時、聴衆の前で『勝利』のヒロインの死を描いた場面を朗読している。この朗読を聴いて、涙を流した人もいたという。イギリスで長年暮らす内に、訛りも少しずつ改善されたのかもしれない。コンラッドは38才の時イギリス女性と結婚しているが、彼女との結婚生活が彼の英語をネイティブに近づけたのかもしれない。どんな状況の中でも、ネイティブとの生活は、その言語の習得にはかなり有効な方法である。

　外国語の学習には、どのような形で学んだかが大きく影響している。書簡でさまざまな作家について言及しているように、コンラッドは船員時代の仕事の合間、作家になってからの創作の合間に、他の作家の作品を読んでいたようだ。そして文章を読むという作業は、外国語の学習には大変重要な作業だと思われる。「聞く」という作業に比べると、自分のペースでゆっくり読むことによって言葉が確実にインプットされ、記憶に残りやすい。言葉の正確な意味も、文脈の中で理解することで、きちんとつかむことができる。コンラッドの話し言葉は訛っていたかもしれないが、作品は力強く、その文章は美しい。言葉の端々から、作品を書いていた当時の彼の心の叫びが伝わってきて、その人柄が感じられる。コンラッドの英語力は、「読む」ことによって主に培われたように思われる。

　外国語を習得するということは、頭の中に母語とは別の複雑な言語体系を作り、つけ加えることである。コンラッドの中には、ポーランド語とフランス語と英語という3つの言語体系が、3本の柱のように共存していたのではないだろうか。それ

は知識の引き出しを、ひとつ増やすことだと言っていいかもしれない。そしてその引き出しは、絶えず開けたり閉めたりしていなければならない。外国語の修得は、実は大変な作業なのであり、その努力を続けていかなければならない。ネイティブは毎日使っているから、一定のレベルを維持しているが、日常生活で毎日使う必要のない非ネイティブは、意識的に言葉と接する環境を作らなければならない。ある程度のレベルに達しても、努力を怠ると転落するのは早い。実際、適切な言葉を求めて英語で小説を書くことは、コンラッドにとって格闘の日々であった。しばしば指摘されるように、外国語の修得には高いモチベーションが必要である。作家の場合、自己の中にあるさまざまな問題や葛藤を、他者に伝えたいという強い思いに支えられている。

　しかしながら、幼い頃から慣れ親しんだ母語の影響は根強い。妻ジェシーによると、コンラッドは新婚旅行先で病気になり、ベッドの中で意識が朦朧とする中、彼女が理解できない言葉を口走ったので、恐怖感を覚えたと回想記に綴っている。この時、ポーランドを出て約20年が経過していた。コンラッドにとって最も大きな言葉の柱は、やはり生まれ育った祖国の言葉、ポーランド語だったように思える。そしてそれは、言葉と文化が切り離せないということでもある。多くのポーランドの研究者は、コンラッドの文学に見られるポーランドの文化、文学との関係について指摘している。外国語の学習は、ただ単に文法を習得し、単語を覚えればすむ話ではない。外国語の学習がある程度進んでくると、様々な表現の中に理解しがたいもの、言葉の裏にある、何か不思議ものに気がつく瞬間があるのではないだろうか。そしてそれは、言葉の背後に横たわる異文化と言っていい。コンラッドは、初期の作品がイギリスの読者に広く受け入れられないことについて、友人への手紙の中で "Foreignness I suppose"(CL49)と述べている。小説が売れない原因が、自分の「異質性」にあるのではないかと悩んでいたのである。そしてこの問題を解決するため、後期の作品では女性読者を意識した作品を書くという商業的戦略をとることによって、多くの読者を獲得することができた。

　コンラッドは、英語で小説を書いたことを、祖国の作家から辛辣に批判された

ことがあった。祖国を裏切り、お金儲けのために英語で書いたのだというのである。コンラッドは、この批判にいたく傷ついたようだ。しかし、コンラッドがポーランド語で小説を書いていたら、同じような作品になっていただろうか。コンラッドの中には後年までポーランド語とその文化が深く根づいていたが、英語を習得した彼は、英語的な思考や文化の影響も受けている筈である。また、海運国イギリスの船員になっていなければ、アジアを旅することもなく、東洋との出会いもなかっただろう。そして何よりも、彼がポーランド語で書いていたら、世界中の読者の心をつかむことはできなかったのではないだろうか。英語が世界の共通言語であったからこそ、世界中の人々が彼の文学を享受することができたのである。コンラッドがアジアで体験し、吸収したことは、英語によってアジアに還元された。そして、コンラッドの作品に底流として流れるポーランドの文化もまた、英語という媒体によって世界に広がったのである。

注

1 コンラッドの伝記については、ベインズを参照。
2 『闇の奥』の翻訳は、以下の4つの版がある。中野好夫（岩波文庫, 1958年）、岩清水由美子（近代文芸社, 2001年）、藤永茂（三交社, 2006年）、黒原敏行（光文社古典新訳文庫, 2009年）。
3 コンラッドの東洋での足跡については、シェリーを参照。
4 東南アジアを舞台としたコンラッドの小説については、ハンプソンを参照。
5 コンラッドの書簡については、*The Collected Letters of Joseph Conrad*を参照。
6 中野好夫（1976）『20世紀英米文学案内3 コンラッド』研究社, pp.21-22。

参考文献

中野好夫編（1976）『20世紀英米文学案内3 コンラッド』研究社.

Baines, Jocelyn.(1961) *Joseph Conrad: A Critical Biography.* Greenwood Press: Westport, Connecticut.

Conrad, Joseph.(1996) *The Collected Letters of Joseph Conrad.* Edited by Frederick R. Karl & Laurence Davies. Cambridge: Cambridge University Press.

Hampson, Robert.(2000) *Cross-Cultural Encounter in Joseph Conrad's Malay Fiction.* Palgrave: London.

Sherry, Norman.(1966) *Conrad's Eastern World.* Cambridge: Cambridge University Press.

シリーズ「大学と地域」刊行にあたって

プロジェクトチーム

古河　幹夫　　三戸　浩　　綱　辰幸

村上　雅通　　永野　哲也　　田中　一成

　かつて地方の若者が都市部に職と希望を求めて引き寄せられていった時代があった。明治時代から日本が近代国家をめざして権限と資金と人材を東京に集中させ、全国がその方向に従ってきた。だが、経済発展を遂げモノが溢れる時代を迎えて、人々は経済よりも文化や人とのつながりに、開発よりも馴染んできた生活様式への回帰に、スピードと競争よりも緩やかに流れる自然のリズムに心を惹かれつつあるのではないか。地域創成には各地方の切実な願いが込められているが、時代の底流での変化をも見る必要があるだろう。

　地方に存在する大学には地域創成にさいして「知」の中心になることが期待されている。大学はユニバーシティと称されるが、ユニバースは「世界」を意味する。その世界とは広くは宇宙のことであり、ビッグバンによる宇宙の始まりから生命の誕生、ヒトが出現し幾多の工夫・発明、争いと社会統合を経てこの地球で繁栄するにいたり、さまざまな宗教と言語をもった地域・国々を擁する現在の世界である。異なる文化間の相互理解は進みつつあるとはいえ、文明的な収斂の方向とアイデンティティへの固執との相克に世界は苦悶しているかに見える。大学とはこのユニバースの秘密、人間にかかわるすべてのことを考察・究明し、より良い社会のありようを議論する場であった。

　今日、大学は必ずしも学問・研究だけの場所ではない。18歳人口の過半数が大学に進学する時代において、職業につながる知識・技能、思考力やコミュニケーション力などを養う場所でもある。しかし、何らかの専門領域に関する基礎的知識を習

得することで、知の領域の宏大さと深さへの関心を培ってほしいと大学教員は願っている。

　長崎県立大学は学部学科改組を行い、今や5学部9学科を擁する九州でも有数の公立大学である。「大学と地域」と題するシリーズにおいて5つの学部がそれぞれ書籍を刊行することになった。各学部の研究内容をわかりやすく紹介している。長崎の地に根差した知の創造を志向するものも、また大都市の大学に負けない普遍的な研究を志向するものも含まれている。高校生や大学生の知的好奇心を喚起し、県立大学で皆さんと共に知を探究する議論ができることを期待している。

長崎県立大学 経営学部『これからのビジネスと地域』執筆者紹介（職位、五十音順）

（2019年4月1日現在）

経営学科

代田　義勝（長崎県立大学 経営学部 経営学科 教授）
　　　　　経営学部長。専門は人的資源管理論。スウェーデンでの在外研究を機に、北欧型社会システムや男女共同参画社会の推進に関心を持つ。著書に『現代労務管理の国際比較』（共著）。

鴻上　喜芳（長崎県立大学 経営学部 経営学科 教授）
　　　　　経営学科長。専門は保険学・リスクマネジメント学。賠償責任保険を研究の中心としている。実務家時代に、会社役員賠償責任保険・環境汚染賠償責任保険・スノーボード保険などを開発した経験を持つ。

岩清水　由美子（長崎県立大学 経営学部 経営学科 教授）
　　　　　専門はイギリス文学、英語教育。日本コンラッド協会会長（2012年〜2016年）。著書『コンラッドの小説における女性像』（近代文芸社）、訳書『闇の奥』（近代文芸社）。イギリス、ポーランドの学会で口頭発表し、ジェンダーの観点からコンラッドの小説を研究している。

神保　充弘（長崎県立大学 経営学部 経営学科 教授）
　　　　　専門は流通政策論、マーケティング史。主要な研究業績として『マーケティングへの歴史的視角』、『日本流通産業史』、『日本企業のアジア・マーケティング戦略』（いずれも共著）など。

髙橋　秀至（長崎県立大学 経営学部 経営学科 教授）
　　　　　専門は税法学。日本税法学会理事。最近の論文として「不確定概念と租税回避否認規定」『税法学』第580号、23-41頁、2018年；「法人税法上の行為計算否認規定に関する最高裁判決の整合性」『長崎県立大学論集（経営学部・地域創造学部）』第52巻、第1号、15-31頁、2018年など。

竹田　範義（長崎県立大学 経営学部 経営学科 教授）
　　　　　会計学を専門とし、会計史とくにイギリス減価償却学説史を中心に研究している。そこでは社会的・経済的・歴史的な背景の検討から会計の諸機能を捉えようとしている。講義科目として「会計学入門」や「簿記論」等を担当している。

田中　政光（長崎県立大学 経営学部 経営学科 特任教授）
　　　　　横浜国立大学経営学部退官後（名誉教授）、関西学院大学専門職大学院教授を経て現職。専門は経営戦略論、経営組織論。諸論文の他、著書としては『イノベーションと組織選択』を始め、『経営学説史』、『現代経営のキーワード』（共著）その他、翻訳書としては『検証 成果主義』がある。

三戸　浩（長崎県立大学 経営学部 経営学科 教授）
　　　　　専門はコーポレート・ガバナンス論、企業論、「企業と社会」論。大学では「現代企業論」、「経営学総論」、「日本企業入門」等の講義を担当。著書に『日本大企業の所有構造』、『企業論 第4版』（共著）、『バーリ＝ミーンズ』（編著）等がある。

宮地　晃輔（長崎県立大学 経営学部 経営学科 教授）
　　　　会計学を専門とし、主著に（単著）『日本企業の環境会計−信頼性の確立に向けて−【増補版】』創成社、2005年がある。日本管理会計学会理事、日本社会関連会計学会理事、国際公会計学会理事、中小企業会計学会理事を務める（各学会理事は2019年3月31日現在）。

村上　則夫（長崎県立大学 経営学部 経営学科 教授）
　　　　専門は社会情報学で、主著に『システムと情報』、『高度情報社会と人間』、『地域社会システムと情報メディア』、『社会情報入門』の他、共著書でも人間と情報及び情報メディアとの関係のあり方等を論じている。実践経営学会理事。

大田　謙一郎（長崎県立大学 経営学部 経営学科 准教授）
　　　　専門はブランド・マネジメント論。担当科目は「マーケティング論」、「マーケティング・リサーチ」、「マーケティング・マネジメント論」、他校では「広告論」を担当している。直近の研究テーマは地域ブランド。

齋藤　光正（長崎県立大学 経営学部 経営学科 准教授）
　　　　ドイツ経営経済学を専門領域とし、とりわけ商業学および経営経済学の学説史研究に取り組んでいる。在外研究ではケルン大学経済社会学部においてザイフェルトの研究に従事した。担当している講義科目は「商業経営論」および「経営学説史」である。

津久井　稲緒（長崎県立大学 経営学部 経営学科 准教授）
　　　　専門は企業社会論、企業の社会的責任論。近著は「公共性と効率性のマネジメントからみたCSR」、『安全工学便覧 第4版』（共著）、『平戸式生活モデル調査研究』など。ソーシャルビジネスや企業の社会貢献の地域事例を大学教育に取り込んでいる。

四本　雅人（長崎県立大学 経営学部 経営学科 准教授）
　　　　専門は組織文化論、組織心理学、経営組織論、CMS（批判的経営研究）。大学では「企業文化論」、「経営管理論」、「日本企業入門」等の講義を担当。近著は『マクロ組織論』（編著）。近年、原子力発電所等のインフラ組織の安全文化の調査・研究を行っている。

板垣　太郎（長崎県立大学 経営学部 経営学科 講師）
　　　　商法を専門としており、とくに会社法、保険法に関する問題を中心に研究している。また、近年は自動運転に関する法律問題にも取り組んでおり、それに関する論文なども発表している。

中村　貴治（長崎県立大学 経営学部 経営学科 講師）
　　　　専門は「企業と社会」論、ステークホルダー理論。近著は「ステークホルダー理論におけるステーク概念の検討」経営学史学会（編）『経営学史研究の興亡 ―経営学史学会年報第24輯』文眞堂等。

馬場　晋一（長崎県立大学 経営学部 経営学科 講師）
　　　　専門はコーポレートファイナンス、企業の資金調達と投資行動の分析、およびバリュエーション。大学では「地域おける経営実践」、「コーポレートファイナンス」、「地域金融論」を担当している。

国際経営学科

岩重　聡美（長崎県立大学 経営学部 国際経営学科 教授）
　　　　国際経営学科長。専門は流通システムで、講義科目としては「国際流通論」などを担当している。国際経営学科プログラム「海外ビジネス研修」の責任者を務めている。

石田　和彦（長崎県立大学 経営学部 国際経営学科 教授）
　　　　専門は通貨・金融論、景気分析、経済統計。日本銀行、OECD、日本経済研究センター、東京外国語大学、等の勤務経験を経て、2016年着任。現在の担当科目は「金融論」、「国際金融論」、「新聞で学ぶ経済」等。

江崎　康弘（長崎県立大学 経営学部 国際経営学科 教授）
　　　　国際ビジネスを専門とし、講義科目は「比較経営論」、「国際コミュニケーション論」などを担当している。NECで国際事業部門に所属し、多くの海外経験を積む。渡航国は45か国に及び、契約交渉に数多く従事。実務経験を活かし、地元企業の海外進出、特に契約リスク対策を支援している。

谷澤　毅（長崎県立大学 経営学部 国際経営学科 教授）
　　　　ドイツを中心としたヨーロッパの商業史・流通史・都市史を専攻。主著に『北欧商業史の研究』（知泉書館）、『佐世保とキール　海軍の記憶』（堵書房）、『世界流通史』（昭和堂）がある。

矢野　生子（長崎県立大学 経営学部 国際経営学科 教授）
　　　　専門は国際経済学で、経済学の基礎理論であるミクロ経済学やマクロ経済学をもとにして現実の国内外の経済問題を分析する講義をおこなっている。また、国際経営学科の海外ビジネス研修において指導・引率もおこなっている。

山本　裕（長崎県立大学 経営学部 国際経営学科 教授）
　　　　海運企業に長く務め、専門は海運経済学。主要論文は「海運の競争と協調における新潮流」『海運経済研究』 第46号（2012年10月）。国や地方の港湾や物流関連の多くの委員を務める。2018〜2019年はエラスムス大学（オランダ）で研究休暇。

齋藤　毅（長崎県立大学 経営学部 国際経営学科 准教授）
　　　　専門は国際経営論、人的資源管理論。特にドイツの自動車産業や、東アジアに進出した日系企業を対象に調査研究を行っている。著書に『東アジア新興市場圏と地場産業』（共著）がある。

新川　本（長崎県立大学 経営学部 国際経営学科 准教授）
　　　　専門は経営学で、講義科目として「経営組織論」、「コーポレート・ガバナンス」、「CSR（企業の社会的責任）」を担当する。学生の海外インターンシップの支援を行っている。

編集委員会
　　石田　和彦　　谷澤　毅　　田中　政光　　四本　雅人

シリーズ「大学と地域」1

これからのビジネスと地域
—経営学部—

発　行　日	初版 2019 年 3 月 31 日
著　　　者	長崎県立大学経営学部編集委員会
発　行　人	片山 仁志
編　集　人	堀 憲昭　川良 真理
発　行　所	株式会社 長崎文献社 〒 850-0057 長崎市大黒町3−1　長崎交通産業ビル 5 階 TEL. 095-823-5247　FAX. 095-823-5252 ホームページ http://www.e-bunken.com
印　刷　所	オムロプリント株式会社

©2019 Nagasaki Bunkensha, Printed in Japan
ISBN978-4-88851-312-8 C0037